杭州和睿养老产业发展有限公司 编著

# 中国式持续照料
# 养老社区开发
## 全/流/程/解/析
CCRC 的中国本土化实践经验

化学工业出版社

·北京·

## 内容提要

从2000年开始，中国进入老龄化社会。2013年，泰康、万科等首批企业进入高端养老领域。近几年更是迎来了养老地产的爆发期，大量地产、保险基金和大健康相关企业纷纷有意向布局持续照料退休社区（CCRC)项目。本书系统地阐述中国式CCRC的全流程开发模式，包括对中国养老产业发展趋势的研判分析，CCRC的发展历程与理念，CCRC的选址策略、客群策略、产品设计要点，以及CCRC的筹开与运营等主要工作。本书对中国式CCRC的开发运营进行了实操总结与复盘，对于相关养老项目具有专业性和实用性兼顾的落地指导意义。

本书面向养老行业从业者及有意向布局养老产业的企业，包括地产开发商、养老机构运营商，以及投资机构、养老产业上下游行业等。

## 图书在版编目（CIP）数据

中国式持续照料养老社区开发全流程解析：CCRC的中国本土化实践经验/杭州和睿养老产业发展有限公司编著. —北京：化学工业出版社，2020.10（2025.2重印）

ISBN 978-7-122-37389-2

Ⅰ.①中… Ⅱ.①杭… Ⅲ.①养老-社区服务-研究-中国 Ⅳ.①D669.6

中国版本图书馆CIP数据核字（2020）第126471号

---

责任编辑：王　斌　毕小山　　　　　　　　装帧设计：刘丽华
责任校对：边　涛

---

出版发行：化学工业出版社（北京市东城区青年湖南街13号　邮政编码100011）
印　　装：涿州市般润文化传播有限公司
710mm×1000mm　1/16　印张20$\frac{1}{2}$　字数412千字　2025年2月北京第1版第7次印刷

---

购书咨询：010-64518888　　　　　　　　售后服务：010-64518899
网　　址：http://www.cip.com.cn
凡购买本书，如有缺损质量问题，本社销售中心负责调换。

---

定　　价：98.00元　　　　　　　　　　　　　　　版权所有　违者必究

## 编 写 人 员 名 单

主　　编：董笑虎　霍琼洁

编写人员：（排名不分先后）

朱秀清　谢诗晴　吴　晨　王　悦　李妮丹

杨书波　余　辉

李晔国（北京中合现代工程设计有限公司）

# 前言

目前中国已经是世界上人口老龄化程度较高的国家之一，老年人口数量最多，老龄化速度也最快。中国65岁及以上人口的比例已经从1980年的4.7%提升至2018年的12%，预计将继续提升至2030年的18%和2050年的33%。这意味着中国即将面临的是人口红利消失、人口老龄化加速、空巢家庭增多、医疗压力加大等来自深度老龄化社会的挑战。而对于养老产业的从业者而言，老龄化社会意味着挑战，同样也意味着很多机会。关于中国的人口老龄化，我们更应该用积极的态度去看待。

从积极的层面来看，我们会发现随着二十世纪五六十年代出生的这批有事业、有学识、有理念、有眼界的长者逐渐步入退休生活，中国也将迎来老龄化的"人口红利"。他们不仅将带来养老理念的改变、消费观念与消费意愿的升级，也将改变现阶段养老需求单一、雷同的局面，进而从需求端倒逼养老产品和养老服务的细分化与多元化发展。事实上，最近几年老年旅游、老年服饰及用品等老年消费领域也切实有所发展，涌现出了一批诸如糖豆、50+等行业先行者，养老产业的市场潜力可见一斑。而未来70后、80后的中产阶层进入老龄阶段后，将无疑成为中国养老产业发展的"稳定器"，对于这一点，作为养老行业从业者与亲历者的我们应该坚信。

基于对中国养老产业发展潜力的基本判断与长期看好，从2013年这一公认的养老元年开始，中国的养老产业逐步进入快车道，泰康人寿、万科地产、华润置地等大型保险、房地产领域的知名企业，包括国企、央企等，都开始战略性布局养老产业。尤其是近几年，各地区的城投公司、大中型地产公司、大健康相关企业也纷纷加入，养老产业的发展势头更加迅猛。而杭州和睿养老产业发展有限公司（以下简称"和睿"）也有幸见证并参与了国内养老产业的发展。从2015年和睿成立至今，因为专业与专注，我们有机会参与了万科地产、华润置地、招商蛇口、中旅集团、路劲地产、深业集团等品牌企业关于CCRC项目的定位、设计、营销、运营等诸多工作，致力于协助投资商、开发商研发更加适合长者的产品，提升运营服务能力，以期助推中国养老产业的发展，为中国老年人的幸福晚年尽一份绵薄之力。

在多年的实践中，我们发现虽然整个行业对养老产业的认知日渐清晰，对于养老发展模式的探索也有所成就，但在众多项目的服务过程中仍然存在很多现实问题。我们国家的养老产业还处于初创阶段，大多数企业都是首次进入养老产业，在养老项目的开发模式、产品营造能力、客户需求理解、运营管理等方面普遍存在认识不够深刻的问题，每个环节的参与者都是仅以自身的理解参与其中。我们经常会遇到很多项目是靠设计师想象出来的，也有很多项目就是企业主给自己量身定做的……诸如此类的案例，普遍缺乏严谨的论证，对于老年人到底需要什么产品与服务并没有深刻的理解，对老龄人口的客群细分、需求细分的认知也相对有限。对于养老项目的定位与开发，我们一直强调"土地—客户—产品—运营"的交圈逻辑。这也意味着一个养老项目的成功需要方方面面的配合，过程中的一点点失误，就可能造成差之毫厘、谬以千里的结果。由于定位错误、产品设计偏差、开发逻辑不自洽而导致项目失败的案例比比皆是。

因此，基于希望全行业共同进步、合谋发展的初心，我们决定编写这本《中国式持续照料养老社区开发全流程解析：CCRC的中国本土化实践经验》，将多年来和睿在CCRC方面的研究成果和实战经验总结成册与大家分享。本书系统地阐述了CCRC的起源与中国式CCRC的发展理念与模式，立足于中国的养老文化以及中国长者的现实需求，整理、提炼出一整套在中国发展CCRC的开发策略，就中国式持续照料养老社区的选址策略、客群策略、商业模式、营销及运营筹开、运营后评估等开发全程内容进行详细阐述。全书的编写基于和睿多年的实践经验，过程中也参考了业内前辈的著作，汲取经验；同时，书中部分数据来源于网络公开信息整理与和睿实地调研所得，难免有一定的局限性与时效性，特此说明。

参与本书编写的人员都是和睿的资深顾问，但由于学识、才力有限，不足与疏漏之处在所难免，欢迎行业专家、学者与读者诸君不吝批评指正。在此，也特别感谢北京中合现代工程设计有限公司的李晔国先生受邀为本书撰写有关CCRC规划设计的章节内容，以及多年来各位合作伙伴给予的支持与信赖，不能一一言表，在此表示由衷的感谢！

和睿自创立之初，就深知养老之路不易。如果将养老事业比喻为一次长跑，我们作为长跑队伍中的一员，愿坚守初心，与同行共勉，将养老这一正确而美好的事业坚持下去。

杭州和睿养老产业发展有限公司<br>
2020年4月

# 目录

## 第一章 中国养老产业的发展背景 / 001

### 第一节 中国人口老龄化趋势 / 001
一、人口老龄化的定义 / 001
二、中国人口老龄化特征 / 001
三、中国老龄化发展阶段 / 005

### 第二节 中国养老政策解析 / 006
一、中国养老政策的发展历程 / 006
二、开发、运营视角下的重点养老政策解析 / 008

### 第三节 中国养老产业的参与主体 / 014
一、开发主体 / 015
二、运营主体 / 018

### 第四节 中国与日本养老产业发展现状对比 / 020
一、日本养老产业体系 / 022
二、中国养老产业发展解读 / 027

## 第二章 中国式持续照料养老社区开发模式 / 032

### 第一节 基于长者需求的养老产品线划分 / 032
一、养老客户的类型 / 032
二、养老产品线划分 / 033
三、养老产品线小结 / 063

### 第二节 CCRC的发展历程 / 064
一、什么是CCRC / 064
二、美国CCRC的发展历程 / 065

三、美国典型CCRC项目及企业 / 066

　第三节　中国式CCRC的发展理念与模式 / 067

　　一、中国式CCRC的发展历程 / 067

　　二、中国式CCRC的产品理念 / 068

　　三、中国式CCRC的发展模式 / 070

## 第三章　CCRC的选址策略 / 100

　第一节　城市与区位选择 / 100

　　一、城市选择 / 100

　　二、区位地段 / 101

　第二节　用地规模 / 102

　第三节　用地性质选择 / 103

　　一、保障类用地 / 103

　　二、经营类用地 / 105

　　三、工业类用地 / 109

　　四、小结 / 110

　第四节　取地策略 / 111

　　一、单一养老性质用地 / 111

　　二、复合型养老用地（"养老+"项目用地）/ 114

　　三、策略详解 / 119

## 第四章　CCRC的客群策略 / 126

　第一节　老年人生理及心理特征变化 / 126

　　一、老年人生理特征变化 / 126

　　二、老年人心理特征变化 / 130

　第二节　客户类型与客群模型 / 131

　　一、客户类型 / 131

　　二、客群模型 / 133

　第三节　需求特征分析 / 134

　　一、基本情况 / 135

　　二、机构养老生活规划 / 136

三、关注因素 / 140
　　四、产品需求 / 140
　　五、需求小结 / 143

## 第五章　CCRC的规划设计 / 145

第一节　相关设计指导规范 / 145

第二节　CCRC的规划原则 / 146

第三节　自理型养老公寓单体设计 / 149
　　一、设计原则 / 149
　　二、典型楼型设计要点 / 150
　　三、典型户型设计要点 / 154

第四节　照料单元设计 / 159
　　一、设计原则 / 159
　　二、设计要点 / 159

第五节　失智型组团的典型设计要点 / 163

第六节　养老综合配套设计 / 165
　　一、配套规模与内容 / 165
　　二、设计原则 / 166
　　三、设计要点 / 170

第七节　室内设计 / 177
　　一、设计原则 / 177
　　二、适老化设计要点 / 179
　　三、软装设计要点 / 187

## 第六章　CCRC的商业模式设计 / 197

第一节　融资渠道 / 197
　　一、银行贷款 / 197
　　二、债券融资 / 201
　　三、资产证券化 / 202
　　四、产业基金 / 207
　　五、PPP模式 / 212
　　六、信托贷款 / 213

七、股权融资 / 214

　第二节　交易模式 / 215

　　一、会员卡模式 / 215

　　二、保险模式 / 225

　　三、养老贷模式 / 228

　　四、共有产权模式 / 229

　　五、信托模式 / 230

　第三节　法律文本的订立 / 231

　　一、入会协议 / 233

　　二、入住协议 / 234

# 第七章　CCRC的营销和运营筹开 / 236

　第一节　营销筹开的阶段划分与重点工作 / 236

　　一、营销筹备阶段 / 236

　　二、运营筹备阶段 / 243

　　三、开园优化阶段 / 248

　第二节　品牌与服务体系设计 / 249

　　一、品牌体系设计 / 249

　　二、服务体系设计 / 250

　　三、服务细项 / 253

　第三节　营销策略 / 259

　　一、营销阶段划分 / 259

　　二、营销策略梳理 / 259

　第四节　筹开费用测算 / 262

　　一、人力成本 / 263

　　二、能耗成本 / 263

　　三、服务成本 / 264

　　四、营销成本 / 264

　　五、餐饮成本 / 265

　　六、铺地物资成本 / 265

　第五节　团队组建 / 266

　　一、组织架构 / 266

二、岗位职责 / 266
　　三、团队培训 / 269
第六节　运营标准化制度体系 / 270

## 第八章　CCRC运营后评估及优化 / 273

第一节　运营后评估要点 / 273
第二节　企业文化建设 / 274
第三节　运营安全 / 275
第四节　团队提升 / 277
第五节　绩效考核 / 281
第六节　服务优化 / 283
第七节　合作资源再优化 / 289

## 第九章　典型案例深度分析 / 292

第一节　万科随园嘉树 / 292
　　一、整体规划 / 293
　　二、功能构成 / 294
　　三、交易模式 / 302
　　四、客户特征 / 302
　　五、服务体系 / 303
　　六、小结 / 306
第二节　朗和杭州国际医养中心 / 307
　　一、整体规划 / 307
　　二、功能构成 / 308
　　三、交易模式 / 312
　　四、客户特征 / 313
　　五、服务体系 / 314
　　六、小结 / 315

参考文献 / 317
作者简介 / 318

# 第一章
# 中国养老产业的发展背景

## 第一节 中国人口老龄化趋势

### 一、人口老龄化的定义

根据1956年联合国《人口老龄化及其社会经济后果》确定的划分标准,当一个国家或地区60岁以上人口占总人口的比例达到10%,或65岁以上人口占总人口的比例达到7%时,则意味着这个国家或地区进入老龄化社会;当60岁以上人口比例达到20%或65岁以上人口比例达到14%时,则意味着这个国家或地区进入深度老龄化社会(表1.1)。

表1.1 老龄化界定标准

| 年龄组 | 老龄化社会 | 深度老龄化社会 | 超老龄化社会 |
| --- | --- | --- | --- |
| 60岁以上人口占比 | ≥10%,且<20% | ≥20%,且<30% | ≥30% |
| 65岁以上人口占比 | ≥7%,且<14% | ≥14%,且<20% | ≥20% |

人口老龄化是人类社会由农业社会向工业社会转型所必须经历的过程,是社会、经济发展的必然结果。从历史上看,全球范围内的人口年龄结构老龄化始于19世纪中后期,最早出现在法国;到了20世纪中叶,全球大多数经济发达的国家都经历了这一过程。

### 二、中国人口老龄化特征

我国自1999年正式进入老龄化社会,近20年的老龄化社会发展历程也已具备了明显特征。

1. 老龄人口基数大、增速快

根据国家统计局发布的人口数据,截至2018年底我国60岁以上的老年人口数量达到2.49亿,占全国总人口的17.9%。

虽然我国目前不是老龄化最严重的国家,但已经成为世界上老年人口最多的国家。2000年中国刚进入老龄化社会时，60岁以上的老年人口数量近1.3亿❶；到了2017年底，老年人口总数达到2.4亿❷，是目前世界上唯一一个老年人口数量超过2亿的国家，占全球9.62亿老年人口的1/4❸。据联合国预测，直至21世纪上半叶，中国将一直是世界上老年人口数量最多的国家；至21世纪下半叶，中国将成为仅次于印度的第二老年人口大国。

此外，我国还是老龄化发展速度最快的国家之一。2000—2017年间，全球60岁以上老年人口比例提高了约3个百分点，同期我国老年人口比例提高了约7个百分点，是世界平均水平的2倍以上❹。我国从老龄化社会到深度老龄化社会耗时25年，仅次于日本（24年）、韩国（17年）和新加坡（16年），而美国、德国等欧美国家耗时均在40年以上（表1.2）。

表1.2 各国老龄化发展进程对比

| 国家 | 65岁以上老年人口占总人口的比例对应年份 | | | 经历时间/年 | | |
| --- | --- | --- | --- | --- | --- | --- |
| | 7% | 14% | 20% | 7%~14% | 14%~20% | 7%~20% |
| 日本 | 1970 | 1994 | 2005 | 24 | 11 | 35 |
| 中国 | 2000 | 2025 | 2035 | 25 | 10 | 35 |
| 新加坡 | 2000 | 2016 | 2023 | 16 | 7 | 23 |
| 韩国 | 2000 | 2017 | 2026 | 17 | 9 | 26 |
| 美国 | 1942 | 2014 | 2030 | 72 | 16 | 88 |
| 德国 | 1932 | 1972 | 2011 | 40 | 39 | 79 |
| 英国 | 1929 | 1976 | 2024 | 47 | 48 | 95 |
| 意大利 | 1927 | 1988 | 2007 | 61 | 19 | 80 |
| 瑞典 | 1887 | 1972 | 2015 | 85 | 43 | 128 |
| 法国 | 1864 | 1979 | 2020 | 115 | 41 | 156 |

注：1. 表格数据由公开资料整理。
2. 表格中的百分数为65岁以上老年人口占总人口的比例。

#### 2. 地区间老龄化发展不均衡

我国各地区间老龄化发展不均衡主要表现在发展进程和发展水平差异巨大两方面。首先，我国最早和最迟进入人口老龄化的两个地区分别为上海和西藏。上海自1979年即进入老龄化社会，而西藏在2015年才迈入人口老龄化阶段，两者迈入老龄化社会的时间相差36年❺。

---

❶ 数据来源于国家统计局《中国2000年人口普查资料》。
❷ 数据来源于国家统计局。
❸ 数据来源于联合国经济和社会事务部人口司发布的统计数据。
❹ 参考国家发改委社会发展司司长欧晓理在国家发改委和日本经济产业省联合主办的首届中日养老服务业合作论坛上的发言。
❺ 参考首届中日养老服务业合作论坛上国家发改委社会发展司司长欧晓理的讲话。

其次，我国各地区间老龄化发展水平差异较大。据国家统计局《中国统计年鉴—2019》中公布的各地区65岁以上人口占总人口比例的数据显示，截至2018年底，我国共有6个省（直辖市）进入深度老龄化社会，分别为山东（15.16%）、四川（14.99%）、辽宁（14.98%）、上海（14.95%）、重庆（14.47%）和江苏（14.3%），65岁以上老龄化率均在11%以上。而西藏65岁以上的老年人口占比全国最低，仅为5.68%。

从地理分布来看，长三角、东三省及川渝地区的老龄化水平较高，而西藏、青海和新疆等西部省、自治区的老龄水平普遍较低。究其原因，东北三省近20年来经济严重衰退，人口出生比例排名全国最低，从而导致该地区老龄化严重。长三角地区则由于经济发达，居民思想观念开放，生育意愿低，导致人口出生比例下降，再加上长三角地区的人口寿命位居全国前列，从而造成老年人口占比高的现实。而中部地区老年化水平高主要是由两个因素引起的：首先是人口出生率的下降；其次是青壮年人口大量外流至沿海等经济发达地区，导致人口比例失调和老年人口比例升高（表1.3）。

表1.3　2018年全国各省级行政区老龄化水平

| 老龄化率 | 省级行政区名称 |
| --- | --- |
| ≥14% | 上海、山东、江苏、辽宁、四川、重庆 |
| ≥12%，且<14% | 黑龙江、吉林、天津、河北、安徽、浙江、湖北、湖南 |
| ≥7%，且<12% | 内蒙古、陕西、山西、宁夏、甘肃、河南、江西、福建、广东、广西、云南 |
| <7% | 新疆、西藏、青海 |

3. 未富先老与未备先老

未富先老与未备先老是我国老龄化进程中的显著特征。发达国家一般在人均GDP为5000～10000美元时自然进入老龄化社会。如美国1950年60岁以上人口占12.5%，人均GDP为10645美元；日本1970年60岁以上人口占10.6%，人均GDP为11579美元；而2000年我国进入老龄化社会时，人均GDP仅为3976美元。目前我国仍处于中等收入国家的行列，城乡发展、区域发展及产业结构发展不均衡，人均GDP水平和经济结构同发达国家相比尚有较大差距，应对人口老龄化的经济能力还不够强。

目前我国的社会养老保障和养老服务体系尚未做好应对人口老龄化的准备，医疗保障和长期照料等尚未形成完善的制度体系，未来将不断提标，而长期护理保险制度正在经历从点到面的覆盖过程。

4. 老年人口高龄化、失能化、空巢化

（1）老年人口高龄化

据国家统计局第五次和第六次人口普查数据显示，2000年我国80岁以上老年人口占总人口比例为0.95%，占60岁以上人口的9.23%；2010我国80岁以上人口占总人口比例为1.57%，占60岁以上人口的11.82%。十年间，我国80岁以上老年人口数量从1199万增长至2099万，增长率高达75%（表1.4）。

表1.4 我国老龄人口增长情况

| 年龄组/岁 | 第五次全国人口普查数据 | | 第六次全国人口普查数据 | | 增长率/% |
| --- | --- | --- | --- | --- | --- |
| | 占总人口比例/% | 人口数/人 | 占总人口比例/% | 人口数/人 | |
| 60~64 | 3.36 | 41703848 | 4.40 | 58667282 | 40.68 |
| 65~69 | 2.80 | 34780460 | 3.08 | 41113282 | 18.21 |
| 70~74 | 2.06 | 25574149 | 2.47 | 32972397 | 28.93 |
| 75~79 | 1.28 | 15928330 | 1.79 | 23852133 | 49.75 |
| 80~84 | 0.64 | 7989158 | 1.00 | 13373198 | 67.39 |
| 85~89 | 0.24 | 3030698 | 0.42 | 5631928 | 85.83 |
| 90~94 | 0.06 | 783594 | 0.12 | 1578307 | 101.42 |
| 95~99 | 0.01 | 169756 | 0.03 | 369979 | 117.95 |
| ≥100 | 0.001 | 17877 | 0.003 | 35934 | 101.01 |
| 80岁以上合计 | 0.95 | 11991083 | 1.57 | 20989346 | 75.04 |

注：数据来源于国家统计局公布的第五次和第六次人口普查资料。

根据北京协和医学院和中国老年保健协会（CAWA）2019年1月发布的《老年健康蓝皮书：中国老年健康研究报告（2018）》显示，从2025年到2050年，中国80岁以上的老年人口数量将迅速增长；2025年，中国80岁以上的老年人口占全国总人口的比例可能上升到2%；到2050年，该比例将增长至8%。

（2）老年人口失能化

随着高龄老人的增多，失能老人的比例也逐渐上升。全国第六次人口普查数据显示，2010年我国60岁以上老年人口中不健康但生活能自理的约为245.5万人，占老年人口数量的13.9%；生活不能自理的老人约为52.02万人，占老年人口数量的2.95%。而2019年7月，健康中国行动推进委员会办公室召开新闻发布会，介绍健康中国行动之老年健康促进行动的有关情况时指出，2015年我国老年人失能发生率已达到18.3%。目前，我国共有4000万失能和部分失能的老年人，其中有1200万人是完全失能的老年人❶。

（3）老年人口空巢化

随着我国城市化进程不断加快，家庭模式中传统的三世同堂越来越少，家庭结构趋于小型化，加之城市生活节奏的加快，年轻子女陪伴父母的时间变少，使得我国传统的家庭养老功能正在逐渐弱化。据《"十三五"国家老龄事业发展和养老体系建设规划》中的调查内容显示，预计到2020年，独居老人和空巢老人将增加到1.18亿人左右，达到老年人口的47%，成为老年人口中的"主力军"。

---

❶ 参考国家卫健委老龄健康司司长王海东在2019年6月国家卫健委新闻发布会上的发言。

## 三、中国老龄化发展阶段

进入21世纪，我国的老龄化率持续上升，老龄化进程不断加深。老龄办将我国21世纪人口老龄化发展划分为四个阶段❶。

① 第一阶段：快速人口老龄化阶段（1999—2022年）。老年人口数量从1.31亿增至2.68亿，人口老龄化水平从10.3%上升至18.5%，平均每年新增570万老年人口。此阶段老年人口低龄化特征明显，劳动力资源供给充分，但由人口老龄化引发的各种矛盾和问题已经开始显现。

② 第二阶段：急速人口老龄化阶段（2023—2036年）。老年人口数量从2.68亿增至4.23亿，人口老龄化水平从18.5%升至29.1%。此阶段的典型特征是总人口规模在2030—2035年达到15亿～16亿的峰值后转入负增长，伴随着20世纪60年代到70年代中期第二次生育高峰中出生的人群进入老年，老年人口规模增长迅速，平均每年增加1107万人，老龄化形势严峻。

③ 第三阶段：深度人口老龄化阶段（2037—2053年）。老年人口数量从4.23亿增至4.87亿的峰值，人口老龄化水平增至30%以上，从29.1%升至34.8%。此阶段总人口负增长加速，高龄化趋势明显，届时我国将成为世界上人口老龄化形势最为严峻的国家。

④ 第四阶段：重度人口老龄化阶段（2054—2100年）。这一阶段老年人口数量开始下降，由4.87亿减少到3.83亿，老年人口数量稳定在3亿～4亿，老龄化率维持在30%以上的高水平。据老龄办发布的《中国人口老龄化发展趋势预测研究报告》显示，这一阶段我国80岁以上老年人口在60岁以上老年人口中的占比将达到20%以上，是一个高度老龄化的平台期（图1.1）。

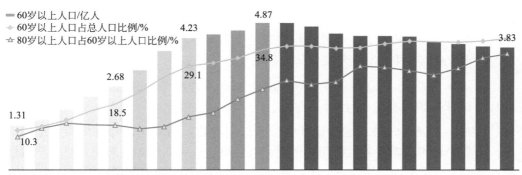

图1.1 中国人口老龄化百年发展趋势预测（1999—2100年）

（数据来源：老龄办《关于国家应对人口老龄化战略研究总报告》）

---

❶ 参考老龄办《关于国家应对人口老龄化战略研究总报告》。

## 第二节　中国养老政策解析

### 一、中国养老政策的发展历程

回顾中华人民共和国成立至今，我国出台了一系列促进养老事业发展的政策，积极应对人口老龄化，对完善养老服务和开展养老实践具有重要指导意义。

（1）第一阶段：中华人民共和国成立到改革开放初期，家庭是养老服务的主要供给主体，政府辅以支持。

中华人民共和国成立初期百废待兴，政府致力于解决人民基本的生活保障问题，在农村集体福利体系和城市社区服务体系的运作有效支持家庭养老体系的同时，国家辅以少量粗放式服务的城镇福利院。在这个阶段，社会力量在养老服务体系中起到的作用较小。

（2）第二阶段：20世纪80年代到90年代末，家庭、个人独担养老服务，政府责任收缩，政策开始鼓励市场参与。

改革开放后，计划经济时期建立的单位福利体系被打破，企业退休职工和下岗人员的养老服务需求涌现。政府自身无法应对汹涌而来的养老服务需求，于是开始着手社会福利改革，鼓励社会力量参与养老设施建设。

民政部在1984年首次提出社会福利社会化的构想。1994年，民政部等十部委发布《中国老龄工作七年发展纲要（1994—2000年）》，提出要多渠道筹措老龄事业发展资金。1996年全国人民代表大会常务委员会颁布《中华人民共和国老年人权益保障法》进一步指出鼓励、扶持社会组织或者个人兴办老年福利院、敬老院、老年公寓、老年医疗康复中心和老年文化体育活动场所等设施。

（3）第三阶段：2000—2012年，政府主导养老服务体系化建设，政策出台以顶层设计和规划指导为主。

1999年我国正式进入老龄化社会，人口老龄化、高龄化、空巢化增速逐步提高，未富先老和养老服务供需间的矛盾日益突出。政府认识到老龄化形势的严峻性和养老服务的重要性，集中出台了一系列养老政策来推动养老服务的发展。2000年，《中共中央、国务院关于加强老龄工作的决定》，第一次明确提出要努力建立以家庭养老为基础、社区服务为依托、社会养老为补充的养老机制。

2011年，国务院办公厅发布的《社会养老服务体系建设规划（2011—2015年）》指出，要建设以居家为基础、社区为依托、机构为支撑的社会养老服务体系。从先前的"以机构为补充"到"以机构为支撑"，体现了对养老机构职能和养老服务体系的重新认识。

在这一阶段，政府将科学规划、引导发展作为首要职责，政策的出台主要以顶层设计和规划指导为主，处于初步具备总纲式政策阶段。

（4）第四阶段：2013年"养老元年"至今，政策出台以细则为主，每年出台的政策内容各有侧重，养老产业市场化发展启动。

2013年国务院印发了《关于加快发展养老服务业的若干意见》，开启了我国养老行业的发展，这一年也被公认为养老产业的市场化元年。随后，政府多部门多方面引导社会资本参与养老产业构建，政策数量渐多，逐渐实现了我国养老政策框架和养老服务体系从无到有的过程，同时也引发了市场对机构养老的重点关注和投资。

从2015年开始，我国的养老政策向扶持产业、扶持市场转型，如鼓励民间资本、长期护理险试点、医养结合等。2016年养老政策密集出台，据统计，中央层面政策出台19项，且市场作用日益凸显。

2017年是我国实施"十三五"规划的重要一年，也是养老政策的集中落地年。如，工业和信息化部、民政部、国家卫生计生委印发《智慧健康养老产业发展行动计划（2017—2020年）》，一系列智慧养老的行动计划出台和试点计划集中落地。此外，各省、市以国家出台的各项养老政策的要求为基础，根据本地养老的实际需求和市场特点等情况，逐步加以落实。如，2017年2月国务院等13部委联合发布《关于加快推进养老服务业放管服改革的通知》后，湖南省发改委、民政厅等13部门在8月随即出台《关于加快推进养老服务业放管服改革的实施意见》，从简政放权、强化监督等方面破除养老服务业瓶颈。此外，2017年9月，杭州市民政局等11部门也响应中央号召，发布了《关于加快推进全市养老服务业放管服改革工作的通知》。

2018年，住房和城乡建设部发布行业标准《老年人照料设施建筑设计标准》（JGJ 450—2018）和《建筑设计防火规范（2018年版）》（GB 50016—2014）局部修订条文，对老年人照料设施建筑设计与消防标准做出新规定。同年，国务院办公厅印发《完善促进消费体制机制实施方案（2018—2020年）》，明确取消养老机构设立许可，这一举措有效加快了养老服务市场化的改革进程。民政部也发布了《关于行业标准〈居家老年人康复服务规范〉〈老年人助浴服务规范〉公开征求意见的通知》，规范养老服务市场。

2019年是近年来我国养老政策发布数量最多的一年。据统计，2019年全年我国国家层面的养老政策发布数量高达71条。《关于加强规划和用地保障支持养老服务发展的指导意见》《养老机构等级划分与评定》《失智老人照护服务规范》及《养老护理员国家职业技能标准（2019年版）》等政策的发布从用地规范、等级评定、服务标准和人员培训等方面进一步规范了养老服务市场。同年，中共中央、国务院印发《国家积极应对人口老龄化中长期规划》。这一项国家级、战略性、指导性的政策文件指出现阶段我国需健全以居家为基础、社区为依托、机构充分发展、医养有机结合的多层次养老服务体系，并提出近期至2022年、中期至2035年、远期展望至2050年，我国应对老龄化的中长期规划。

近年来，随着养老政策的发布，我国养老服务体系日益完善。回顾我国养老政策的发布历程，养老政策凸显三大趋势，即养老服务业准入门槛降低、市场属性逐渐强化、养老市场日趋规范化，并在细分领域上鼓励智慧健康养老、社区与居家养老、养老金融等的发展（图1.2）。

图1.2 中国养老政策的发布历程

## 二、开发、运营视角下的重点养老政策解析

经过二十余年的发展，我国养老政策体系已日渐完善，尤其是在行业发展过程中遇到的诸如审批难、融资难、土地获取难等问题，也已获得了不同程度的支持与回应。综合来看，就养老项目的开发和运营全过程而言，也基本形成了有迹可循的政策体系。

1. 土地获取

养老项目前期投入大，投资回收周期长，如何获取合适的土地，从源头降低项目成本对企业来说至关重要。为降低养老项目土地获取难度，国土资源部办公厅、民政部先后发布《关于印发〈养老服务设施用地指导意见〉的通知》（国土资厅发〔2014〕11号）、《关于鼓励民间资本参与养老服务业发展的实施意见》（民发〔2015〕33号）和《关于支持整合改造闲置社会资源发展养老服务的通知》（民发〔2016〕179号）等政策鼓励利用存量建设用地、集体用地或改造企业厂房、商业设施等社会资源从事养老设施建设。

2019年12月，自然资源部印发《关于加强规划和用地保障支持养老服务发展的指导意见》，明确了年度建设用地供应计划安排、非营利性养老机构申请划拨土地方式、营利性养老服务设施用地供应方式等政策措施。该政策旨在指导各地合理规划养老服务设施空间布局，切实保障养老服务设施用地有效供给，促进养老服务发展。我国现行的养老项目主要用地相关政策内容如图1.3所示。

**养老服务设施用地获取**
- 养老服务设施用地是指专门为老年人提供生活照料、康复护理、托管照护、医疗卫生等服务的房屋和场地设施所使用的土地
- 鼓励非营利性养老服务机构以租赁、出让等有偿使用方式取得国有建设用地使用权。对单独成宗供应的营利性养老服务设施用地,应以租赁、先租后让、出让等方式供应,鼓励优先以租赁、先租后让方式供应
- 对用途确定为社会福利用地,以出让方式供应的土地,出让年限不得超过50年;以租赁方式供应的,租赁年限不得超过20年

**盘活存量用地**
- 土地使用权人申请改变存量土地用途用于建设养老服务设施,经审查符合详细规划的,市、县自然资源主管部门应依法、依规办理土地用途改变手续
- 建成的养老服务设施由非营利性养老机构使用的,原划拨土地可继续划拨使用,原有偿使用的土地可不增收改变规划条件的地价款等;不符合划拨条件的,原划拨使用的土地,经市、县人民政府批准,依法办理有偿使用手续,补缴土地出让价款;原有偿使用的土地,土地使用权人可以与市、县自然资源主管部门签订国有建设用地有偿使用合同变更协议或重新签订合同,调整有偿使用价款

**闲置资源改造**
- 鼓励利用商业、办公、工业、仓储存量房屋以及社区用房等举办养老机构,所使用存量房屋在符合详细规划且不改变用地主体的条件下,可在五年内实行继续按土地原用途和权利类型适用的过渡期政策
- 过渡期满及涉及转让需办理改变用地主体手续的,新用地主体为非营利性的,原划拨土地可继续以划拨方式使用;新用地主体为营利性的,可以按新用途、新权利类型、市场价格,以协议方式办理

**农村集体用地**
- 农村集体经济组织可依法使用本集体经济组织所有的建设用地自办或以建设用地使用权入股、联营等方式与其他单位和个人共同举办养老服务设施

**图1.3 我国现行养老项目主要用地政策汇总**

### 2. 手续设立

我国的《养老机构设立许可办法》自2013年开始实施。该办法对养老机构设立许可的申请、受理、审查、决定和监督检查均做出规定,设置了多个前置条件。其中,养老机构的前置条件之一是要求房屋、消防、卫生防疫、环境保护等已完成审查或验收。为了获得养老机构设立许可证,不少从业者在各部门间"疲于奔命",一定程度上制约了社会资本投入,影响了养老产业的发展。

因此,2018年7月,国务院常务会议决定取消养老机构设立许可等17项行政许可事项。2019年1月,《民政部关于贯彻落实新修改的〈中华人民共和国老年人权益保障法〉的通知》(民函〔2019〕1号)中明确取消养老机构设立许可,各级民政部门不再受理养老机构设立许可申请。取消养老机构设立许可,是养老服务业深化"放管服"改革的重要信号。

此外,《关于养老机构内部设置医疗机构取消行政审批实行备案管理的通知》(国卫办医发〔2017〕38号)中明确养老机构内设置医疗机构(诊所、卫生所/室、医务室、护理站)实行备案制,鼓励医养结合和社会办医等。

设立手续及审批制度的简化,不仅是全面开放养老服务市场的重要举措,也

是"银发市场"的需求。降低门槛对于吸引社会资本进入养老产业，满足日益增长的养老需求具有积极作用。但这并不意味着监管的放松，养老关系到人民群众的福祉，相关政府部门对全面放开后的事中及事后监管提出了更高的要求。

### 3. 开发融资

养老项目资金回收周期长，为了缓解养老项目开发运营的资金压力，国家逐年加大对养老项目投融资方面的支持力度。目前来看，养老项目具体的融资渠道主要包括银行贷款、养老专项债、信托投资基金、PPP模式、股市融资等。

首先，银行贷款的可操作性相对较强，融资成本低，但目前我国银行对养老服务业的支持尚处于起步阶段，养老项目很少获得银行的信贷支持。2015年，民政部发布《关于开发性金融支持社会养老服务体系建设的实施意见》（民发〔2015〕78号）确定养老项目可申请国家开发银行的贷款支持，利率根据测算决定，贷款期限最长不超过15年，宽限期不超过项目建设期，且一般不超过3年。这项政策明确了国家开发银行支持养老服务体系的具体范围和贷款要求，贷款项目侧重于能够提供可持续的养老服务、有准确的市场定位、有一定行业经验和能力的房企。

此外，还有养老产业专项债券，其具有政策扶持、风险小、融资成本低、发行时间灵活、融资期限较长等特点。国家发改委印发的《养老产业专项债券发行指引》（发改办财金〔2015〕817号）指出：支持专门为老年人提供生活照料、康复护理等服务的营利性或非营利性养老项目发行养老产业专项债券，募集资金占项目总投资的比例由不超过60%放宽至70%，支持发债企业发行10年期及以上的长期限企业债券或可续期债券。此项政策旨在加大债券融资对养老产业的支持力度，引导和鼓励社会投入。企业可通过发行专项债募集资金，用于养老项目开发。

2016年，中国人民银行、民政部、银监会等部门联合印发《关于金融支持养老服务业加快发展的指导意见》，推动符合条件的养老服务企业上市融资，支持养老服务业通过债券市场融资，鼓励多元资金支持养老服务业发展，如PPP模式、基金模式等。2017年8月财政部、民政部和人力资源社会保障部印发《关于运用政府和社会资本合作模式支持养老服务业发展的实施意见》，引导和鼓励社会资本通过PPP模式，兴办社区养老网点、地方公办私营养老院和构建现代养老服务新业态。

### 4. 政策补贴

为扶持地方养老服务业的发展，各省市以国家出台的各项养老产业政策要求为基础，根据本地的养老需求和市场特点等实际情况，相继出台了一系列补贴政策。总体来看，养老机构补贴政策主要发生在机构的建设期和运营期两个阶段，即分为建设补贴和运营补贴。

#### （1）建设补贴

民办养老机构的建设补贴一般由地方政府固定资产投资，由养老服务专项转移支付❶、福利彩票公益金等支付，由省市区（县）三级政府部门共同承担。

从建设补贴的适用对象来看，民办养老机构的建设补贴多适用于民非养老机构，但目前也有少数城市对民非养老机构和民营养老机构采取同等补贴政策。如宁波市2014年发布《关于进一步鼓励民间资本投资养老服务业的实施意见》，明确营利性、非营利性养老机构享受同等建设补贴标准。

从建设补贴的补给方式来看，一般按照养老机构的核定床位数，在建设期一次性发放，但也有少数省市按年或按入住率分阶段发放。如深圳市民非养老机构每新增一张床位的资助额度为4万元，分4年资助，每年1万元。

从建设补贴的补给额度来看，一般以自有产权用房和租赁用房区分，以自有产权用房建设的养老机构建设补贴额度大于以租赁用房建设的养老机构。总体来看，我国民办养老机构的建设补贴标准为每张床位3000～40000元不等，老龄化相对严重的华北、华东和西南地区补贴力度相对较大。每张床位最低补贴额度超过5000元（含）的省市有北京、天津、上海、江苏、福建、四川、云南和重庆等，而最低补贴额度超过10000元（含）的省市有北京、上海、宁波、广州和深圳等。其中，深圳市针对民非养老机构的床位建设补贴额度高达4万元/床。

此外，部分省市开始注重养老机构护理型床位的建设，并向其倾斜，如浙江、江苏、云南、上海等。例如，江苏省早在2014年发布的《关于加快发展养老服务业完善养老服务体系的实施意见》（苏政发〔2014〕39号）中就提出给予养老机构每张护理型床位5000～10000元的建设、改造补助；在省级政策的指引下，南京市于2019年1月下发《关于健全完善养老服务补贴的通知》，明确给予符合要求的养老机构每张护理型床位2500～15000元的改造或建设补贴。

而上海市作为我国老龄化程度最高的特大城市，从2007年的"9073"养老格局政策开始一直是国家养老政策的创新者。目前，上海市已开始注重认知症照护床位的建设，并于2018年发布了全国首个《认知症照护床位设置工作方案（试行）》，给予每个认知症照护单元一次性开办补贴10万元。

（2）运营补贴

运营补贴的补给方式较多，一般包括日常运营补贴、医养结合补贴、等级评定补贴和机构延伸服务补贴等。

日常运营补贴一般以老人护理等级和机构入住人数为划分标准。此外，也有部分省市按照养老机构的星级评定和综合评分等来区分。如《无锡市养老服务项目补贴办法》（锡民福〔2018〕6号）规定：无锡市养老床位数为50张以上的社会办非营利性养老机构，按实住满3个月以上的本市户籍老人数，结合市养老机构评定等级，每月给予配套补贴。其中3A级为标准型，按自理、半护理、全护理分别给予每人

---

❶ 专项转移支付是指上级政府（在我国一般指中央、省、市级政府）为实现特定的宏观政策目标，以及对委托下级政府代理的一些事物进行补偿而设立的专项补助资金。资金接受者须按规定用途使用资金。

每月60元、160元、240元的运营补贴;对5A、4A、2A、1A等级分别按3A标准的1.2、1.1、0.9、0.8倍给予补贴。

从补贴额度来看,日常运营补贴为每人(床)每月100～2000元,其中收住失能、失智等护理等级高的长者床位或护理型床位的运营补贴额度相对更高。

此外,还有部分省市额外发放医养结合,机构等级评定,机构延伸服务(如居家养老、日间照料服务)等补贴,以及长护险补贴等种类的运营补贴,如济南、北京、杭州、广州、深圳等。具体城市的运营补贴政策如表1.5所示。

表1.5 我国部分城市运营补贴政策

| 城市 | 政策文件名称 | 补贴标准 |
| --- | --- | --- |
| 济南 | 《济南市支持养老服务体系建设专项资金补助实施细则》(济民发〔2019〕5号)<br>《济南市职工长期医疗护理保险实施办法》(济人社发〔2018〕127号) | ① 日常运营补贴:依据市级统一评定的机构等级,对照国家养老服务信息系统,录入人数和老年人能力评估结果,按照每人每年500～3000元的标准实施差异化补助<br>② 长护险补贴:根据护理服务形式及定点医护机构条件差别化给予,专护每天每床220～260元,院护每天每床70元 |
| 北京 | 《北京市社会福利机构运营资助办法(征求意见稿)》 | ① 日常运营补贴:根据收住长者护理等级,每人每月分别给予100元、600元、700元<br>② 等级评定补贴:根据机构星级增加补贴每床每月50元、100元、150元<br>③ 无失信记录补贴:连续一年、三年、五年无失信记录的社会福利机构,增加补贴每床每月50元、100元、150元<br>④ 医养结合补贴:设置医务室、护理站等内设医疗机构或引入医疗分支机构的,增加补贴每床每月50元 |
| 杭州 | 《关于印发〈杭州市市级养老服务资金补助实施办法(试行)〉的通知》(杭民发〔2019〕4号) | ① 日常运营补贴:根据收住长者护理等级分别给予每人每月200元、600元<br>② 医养结合补贴:对于设置护理站、医务室、保健室、卫生所的,给予10万元的一次性奖补;对于设置门诊部的,给予15万元的一次性奖补<br>③ 等级评定补贴:根据机构星级分别给予一次性补贴1万元、3万元、5万元 |
| 广州 | 《广州市民政局、广州市财政局关于印发〈广州市民办养老机构资助办法〉的通知》(穗民规字〔2017〕7号)<br>《广州市民政局、广州市财政局关于调整经营性民办养老机构护理补贴有关事项的通知》(穗民规字〔2019〕6号) | ① 日常运营补贴:根据收住长者护理等级分别给予每人每月200元、300元、500元<br>② 医养结合补贴:根据是否具备医保定点资格,分别给予15万、20万元的一次性补贴(差额可补)<br>③ 等级评定补贴:根据机构星级给予一次性补贴5万元、10万元、20万元,评定为国家级养老机构的,按照前款标准的2倍进行补贴<br>④ 机构延伸服务补贴:对服务机构提供的日间托老服务、康复护理类服务、上门生活照料服务、上门医疗服务,每人次补助2～4元 |
| 深圳 | 《深圳市民办养老机构资助办法》(深民规〔2018〕2号) | ① 日常运营补贴:根据收住长者护理等级分别给予每人每月300元、450元、600元<br>② 医养结合补贴:根据是否具备医保定点资格,分别给予20万元、30万元的一次性补贴(差额可补)<br>③ 等级评定补贴:根据机构星级分别给予一次性补贴10万元、20万元、30万元 |

### 5. 建筑设计

2018年由住房和城乡建设部颁布的《老年人照料设施建筑设计标准》（JGJ 450—2018）和《建筑设计防火规范（2018年版）》（GB 50016—2014），一改之前多规范并行、报批报建标准不统一的局面，为养老服务设施的建筑设计确立了新的规范。规范明确适用于新建、改建和扩建的设计总床位数或老年人总数不少于20床（人）的老年人照料设施。

总体来看，老年人照料设施相关建筑、消防的设计规范日趋严格。首先，《老年人照料设施建筑设计标准》（JGJ 450—2018）增加了建筑细部、无障碍设计、室内装修、安全疏散与紧急救助、卫生控制、噪声控制与声环境设计、智能化系统等内容。此外，标准有六条强制性条文，必须严格执行。如二层及以上楼层、地下室、半地下室设置老年人用房时应设电梯，电梯应为无障碍电梯，且至少1台能容纳担架；老年人使用的楼梯严禁采用弧形楼梯和螺旋楼梯；老年人居室和老年人休息室不应设置在地下室、半地下室等。

《建筑设计防火规范（2018年版）》（GB 50016—2014）修订条文针对老年人照料设施建筑增加了耐火等级、建筑高度和层数、平面布置与防火分隔、安全疏散与避难、消防设施等的设置，对原规范进行了完善。如独立建造的一、二级耐火等级老年人照料设施的建筑高度不宜大于32m，不应大于54m；公共建筑内疏散门的数量不应少于2个，老年人照料设施中建筑面积不大于$50m^2$，且位于两个安全出口间或袋形走道两侧的房间可设置1个疏散门；5层及以上且总建筑面积大于$3000m^2$的老年人照料设施应设置消防电梯等。

### 6. 商业模式

长期以来，养老项目的盈利模式一直是一个较为敏感的话题。我国养老事业发展至今已形成多种交易模式，如会员制、租金趸交、押金制等。各种交易模式所对应的权益也各不相同，但相应的政策法规却一直处于缺位状态。而作为国际通行的养老盈利模式的会员制，在2018年之前一直未受到我国官方的明确支持或禁止。

2018年11月，北京市率先发布了《北京市养老服务机构监管办法（试行）》，规定除自建或自有设施举办的养老服务机构外，严禁采用养老会员制；会员制收费额度原则上不能超过经营者可抵押物的估值；会员费不得投资风险行业。这是重资产会员制模式首次在我国得到官方的明确认可。此项政策的发布在很大程度上解决了养老行业会员制长期以来处在灰色地带的尴尬状态，但在具体实操过程中仍有诸多细节待明确。

### 7. 服务标准

民政部自2014年开始制定有关养老服务标准化的相关政策，推进养老服务标准化的建设。而上海市作为我国老龄化程度最高的城市，于2013年已率先制定《养老机构设施与服务要求》（DB31/T 685—2013），规范地方养老服务市场。

从国家层面来看，2017年发布的《养老机构服务质量基本规范》（GB/T 35796—2017），标志着全国养老机构服务质量迈入标准化管理的新时代。为了规范养老市场，养老机构相关服务标准日趋细化，各部门监管力度逐渐加强，如助浴规范、养老护理员技能标准等，并发布了养老机构等级评定标准，填补了国家养老机构等级划分与评定标准的空白，增强了机构综合服务能力的透明度（表1.6）。

表1.6  养老机构服务规范及标准

| 发布时间 | 政策文件或标准名称 | 主要内容 |
| --- | --- | --- |
| 2014年1月 | 《关于加强养老服务标准化工作的指导意见》（民发〔2014〕17号） | 加快健全养老服务标准体系，加强养老服务标准化研究，推进养老服务领域管理标准化等 |
| 2016年10月 | 《社区老年人日间照料中心服务基本要求》（GB/T 33168—2016） | 规定了社区老年人日间照料中心服务的总则、基本服务和适宜服务 |
| 2017年12月 | 《养老机构服务质量基本规范》（GB/T 35796—2017） | 规定了养老机构服务的基本要求、服务项目与质量要求、服务评价与改进 |
| 2018年5月 | 《关于行业标准〈居家老年人康复服务规范〉〈老年人助浴服务规范〉公开征求意见的通知》 | 发布居家老年人康复和助浴服务两大标准的意见征求稿 |
| 2019年2月 | 《养老机构等级划分与评定》（GB/T 37276—2018） | 等级评定从环境、设施设备、运营管理、服务四个方面设置了交通便捷度、出入院服务、居家上门服务等40个打分项，由养老机构自愿提出申请进行评定 |

随着国家层面对养老服务标准的规范，各地方也陆续发布了与养老服务相关的地方标准。如2018年，江苏省发布地方标准《居家养老服务规范》（DB32/T 1644—2010），规定居家养老服务的定义、组织机构、基础设施、人员素质、服务要求等；河北省发布《养老服务机构服务质量规范》（DB13/T 1185—2010），规定养老服务机构服务的基本要求、服务内容与质量控制等。又如2019年，宁夏回族自治区发布地方标准《养老机构安宁服务规范》（DB64/T 1561—2018），明确安宁服务的对象、内容、设施设备、人员配置及环境要求，为安宁服务提供了规范和质量控制标准。

## 第三节  中国养老产业的参与主体

中国的养老产业尚处于起步阶段，养老居住产业（即养老社区和养老机构的开发与运营）是目前主流的产业环节，其地产与服务的双重属性也使得参与主体的类型较为丰富，如房地产开发商、保险机构、养老服务机构、医疗机构等。这些不同类型的企业在养老产业中不仅可以发挥本行业的优势，更能跨行业整合资源，不断推动养老产业向前发展。

## 一、开发主体

### 1. 房地产企业

随着房地产市场"五限"调控政策的不断深入,企业利润增长逐步放缓,同时市场也面临着去库存和降杠杆的压力,很多房地产企业调整业务结构,开始涉足养老地产、特色小镇、文旅地产、长租公寓等领域。

目前来看,国企背景的房地产企业与品牌开发商以深厚的地产开发经验和资源整合优势,迅速成为养老居住产业开发建设的主力军,并在开发实践过程中逐渐形成各自的产品线,同时也适时延伸业务链至运营管理环节。涉足养老居住产业的典型房地产企业见表1.7。

表1.7 涉足养老居住产业的典型房地产企业

| 企业名称 | 养老业务发展状况 |
| --- | --- |
| 万科 | 2011年,杭州万科随园嘉树项目亮相;2013年,杭州万科随园嘉树项目开园,怡园、智汇坊、幸福家、嘉园等产品线陆续亮相落地,布局北京、上海、深圳、杭州等城市<br>2016年,北京万科与北控合作怡园长者公寓、康复医院<br>2017年,上海万科与上海地产、上海中医药大学合作成立"申养"品牌 |
| 华润 | 2017年,华润首个养老项目——古田融济康养中心落地武汉,随后华润加速布局沈阳、深圳、武汉、南宁等城市 |
| 招商蛇口 | 2015年,开始布局养老产业,先后开发招商观颐之家长者公寓、招商观颐杭州半山颐养中心、招商观颐深圳南山颐养中心、招商武汉墨水湖照护机构等项目<br>2015年,招商蛇口与法国高利泽成立合资公司,专注于以康复和阿尔兹海默症护理为特色的高端护理院,计划五年内拓展到1000张高端护理床位 |
| 朗诗 | 2012年,成立朗诗养老,推进养老战略;2013年,成立"常青藤",以社区嵌入机构为主要形式,提供养老服务。目前已覆盖南京、苏州、上海、北京,并规划进入广州、杭州 |
| 保利 | 2012年,推出"和熹会"品牌,建设医养结合型社区,布局北京、西塘、广州、成都、海南等地<br>2017年,推出"和悦会"品牌,建设社区嵌入型小微机构,提供养老服务等,布局北京、上海、广州、青岛、长沙等城市<br>其他业务:"保利和品"——适老化产品的设计、研发及整体配置 |
| 远洋 | 2012年,推出"椿萱茂"品牌,投资、租赁或委托管理中小型老年公寓、照料中心和大型长者社区,布局北京、上海、广州、大连、武汉、苏州等城市 |
| 海航 | 2014年,设立子公司养正投资,拥有天津"东方养生堂"CCRC一站式养老服务品牌和北京"和悦家"国际高端养老机构两个品牌,布局北京、天津、海南、杭州、苏州、上海、成都等地 |
| 银城 | 2015年,成立"东方颐年",主营业务为发展活力老年社区(AAC)和医养融合的CCRC综合机构;拥有君颐东方住养医综合社区、银城红日养老公寓、象山颐养中心、金色阳光老年公寓、聚宝山颐养中心、梅园颐养中心等项目,拥有居家养老服务点2个,着重布局南京 |
| 恒大 | 2017年,推出"恒大养生谷",采用"地产+养老"模式<br>截至2019年末,已布局23个项目,分别位于西安、三亚、郑州、扬中、湘潭等地,计划3年后在全国布局70个项目 |
| 龙湖 | 2017年,推出"椿山万树"品牌,布局颐年公寓、社区照料中心、持续照护养老社区和居家养老等四大产品类型,其首个项目——重庆新壹城颐年公寓于2018年11月开业<br>首批布局重庆、上海、成都、北京等一二线城市,未来将在杭州、南京、海南、厦门、广州、深圳等地持续布局 |
| 绿地 | 2007年,建设"21城孝贤坊"项目——面向老年人,集度假、尊老、国际商务功能于一身的超级人文新镇<br>2017年,成立绿地康养产业集团,并正式发布"康养居"产业规划 |

## 2. 金融保险企业

保险行业相较于其他行业，在参与养老产业方面具有天然的优势。一方面，保险公司拥有长期稳定的资金，可有效缓解养老项目前期投资大、资金回收周期长的问题；另一方面，保险公司有大量的高净值客户，有利于提前锁定优质客户群体，保险产品、养老社区以及医疗护理服务相结合使得保险公司的产品线拉长，也可分摊每个客户的销售成本和管理成本。

近几年，泰康人寿、平安保险、中国人寿、太平保险、合众保险、新华保险、安信信托等金融保险企业扎堆布局高端养老产业（表1.8）。

**表1.8 养老产业中的保险企业**

| 企业名称 | 养老业务发展状况 |
| --- | --- |
| 泰康人寿 | 2010年，推出"泰康之家"持续照料养老社区品牌；北京燕园作为首发项目，于2015年开园运营。目前已布局北京、上海、广州、成都、苏州、武汉、杭州、深圳等19个重点城市。北京燕园、上海申园、广州粤园、成都蜀园、苏州吴园已正式投入运营 |
| 太平保险 | 2018年8月，与美国水印合作，在上海推出首个大型医养结合型养老社区"太平梧桐人家" |
| 中国人寿 | 2013年6月，提出养老战略，产品涉及活力养老、康复护理、分时度假，形成北京（韵境）、江苏（雅境）（运营合作美国魅力花园）、海南（逸境）、天津（乐境）的战略布局<br>针对社区老人，建立"福保社区老年日间照料中心（颐康之家）"，位于深圳，提供娱乐活动和专业的托养照护服务 |
| 合众保险 | 推出连锁型健康退休社区"优年生活"品牌，目前已运营的有武汉社区、沈阳社区、南宁社区。2017年开始在全国布局旅居养老，目前已与14家养老机构签约合作，并展开收购长三角养老院业务 |
| 新华保险 | 2012年，成立新华家园养老服务子公司，定位为介助、介护型的养老公寓，项目布局北京、海南等地护理型：北京莲花池持续照料型尊享公寓。自理型：北京延庆自理活跃型养老社区。旅居型：海南博鳌养生养老休闲度假社区 |
| 平安保险 | 2013年，发布"合悦"品牌，旗下包括全龄化适老社区和旅游养生地产两大产品线，目前布局合悦江南、合悦版纳、合悦乌镇；合悦江南2016年开盘，位于桐乡，融合养老公寓、亲情社区、度假休闲三大产品线，形成全龄化、全配套养生度假综合服务优质住区 |
| 太平洋保险 | 2018年7月，推出高品质养老社区"太保家园"品牌，与欧葆庭合作进行运营管理，计划3～5年内首期投资100亿元，拓展8000～10000套高端养老养生公寓<br>2019年6月，竞得浙江省杭州市一幅养老社区项目地块，启动太保家园杭州养老社区建设 |
| 中国人保 | 2017年，成立人保人家（大连）养老运营管理有限责任公司，推出颐园高端养老社区"人保人家"品牌，已在大连建设人保人家颐园 |
| 中信信托 | 2013年11月，中信信托表示，将推出总额数百亿元、首期数十亿元人民币的健康产业基金，用于云南昆明"嘉丽泽国际健康岛"等健康、医疗和养老项目 |
| 安信信托 | 安信信托首创信托式金融养老，发起安信信托-安颐养老消费集合资金信托计划，总规模30亿元，受益人本人或指定第三方在上海市颐和苑老年服务中心每300万份额可优先获得享有一个房间的优先入住权 |

## 3. 医疗企业

除房地产企业和金融保险企业规模化、连锁化布局养老地产外，部分医疗企业也涉足养老地产的开发和运营，凭借其医疗专业优势将业务拓展至养老产业，打造医养结合模式。目前来看有以下两种模式。

① 单项目模式：规模较小，以医院为运营主体，内部设置医疗床位与养老床位，运营期间可视具体情况灵活调整两种床位之间的比例，有助于实现医疗与养老客源的双向转换，以及运营的良性循环。典型项目有北京英智京西康复医院。

② 医养集群模式：最为典型的项目为青杠老年护养中心，是重庆医科大学附属第一医院建立的养老机构，具有规模开发、功能复合的特点。养老产业中的医疗企业见表1.9。

表1.9　养老产业中的医疗企业

| 企业名称 | 养老业务发展状况 |
| --- | --- |
| 英智集团 | 成立于2006年，采用"康复+养老"模式，项目布局北京、江苏、杭州，未来将通过自建、收购、托管等方式进行连锁化发展。项目将涉及康复医院、康复护理、专业康复中心、康复培训教育、康复辅助设施等 |
| 重庆医科大学附属第一医院 | 青杠老年护养中心由重庆医科大学附属第一医院建立，是集养生文化、康复理疗、医疗护理、休闲娱乐等功能于一体的大型五星级综合性养老机构 |
| 九州通医药集团 | 九州通医药集团与武汉市政府、上海人寿堂国药有限公司合作打造九州通人寿堂养老院。项目由武汉市社会福利院B座改造而成，共1200床，包含养老公寓、济民医院（二级老年病医院）和护理院 |
| 山东省立第三医院 | 山东省立第三医院以肝胆外科、康复医学科、神经内科、泌尿外科、骨外科、重症医学科、老年医学科为重点学科，编制床位1400张，年门诊量49万余人，出院人数2万余人<br>山东省立第三医院康复护理院，包含康复医学部（140床）与康养中心（96床），打造照护机构，服务失能、半失能长者，以及疾病急性期治疗的康复客户 |
| 聊城市第四人民医院 | 聊城市第四人民医院是以防治精神病为特色的三级甲等专科医院，内设祥鹤医养中心，共130余床，打造集医疗、护理、养老、康复、保健、急救、心理治疗为一体的多功能、公益性医养结合老年服务机构 |

## 案例：北京英智京西康复医院

北京英智京西康复医院是首都医疗集团下属英智集团项目，为二级康复医院，建筑面积15000m$^2$，包含100张康复医院床位和100张养老床位。其重点科室为骨科、中医科、康复医学科、神经康复科、支具矫形科、糖尿病康复中心。北京英智京西康复医院于2015年开业，截至2019年10月，老年公寓已入住约92位老人，入住率约为92%；康复医院入住约80位客户，入住率约为80%。

项目采用"康复医院+养老机构"融合发展的模式，利用医疗独立运营与养老照护双重服务模式，实现机构运营良性循环。首先，康复医院主力客群与养老机构客群重叠，康复医院的客源可部分转化为养老机构的客户，提升养老床位使用率，稳定现金流。其次，借助康复医院的资源不仅可以提升床均产值，同时也可增加养老机构的医疗模块收入；康复医院与养老机构共用医护人员，可实现人力成本优化。再者，养老机构以康复医院的医疗资源为支撑，可保证医疗护理的必要性、及时性与便利性，提升客户入住的心理保障。

### 案例：青杠老年护养中心

青杠老年护养中心是重庆医科大学附属第一医院投资兴建，国家发改委批准，正在运行的全国第一家由大型公立医院主办的养老机构。项目位于重庆市璧山区青杠街道，距主城区26km，占地面积1073亩❶，设置养老床位3000张、医疗床位1000张。整个项目由普通护养区、临湖护养区、临湖疗养楼、学术交流中心、老年医院、护理职业学院等部分组成。

青杠老年护养中心也是全国唯一已经运行的集医疗、护理、养老、康复于一体的综合养老机构，建立了完善的内部循环转区机制，实现了急慢分治、双向转诊的模式：养老区→慢病康复区→重医一院本部→养老区。通过养老与综合医院的功能互补，帮助减轻综合医院病人长期"压床"的压力，缩短了平均住院时间，降低了病人的住院费用，同时也解决了养老区老人医疗救治的问题，弥补了下级医疗单位在处理复杂病症时能力不足的问题。

### 案例：九州通人寿堂养老院

九州通人寿堂养老院由九州通医药集团与武汉市政府、上海人寿堂国药有限公司合作打造，采用政府和社会资本合作的模式运作，是华中地区最大的PPP项目。项目位于武汉市江汉区，毗邻汉口高铁站、汉口地铁站及二环路，属于城市核心区域，交通便利且周边各类生活配套设施完善。

项目由武汉市社会福利院B座改造而成，打造面向中高收入人群的公建民营项目。项目共25层楼，整体建筑面积达44850m²，总床位数约1200张。其产品类型除养老公寓外，还规划了济民医院和护理院。其中，济民医院为二级老年病医院，共有102张医疗床位；护理院则重点面向城市失能长者。

九州通人寿堂养老院以"养老公寓+护理院+医疗机构"的产品组合实现了医养结合的可持续照料，充分满足了客户对医疗服务的需求。

## 二、运营主体

养老服务业这一界定也说明了养老产业的本质是服务。养老服务包括生活照料、娱乐、教育、旅游、养生、健康管理、医疗护理等一系列内容，因此运营主体的参与必不可少。目前养老市场上的运营主体可以概括性地分为内资企业与外资企业两大类。

1. 内资企业

我国的养老市场基本处于刚需养老阶段，即以面向高龄自理、介助和介护状态的老人提供养老服务为主。

在公建民营改制方式的政策引导下，市场上逐渐出现了规模化的运营管理企业，同时从企业的管理调度出发，运营机构区域化的特征也较为明显。从发展现状来看，目前在上海、杭州、无锡、苏州、北京、湖南等地均有代表性的

---

❶ 1亩 ≈666.67m²

本土运营企业（表1.10）。

表1.10　养老产业中的内资运营企业

| 企业名称 | 养老业务发展状况 |
| --- | --- |
| 光大汇晨 | 2007年成立，主营养老服务，拥有三大运营板块（机构养老、社区养老和候鸟式养老）和四大核心服务（养老、护理、康复、医疗）。布局以北京、上海为核心，扩展至全国，已开业和即将开业的养老机构达到10余家 |
| 寸草春晖 | 2011年，建成北京市朝阳区寸草春晖养老院，是一家专业护理型机构；2016年，与首开集团、福睿科技三方合作成立"首开寸草"品牌，打造专业护理型养老机构；已推出首开寸草学知园，计划未来5年内在北京市核心区域建设运营养老机构10~20家 |
| 诚和敬 | 2012年成立，设立机构型养老品牌"诚和敬长者公馆"、社区型养老品牌"诚和敬养老驿站"，项目多分布于北京 |
| 红日 | 2006年成立，主营老年护理与康复、养老服务与管理等业务；运营上海红日养老院、延吉养老院、红日家园老年公寓、南京银城红日4个项目，并规划苏州、上海项目 |
| 佰仁堂 | 2014年成立，主营失能、失智老人护理服务，以社区嵌入式养老和居家护理服务为主要方式；现运营管理近60家养老服务机构（包括老年医院、护理院）、数十个社区居家服务点，拓展项目遍布8省16个城市，主要聚集地为上海 |
| 绿康医养 | 2006年成立，主营养老机构、残疾人养护机构、老年康复及康复护理医疗机构的投资建设、直营托管、连锁经营管理和养老护理人才培养、老年科学技术研究以及老年产品研发贸易，拥有17家康复护理医疗机构、11家养老助残服务机构；布局以浙江为主 |
| 朗高养老 | 2009年成立，主营老年人生活照料服务、医疗护理服务。目前拥有10多家医疗及养老机构，并承接多家街道社区的护理服务和养老服务，医疗及养老床位总数已高达3500张；布局以江苏、浙江为主 |
| 湖南普亲 | 2008年成立，主营失能、失智老人的长期照护；已在湖南、海南、北京、山东、江苏、浙江等省市落地，拥有已投入运营和在建的长期照护机构近30家，床位数突破4000张 |

### 2. 外资企业

养老运营的另一大主体是外资企业，在意识到中国养老市场的巨大潜力后，外资服务企业纷纷进军中国养老市场。在进入中国市场的初期，外资企业自行建立养老服务公司，但存在和本地政府、政策对接困难，扶持资金难对应，医疗费用难报销等问题，盈利状况并不乐观。因此，目前大部分外资养老机构选择与国内企业合作成立养老服务公司，先租赁或改造相关物业设施，后提供运营管理；或者合作运营，以轻资产形式，对外输出成熟的运营管理服务。

目前，进入中国养老市场的外资运营企业以来自日本、美国、澳洲、欧洲为主。根据其本国老龄化阶段、老龄服务特色，各外资运营机构的运营服务体系也各具特征。如，日本运营机构相对更擅长介护型服务，而欧、美、澳企业对于长者社区和照护型机构等均有相对成熟的运营经验（表1.11）。

表1.11　养老产业中的外资运营企业

| 国家/地区 | 企业名称 | 养老业务发展状况 |
| --- | --- | --- |
| 日本 | 木下 | 2010年进入中国市场，"国寿嘉园·乐境"引入木下介护服务体系；与诚和敬打造"厚乐居"品牌 |
| | 礼爱 | 2011年进入中国市场，独资建立小型多功能设施——北京礼爱老年养护服务中心；后合资成立上海、成都、江苏公司，提供养老护理服务；与协同集团建立上海礼爱颐养院，与佳爱年华健康产业集团共同运营成都礼爱老年介护中心 |

续表

| 国家/地区 | 企业名称 | 养老业务发展状况 |
|---|---|---|
| 日本 | 日医 | 2012年进入中国市场，设立日医北、上、广三家全资子公司，主要开展居家上门介护服务以及介护人才培训；受北京健生养老院委托，运营逸云院，是一家认知症照护机构 |
| 美国 | 凯健 | 2011年成立，由美国CPM和新加坡淡马锡集团合作创建，提供医疗护理、康复以及生活照护服务；已开设上海华展（徐汇），上海华鹏（浦东），北京椿萱茂·凯健，宁波、苏州、上海普陀苑等机构，并计划在将来以上海、北京为中心辐射中国全境 |
| 美国 | 峰堡 | 2012年进入中国市场，与复星集团成立"星堡"品牌，建设运营持续照料养老社区；拥有上海星堡中环养老社区（一期、二期）、上海星堡浦江养老社区、星堡北京香山长者公寓、宁波星健兰亭等项目；提供专业养老咨询顾问服务和第三方管理服务，遍布北京、天津、上海、大连、宁波、杭州等城市；开拓居家养老服务"星堡居家" |
| 美国 | 魅力花园 | 2013年进入中国市场，在上海设立美瑞老年服务有限公司，致力于高品质的养老服务；项目布局哈尔滨、苏州、贵州、桂林等地，运营新松樾山养老公寓、国寿魅力花园健康中心、贵州太阳谷养生养老示范区、魅力花园（桂林交控）国际养老公寓4个项目 |
| 美国 | 水印 | 2014年进入中国市场，在香港成立水印养老社区；2015年在上海设立子公司，从事养老社区的服务和运营；目前服务项目有太平保险"梧桐人家"、上海实业集团"瑞慈花园"等 |
| 澳大利亚 | 爱维 | 2011年进入中国市场，合作成立中国爱维天地，建设运营上海爱维天地健康城项目，打造健康退休养老社区；预计后期将落地南京、杭州、常州、湖州、成都、昆明、厦门等地 |
| 澳大利亚 | 蓝宝石 | 蓝宝石控股总部位于澳大利亚墨尔本，是澳大利亚知名的高端护理型养老品牌，聚焦照护服务、生活方式及环境设施三个维度。2018年由复星康复养老产业发展集团（简称复星康养）联手澳大利亚蓝宝石控股集团（简称蓝宝石控股）合资打造的星健Sapphire香山长者公馆正式亮相 |
| 欧洲 | 法国欧葆庭 | 2013年进入中国市场，在上海设立中国区发展总部，2015年与北京协和医院老年医学科共同打造老年医护培训平台，为行业输出高层次专业人才；2016年在南京建设首家医护型养老机构，2018年底长沙北辰欧葆庭国际颐养中心开业，提供养老康复服务 |
| 欧洲 | 法国高利泽 | 2015年进入中国市场，与招商蛇口共同成立广州招商高利泽养老服务有限公司，专注于养老照护服务；拥有广州番禺国际康复颐养中心、深圳招商观颐之家蛇口颐养中心2个项目 |

# 第四节　中国与日本养老产业发展现状对比

养老产业是为老年人提供物质、精神或其他特殊需求产品和服务的产业，是适应老龄化发展需要，由老龄人口消费需求增长带动而形成的新兴产业，也是社会发展的必然产物。其产业内涵包括第一、第二、第三产业。目前，我国的养老产业尚处于起步阶段，但已表现出蓬勃的发展态势与可观的市场前景。早在2017年底，工信部即表示，到2030年我国养老产业的规模将达到22万亿元。涉及养老产业的具体产业内涵与发展历程，我们一般会以日本为例。这是因为日本与中国在地理位置、文化和经济发展甚至是老龄化发展等方面都存在诸多的相似之处。首先，两国同处于东亚地区，位置相邻，同样受到儒家思想的熏陶和影响，并且经济都在短时期内得到迅猛发展；此外，两国的老龄化发展历程也呈现出很大的相似性。如图1.4所示，日本与中国的老龄化率预测对比，中国的老龄化发展曲线几乎与日本的老龄化发展曲线平移30年后的曲线重合；此外，两国从老龄化到深度老龄化所耗费的时间也相似，日本耗时24年，中国耗时25年（图1.5）。

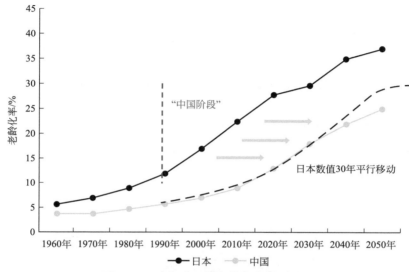

图1.4　日本与中国的老龄化率预测对比

（数据来源：快易数据）

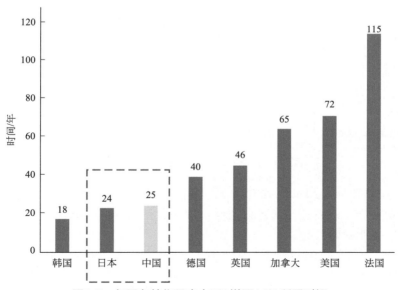

图1.5　各国老龄化程度由7%增至14%所需时间

（数据来源：前瞻产业研究院）

## 一、日本养老产业体系

### 1. 日本养老产业发展历程

日本从1970年开始进入老龄化社会，2007年迈入超老龄化社会。日本总务省2018年9月15日发布的数据显示，日本65岁以上人口占总人口数量的28.4%，并且这一群体中的就业人口占总劳动人口的12.9%，均是有记录以来的最高水平。同时，日本国立社会保障和人口问题研究所推算所获数据显示，日本老龄人口的比例今后将继续增加，预计到2025年将增至30%，到2040年将增至35.3%。人口老龄化催生了日本"银发经济"的蓬勃发展，企业顺势而为提供多方面产品供给，政府也尽力进行政策层面的鼓励支持。如今，日本养老产业的市场规模约为8000亿美元，预计到2025年将达到1.2万亿美元。

时至今日，日本的养老产业发展历经了三个阶段（图1.6），即20世纪70年代的产业萌芽期、20世纪80～90年代的产业成长期，以及21世纪以后的产业扩张期。

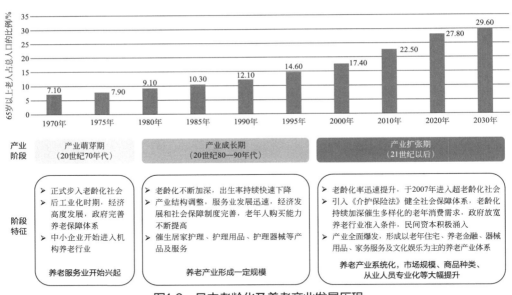

图1.6　日本老龄化及养老产业发展历程

① 产业萌芽期（20世纪70年代）。日本产业结构趋向服务化调整，同时日本步入老龄化社会，政府无法满足日益增长的养老需求，中小企业开始进入机构养老业，养老服务业开始兴起。

② 产业成长期（20世纪80～90年代）。日本老年人口数量不断增加，同时由于经济的发展和社会保障制度的完善，老年人的购买力也在不断上升，因此直接导致养老产品和服务日益增多，带动了养老产业的发展。而出于对利益的追逐，养老产业这个新兴行业在日本吸引了众多的企业参与投资。政府随之加强了对市场的监督与管理，

进一步规范市场，建立行业标准，通过《促进福利用具研究、开发和普及》《应对长寿社会的住宅设计指南》等政策法规，引导住宅和用品细分市场发展，催生了居家护理、护理用品、护理器械等产品及服务。在这一阶段，养老产业形成了一定规模。

③ 产业扩张期（21世纪以后）。日本经济恢复，《介护保险法》进一步健全了社会保障体系，老龄化的持续加深也促使老年消费需求日趋多样化，政府放宽养老行业准入条件，民间资本积极涌入，养老产业快速发展，形成以老年照顾和生活服务产业、老年住宅和养老设施产业、老年金融服务以及老年教育与娱乐产业为主要框架的养老服务产业体系。养老产业系统化特征明显，市场规模、产业种类、人员专业程度等大幅提升。

2. 日本养老产业体系构成

在经济发展、社会福利制度和产业政策等多重因素的作用下，日本的养老产业最终形成以老年居住产业、养老服务产业、养老金融产业和文化娱乐产业为主要框架的产业体系。

（1）老年居住产业

日本的老年居住产业发展实行市场化与社会化相结合的模式，目前已形成成熟的产品体系，主要可划分为介护型和住宅型两大类。

介护型养老机构主要提供日间照料、介护、医疗护理和康复训练等服务，根据收住长者的类型和服务内容可划分为：失智症应对型共同生活介护机构、小规模多功能型居家介护机构、特别养护老人院、介护老人保健设施、养护老人院、介护疗养型医疗设施。介护型养老机构的收费模式多为月费制。各类介护型养老机构的具体差别如下。

① 失智症应对型共同生活介护机构：为失智长者提供安全守护、生活娱乐和护理服务，经营主体以营利性企业居多，社会福祉法人和医疗法人次之。

② 小规模多功能型居家介护机构：以日间照料为主，兼顾夜间短期入住、上门服务以及居住等多种内容，类似国内的社区养老驿站，是在老年人熟悉的社区中提供服务，维护了老年人的人际关系，也是日本老年居住建筑的发展趋势。

③ 特别养护老人院：面向中度以上失能长者提供介护、生活娱乐和临终关怀等服务，经营主体多为社会福祉法人，类似国内的民办公助型养老机构。

④ 养护老人院：面向由于环境、经济等原因无法居家生活的低收入自理老人提供养护性服务，类似国内的公办养老院，其经营主体多为地方公共团体和社会福祉法人。

⑤ 介护老人保健设施：面向需要医疗护理、康复的重度失能长者，提供医疗护理、过渡期技能恢复训练和介护服务，类似国内的医养康复型养老院，经营主体多为医疗法人。

⑥ 介护疗养型医疗设施：面向急性疾病恢复期的卧床老人，提供医疗、护理和介护服务，类似国内的护理院，经营主体多为医疗法人。

住宅型养老项目主要为长者提供安全守护和生活服务。相对于介护型养老机构，住宅型养老项目除缴纳月费外，还需缴纳一定的入住门槛费用，类似我国的押金和租金趸交等形式。金额从几百万至几千万日元不等，行业收益率也相对较高。根据收住长者和服务内容可划分为轻费老人院、收费老人院和带服务的高龄者住宅。其中，轻费老人院主要面向无抚养人、家庭、经济条件无法与家人同住需要协助的长者提供生活服务，类似国内的公建民营养老机构；收费老人院主要面向有支付能力的护理长者提供介护、医疗和生活服务，经营主体以营利性企业为主，类似国内的民营养老院；而带服务的高龄者住宅主要面向有支付能力的自理或轻度护理长者提供生活服务，类似国内的民营养老社区。

（2）养老服务产业

日本的养老服务产业以介护为重心，其典型特征在于"医养护融合"的专业性老年服务，能够根据老年人不同的身体状况选择不同类型的介护医疗服务。

2000年日本政府实施的《介护保险法》将"介护状态"细分为7个照护等级，由医疗机构认定；其中需要支援的有2个等级，需要护理的有5个等级，对"需要支援"的老年人只能提供上门和日间服务。按照服务形式可以分为上门服务、日托服务、短托服务、长期服务。介护服务的内容多样化，包括日常生活支援、高级专业照护、康复训练等服务。

其中，日常生活支援主要为生活照料，包括上门理发、打扫房间、出行服务、送餐上门、送货上门、庭院修剪、宠物照顾等；高级专业照护主要为身体病状照料，包括上门点滴、注射、换药、上门帮助洗浴、帮助排泄等；康复训练主要包括认知症脑锻炼、中风患者肢体锻炼、预防性康复等。

除养老服务标准化外，养老人员专业化也是日本养老服务产业的一大特点。根据专业能力可分为8个职种：医师、看护人员、介护人员、理学疗养士、作业疗法士、技能训练指导员、生活相谈员、介护支援专员。1987年，日本国会通过了《社会福利师和介护福利士法》，并于1989年进行了这两项国家资格的首次考试，要求相关人员具备一定医疗护理、饮食营养、功能康复的专业知识才能持证上岗。这一举措不仅使得养老服务专业人才尤其是专业护工的供给量加大，也导致职业化服务人员的接受度提高。根据日本社会养老服务机构的一项调查结果显示，在日本65岁居家养老的老年人中，有66.7%的女性和44.8%的男性接受拥有专业资格证书的家访护理员或看护师的服务，而接受家政保姆服务的老年人则比较少（图1.7）。

（3）养老金融产业

在养老金融方面，为了配合日本养老社保体系从"公助"、社保"大包大揽"向鼓励个人"自助"的方向过渡，日本政府从2010年开始重视金融业在社会养老保险体系建设中可以发挥的积极作用。日本的养老金融市场主要分为产业、企业和个人三个领域。

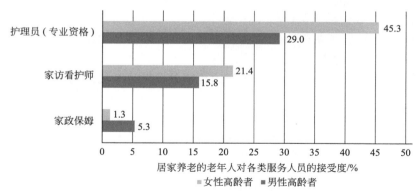

**图1.7　日本居家养老各类服务人员的接受度**

（资料来源：中日养老之窗，东兴证券研报《2016年日本养老产业专题研究报告》）

在产业领域，银行、证券和保险公司打造"现代养老产业发展基金"，在资金上支持现代养老产业的发展，或开展"健康养老居住投资信托"发展养老居住，或投资并购养老服务机构，直接参与养老服务机构的运营管理。

在面向企业客户的领域，银行或是向养老服务业提供低息贷款，或是从事债权回收的代理服务，保险公司则在为养老服务企业提供赔偿责任保险的业务上以及企业年金的运作上拓展业务空间。

东京都政府在2017年的报告中预估，日本60岁以上的人持有了70%的1800万亿日元（约108万亿元人民币）家庭金融资产，即日本老年人总计持有11万亿美元（约75万亿元人民币）的金融资产。因此在面向个人客户的领域，日本养老金融市场呈现出"百花齐放"的景象：银行可以向个人客户提供长期护理贷款或是开展住房反向抵押贷款；保险公司则开展个人年金业务、提供商业的长期护理保险以及开发设计包括认知症保险在内的各种养老保险新产品。例如，日本最大的金融机构瑞穗银行推出失智症信托，该产品可在失智症发生前进行预备，因此即使客户不幸患有失智症，也可保证其资金用以支付生活费和医疗费。又如，日本最大的商业银行三菱东京UFJ银行，推出为老年客户设置的退休金管理计算模型，根据厚生省调查结果计算老人自65岁直至90岁生活所需的费用，包括日常生活、旅行、健康、子女等，为老年顾客进行资产配置建议，为其提供多元化的金融产品、服务和解决方案。

（4）文化娱乐产业

日本的老年文化娱乐产业主要由教育、旅游、娱乐三大板块组成，为日本老年人提供了丰富多彩的退休养老生活。第二次世界大战后，日本重建以及经济和社会的变化，使得老年人习惯的传统生活方式也随之变化，导致20世纪50年代就出现了"老年人俱乐部"，通过学习和互动的方式改变老年人孤独的状态，在其后60年代颁布的《老人福祉法》提倡终身学习。"老年人俱乐部"成为国家政策的资助项目，标志着日本老年教育的起航。

随着老龄化社会的来临,越来越多的老年人期待通过再就业使老年生活更有意义,"高龄者生命意义促进综合事业"应时而生,将老年教育与终身教育相结合,以此应对高龄社会。如今,日本已形成以老年大学和老年再就业为主的老年教育产业。老年人有很多的学习机会,有大学的正式教育,也有社会的各种兴趣小组的学习;有健康教育,也有休闲活动。根据日本内阁《2012年老龄社会白皮书》记录,日本有17.4%的60岁以上老年人参与学习活动。通过各种学习,老年人可以在退休后寻找第二份、第三份工作,也可以作为志愿者实现自身价值。政府还在各市设立"银发人才中心",并给予资金和政策扶持。再就业的领域主要有服务业、批发业和零售业等。

与此同时,由于大部分65岁退休的老年人拥有充足的自由时间,日本老年旅游产业的发展也显得顺理成章。而日本全国旅馆生活卫生行会联合会(简称"全旅联")推出的旅游设施"银发星"制度,也极大地推动了老年旅游产业的发展。日本最大的老年旅游服务公司——Club Tourism也随之出现。Club Tourism是日本最大的老年旅游公司,成立于1996年。其综合业绩和市场占有率在日本旅游业中名列前茅。目前的用户规模达到700万名会员,以60～70岁的老年人为主。主营业务涵盖旅行、旅游文化、健身、家政、护理、媒体等多个方面,营业分部遍及日本。

 小贴士

> "银发星"制度:向全旅联申请"银发星"认证的旅馆和饭店在设备、服务、餐饮等方面必须达到一定标准,能为老年人提供优质便利的服务,尽力为老年人出游创造便利条件。

在娱乐板块,则更多体现出自理老人的休闲生活需求。据日本媒体报道,日本政府鼓励社会推动高龄者娱乐资源建设,娱乐消费目标为1.7万亿日元。经过多年发展,已涌现出诸多创新型的老年休闲娱乐业态与品牌,如Curves中老年女性专属健身房、Manekineko卡拉OK、赌场主题的日间陪护所,以及永旺G.G Mall等,以精细化的适老产品思维,激发、拓展老年消费空间,丰富老年空闲生活。

日本的养老产业内涵丰富,产业跨度大,除上文介绍的四大产业外,还有许多其他相关产业,如老年福利用品、老年食品、老年保健品、老年法律咨询等。每一个细分产业都可以分化出更多行业。其中,就老年福利用品产业而言,日本拥有完整的从研发、生产到销售的老年用品产业链,其产业规模是日本建筑产业规模的1.5～2.5倍,在日本健康产业中的比例达28%。据统计,在东京股票市场上市的企业中有1/3都涉足老年人用品的开发。日本老年福利用品产业链产品种类齐全,研发制造的老年用品种类有4万余种,约占全球的2/3,可以说是全方位满足老年人的各种需求,包括居家养老设备、移动设备、保健及护理设备、沟通交流装置、护理人员辅助设备等。再以老年食品产业中的老年护理食品为例，目前在日本约有70家开发老年护理食品的企业，在食品行业整体低迷的形势下，老年护理食品市场连续10年保持高速增长，预计到2020年市场规模将达到25000亿日元，约合人民币1600亿元。不少婴幼儿食品生产商纷纷转型，面向需求持续增长的老年人市场，推出了种类丰富的护理专用食品，它们不但营养价值高，而且口感绵软，特别适合不方便咀嚼的老年人食用。

## 二、中国养老产业发展解读

目前中国的老年人口呈现低龄化特征，以60～80岁的活跃长者为绝大多数，约占60岁以上人口的90%，而低龄长者更是占据半数以上。另外，中国进入老龄化社会时经济并不发达，人均国民生产总值约为3000美元，相较于其他发达国家进入老龄化社会时的人均国民生产总值20000美元，中国的老龄化还具有明显的"未富先老"的社会特征。基于种种原因，中国的养老产业发展至今也形成了自身特有的产业体系与发展特征。

1. 老年居住产业

老年住宅是针对老年人提供的住宅产品，其标准比普通住宅更高，功能、设施和服务更全，根据老年人的需求从居住、餐饮、护理、医疗、康复等方面量身设置。

我国目前推行的养老模式为"9073"或"9064"。2019年11月，中共中央、国务院印发《国家积极应对人口老龄化中长期规划》，再次肯定并明确了以居家为基础、社区为依托、机构充分发展、医养有机结合的多层次养老服务体系；同时相关政策鼓励民营机构发展养老产业，养老产品的类型和参与主体多样化发展，包括房地产开发商（万科、绿地、保利等），保险机构（泰康、太平、合众等），医疗机构（英智、青杠等），养老服务机构（红日、绿康、光大汇晨等）等。高端化、品牌化是各大企业抢滩登陆的发展方向。

从养老机构床位供应来看，按照"9073"养老服务体系建设建议，中国养老机构床位数应达到老年人口的10%。虽然养老机构床位数整体呈现增长态势，2018年中国养老机构床位数量已达746.4万张，但随着老龄化程度的加深，2018年我国养老机构床位缺口仍有914万张，同比增长9.1%（图1.8）。

此外，"9073"模式下的养老主力方式仍然为居家养老。"在地老化"决定了居家适老化改造和适老家具产业也将成为新的发展机会。各地方政府也陆续出台了适老化改造政策，但目前适老化改造工作主要集中于老旧小区，长期来看普通住宅、公寓住宅改造的市场同样不可小觑。例如，2017年底，住房和城乡建设部在厦门、广州等15个城市启动了城镇老旧小区改造试点，截至2018年12月，试点城市共改造老旧小区106个，惠及5.9万户居民。2018年底，地方标准《适老化

图1.8 2012—2018年中国养老机构床位数量统计情况
(数据来源:《中国老龄事业发展报告》、民政局官网)

住宅设计规范》区级标准在浙江省杭州市出炉,并于2019年1月10日正式实施。该设计规范包含适老化住宅设计的基本要求,套内空间、公用部分和设施设备的要求。2019年4月,《杭州市困难老年人家庭适老化改造项目试点实施方案》发布,旨在为杭州市困难老年人家庭提供住房安全性和无障碍设施等方面的改造,补贴每户约6000元。

2. 老年用品产业

老年用品产业是根据老年人生理特点和生活需要,提供食品、药品、器械、健康管理产品、服装服饰、日用生活器具、电子电器等产品的制造业及其相关上下游产业,是养老产业的重要组成部分。

目前,我国的老年用品主要包括康复护理用品、视听辅助用品、保健品、居家及外出用品、医药品、文娱用品、衣物穿戴用品、食品、美容用品、智能用品、医疗器械等。从目前的相关市场调查数据来看,我国老年用品市场需求达1.6万亿元,但市场供给规模仅为4000亿元,存在巨大供需缺口。其中,在老年人保健品、康复护理用品、行动辅助及视听设备、老年人居家用品四大种类的基本需求方面,仍存在约70%的供给需求差。

总体来看,与日本、德国等发达国家相比,我国的养老用品产业仍然存在市场有效供给不足、产品技术含量不高、质量标准体系不完善等问题。据统计,在全球60000多种老年用品中,日本有40000多种,德国有20000多种,而中国市场可见的只有2000多种,这与我国是世界制造业第一大国、老年人口第一大国的实际情况严重不匹配。

3. 老年文娱产业

目前,我国老年人口仍以低龄老人为主,他们熟龄活力的状态,不仅呈现出对于医养护理的弱依赖性，还表现出对于文化、娱乐方面的补偿型消费需求。现阶段我国活跃长者的文娱需求主要体现在旅游度假、老年大学等方面。

我国的康养旅游行业起步较早，最初市场充斥着以不合理低价吸引老年游客并安排强制消费的旅游产品，经过国家整顿后，高性价比产品成为市场主流供应，但产品本质也仅仅是普通旅游产品冠名"夕阳红"的再包装。目前全国共有近28000家旅行社，但专门从事老年旅游服务的旅行社不过数百家。事实上，老年旅游客群的需求与消费能力不可小觑，携程发布的《2018年老年人跟团旅游消费升级报告》显示：50后已成为最舍得为旅游花钱的群体，跟团游平均单次花费达到了3115元，居各个年龄段之首；中老年群体消费力明显高于年轻群体，选择"四钻"和"五钻"产品的比例高达85%，对高品质旅游产品需求强劲；行程舒适和精神愉悦成为了老年人旅游的主要诉求（图1.9）。

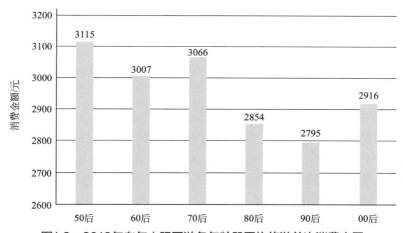

图1.9　2018年老年人跟团游各年龄段平均旅游单次消费水平

（数据来源：携程《2018年老年人跟团旅游消费升级报告》）

健康活力老人旺盛的旅游消费意愿也吸引了绿地康养、友松国际、云间旅居等一批企业陆续涉足康养旅游领域，结合旅居酒店的平台载体，针对老年人的心理需求、生理特点、消费喜好等，制定品质型老年旅游产品，并在医疗服务、行程设计、保险服务、导游讲解上予以相应配套。如在传统观光产品的基础上，推出疗养健身、保健理疗等类型的旅游线路；或者针对老年人的摄影、绘画、垂钓等喜好，推出专题活动类的旅游产品等。

整体来看，我国的养老文化教育仍处于起步阶段，目前以社会公益性的老年大学为主。据相关数据统计，我国老年大学的数量从1998年的1.3万所增长至2018年的5万所，在校学员数量也从100万人增长至580多万人。近几年来，凭借互联网技术，线上老年教育市场也异军突起，涌现出如乐退族、美好盛年、快乐50等平台，并呈现出明显的加速趋势（表1.12）。

表1.12 养老文娱类企业及产品列表

| 平台名称 | 模式特点 | 主打产品 | 商业变现 | 发展动向 |
| --- | --- | --- | --- | --- |
| 乐退族 | 线上微信号、小程序与线下课程、时装周结合 | 模特课程、时装周 | 旅居养老、主题旅游 | 北京国际中老年时装周向全国重点区域巡演 |
| 美好盛年 | 以线下连锁教育门店为主，线上微信号辅助运营 | 线下模特表演课程及相关活动 | 海外才艺交流主题旅游、化妆品销售等 | 在广州有8家教学点，并计划扩张至60~100家店 |
| 养老管家 | 以线上微信号、小程序为主，开始向线下摸索 | 掌上老年大学 | 线上付费会员、中老年平板电脑 | 百城征募社区网络老年大学校长 |
| 快乐50 | 线上、线下结合 | 歌唱、音乐、舞蹈等艺术课程及相关活动 | 向KTV导流，销售会员卡 | 在北京有3个教学点 |
| 墨池 | 以线上微信、小程序为主 | 书法、国画线上课程 | 付费线上课程、文房用品销售 | "推广大使"拉新获客 |

注：资料来源于Age Club。

### 4. 养老金融产业

养老金融是指围绕社会成员各种养老需求所进行的金融活动的总和，主要包括养老金金融、养老服务金融、养老产业金融三方面内容。

（1）养老金金融

养老金金融是指为储备制度化的养老金进行的一系列金融活动，其对象是制度化的养老金资产，目标是通过制度安排积累养老资产，同时实现保值增值。目前我国的养老金金融主要指基本养老保险。我国的基本养老保险总体覆盖率逐年增长，截至2018年，养老金水平已实现14连涨。但由于老龄人口比例不断上升、历史缴费缺口过大、在职人员工资增速远高于养老金增速，以及资产投资收益长期偏低等原因，我国基本养老保险支出缺口越来越大，预计未来基本养老保险替代率会持续下行。

（2）养老服务金融

养老服务金融是指除制度化的养老金以外，金融机构围绕社会成员养老投资、理财、消费及衍生需求所进行的金融产品与服务的创新金融活动，如各类商业保险、住宅反向抵押贷款及各类附带养老保障的养老信托产品等。目前国内大部分银行面向老年用户推出的产品及服务仍停留在比较初级的阶段，少数银行意识到了中老年客户的重要性，针对性地推出了金融产品及服务。如，广发银行、中国银行、兴业银行、华夏银行等多家银行推出了为中老年客户量身定制的专属借记卡，在老年人的金融投资和生活消费方面给予专属优惠。同时，也有银行试水推出了针对富裕老年群体的个性化资产及生活管理服务。例如，建设银行的"幸福晚年"包括私人医生、贵宾体验、贵宾就医以及养老规划等服务；中信银行作为全国率先推出老年金融服务体系的商业银行，于2009年推出了国内第一张面向老年人的借记卡，目前已形成"幸福年华"养老服务体系,并强调未来将重点布局"个人养老资金筹备期"(初入职场20岁至退休)和"个人养老资金运用期"(退休后)两大阶段的养老金融服务。

但鉴于目前国民保障意识整体较弱,结合"未富先老"的老龄化特征,老年人购买商业保险等养老服务金融产品的积极性较低。如2018年中国太保重疾险的新保客户中,60岁以上客户仅占比0.8%,50岁以上客户占比不到10%。我国住宅反向抵押贷款市场受传统文化和金融风险等因素影响,自推出以来也一直发展缓慢。

(3)养老产业金融

在养老产业金融方面,目前与养老项目相关的融资渠道广泛,包含银行贷款(国开行政策性贷款和商业银行贷款)、债券融资(养老专项债和专项金融债)、产业基金(政府、金融机构、民间资本均可发起)、PPP模式、信托贷款、股权融资等,发展势头良好。例如,目前国开行累计向养老行业投放融资总额超过140亿元,共支持了407个养老项目建设,覆盖了除西藏以外的所有省份(自治区、直辖市)。国开行、农发行向邮储银行定向发行专项建设债券,中央财政按照专项建设债券的90%给予贴息,债券总规模为3000亿元,国开行约为2000亿元,农发行约为1000亿元。

5. 老年照护服务产业

除上述老年居住、老年用品、老年文娱、养老金融等产业外,老年照护服务产业也随着老龄化程度的加深而日益发展。不仅各地方政府陆续推出"互联网+智能化"养老服务管理平台的"虚拟养老院"模式,社会资本也纷纷入场,涌现出青松康护、医护到家、小柏家护等O2O平台,针对居家场景提供护理员、护士上门的护理服务。

综上所述,目前我国的养老产业尚处于起步阶段,产品结构较为单一,各细分领域供需矛盾显著,系统化的养老产业框架尚未成形,市场化程度也较低。但作为老年人口数量最多的国家,我们有理由相信由夕阳人群营造的"朝阳产业"前景可期。在日益完善的顶层制度设计、完备的行业规范、合理的市场监管机制以及有效的配套政策和保障措施之下,我国的养老产业将迎来快速发展的"黄金阶段"。

# 第二章
# 中国式持续照料养老社区开发模式

## 第一节 基于长者需求的养老产品线划分

### 一、养老客户的类型

衰老是一个不可逆的过程。研究表明，人体的各项机能都会伴随着年龄增长而衰退。对于老年人来说，不仅会在听觉、视觉、记忆、平衡感等生理机能方面产生衰退，脱离原有工作岗位、完成家庭建设任务后导致的心理落差也会对老年人产生一定的消极影响。随着我国老龄化程度的日益加深，我们也逐渐意识到不同年龄阶段的老年人，其生理与心理需求具有明显的差异化特征。

从生命周期的角度出发，我们将老年人细分为活跃长者、自理长者与护理长者三大客群。不同的生理、心理需求也带来了养老产品与服务需求的不同，如图2.1所示。

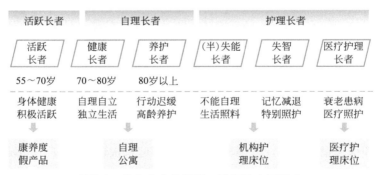

图2.1　养老客户的类型、特征及产品需求

（1）活跃长者

以55～70岁的长者为主，他们即将退休或已经退休，开始考虑甚至规划退休生活，基本处于预备养老状态。一方面，该年龄阶段的长者虽然身体机能开始衰退，但大多数仍然身体健康、生活独立，生活状态积极活跃，很多长者出于补偿心理，有意识、有计划地进行境内外旅游和老年大学学习等活动，使得自己的退休生活丰富多彩；另一方面，这一年龄阶段的长者并不能实现真正意义上的"自由"，

他们往往还承担着照顾孙辈或父母的家庭责任，部分长者还存在原单位返聘与社会再就业等情况。因此，55～70岁的长者出于家庭的牵绊、各种社会关系的维系，很难长时间固定地居住在某地，更多体现出的是短期、季节性的旅游度假需求。

（2）自理长者

根据年龄及身体状况，自理长者可细分为健康长者和养护长者两类。其中，健康长者一般指70～80岁，生活可以自理，独立性较强的长者。相较于活跃长者，健康长者的身体机能进一步下降，很多长者身患慢性疾病，需要长期服药。他们照顾孙辈、父母等的家庭责任基本完成，身体机能的下降也使得他们亟须摆脱洗衣做饭、打扫卫生等日常家务的负担；同时，由于体能的下降，他们的活动范围逐渐缩小，通常情况下以所居住的社区为主要活动范围，开展日常的活动与社交。此外，中国人传统的田园情怀通常在他们完成家庭责任后得以充分体现。健康长者更倾向于选择居住在远离城市嘈杂的山清水秀之地，以及可以满足其日常起居的居家式公寓，同时丰富多彩的休闲娱乐活动也是很多健康长者缓解心理空虚、丰富社交生活的重要选择。

养护长者多为80岁以上的高龄自理人群。他们的身体机能持续衰退，感知和分辨能力迅速下降，行动能力下降，活动半径进一步缩小，往往只能在所居住的楼栋及周边活动。养护长者的需求已经不再局限于基础的生活照料，他们对于健康保健、日常就医、紧急救助等医疗服务的需求度日渐加强，在情感上也对其熟龄子女产生较强的依赖。因此，80岁以上的高龄自理长者在养老产品的选择上更青睐距离优质医疗资源较近、子女探望较为方便的城市型养老公寓。

（3）护理长者

护理长者是指生活不能完全自理，对于生活照料、专业的医疗护理服务有着强需求的老年人。需要特别说明的是，护理长者往往是与健康状况有关，与年龄并无必然联系。护理长者具体可以细分为（半）失能长者、失智长者和医疗护理长者。

其中，（半）失能长者是指丧失部分或全部生活自理能力的长者，需要长期的日常生活照料服务；失智长者是指患有认知障碍症的长者，在日常生活照料服务的基础上，还需要针对认知功能衰退的专项照护服务。（半）失能长者与失智长者以需求长期稳定的生活照料服务与一定程度的医疗照护服务为主，因此一般医养结合型养老机构即可满足他们的需求。而医疗护理长者包括长期卧床长者、术后与康复期长者、晚期姑息治疗长者等，其核心需求体现为专业的医疗照护与康复护理服务，对优质医疗资源的依赖度高。因此，具备医疗资质的护理机构和医疗机构往往成为他们及其家属的优先选择。

## 二、养老产品线划分

从细分客户及其产品与服务需求出发，结合目前我国养老市场的发展现状，养老产品大致可以划分为康养地产、旅居酒店、持续照料退休社区（CCRC）、养老机构、医疗护理机构等五种类型。其中，康养地产与旅居酒店以面向活跃长者客群为主，满足其阶段性休闲度假或中长期居住的需求。CCRC的客群则覆盖了健康长者、养护长者、失能与失智长者，为其提供一站式、可持续的生活照料、休闲娱乐、健康管理、养生保健、医养护理等服务；而根据土地属性不同，CCRC又可分为近郊长者社区与城市医养综合体两类。养老机构相较于CCRC而言，其服务客群更为聚焦，主要面向失能、失智长者提供长期生活照料与医疗护理服务。医疗护理机构的治疗性质更为突出，以长期卧床患者、晚期姑息治疗患者、术后与康复期的护理长者为主要服务客群。养老客群与产品线的对应匹配关系如图2.2所示。

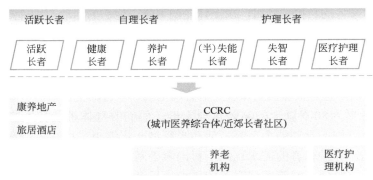

图2.2 基于客群需求的养老产品线划分

## （一）康养地产

康养地产的本质仍为房地产，是指在传统房地产的载体上赋予健康养生的概念，并辅以一定的配套与服务来支撑康养主题生活方式的营造，其客群也并不局限于长者客户，而是面向全龄客群的社区型项目。

其住宅产品的开发定位要素是土地-客户-产品的交圈。康养地产与普通住宅产品的区别主要在于日常运营服务的内容与频次，即普通住宅社区交付运营以后仅提供基本的物业服务，而康养地产在基础物业服务之外，还会由专业的运营团队提供以健康养生为特色的居家生活、休闲娱乐、健康管理等服务。因此，康养地产的服务属性更强，所以从土地条件、客户特征、产品设计、商业模式四个方面来解析康养地产的开发要素更为合适也更为全面。

1. 土地条件：核心城市远郊，规模体量

首先，从区位特征来看，康养地产项目一般选址于核心城市的远郊区域，如一线城市或省会城市周边，地处市区1～2小时交通圈内，具有良好的交通通达性。选址核心城市远郊主要有两点考虑：

① 一线城市和省会城市的康养客群容量相对可观，对于项目去化有一定保障；
② 城市远郊的土地成本相对低廉，可以有效控制前期的成本投入。

目前，长三角区域是康养地产的集中供应区域之一，典型项目有环沪的绿城乌镇雅园、鸿泰乐颐小镇，南京周边的金陵天泉湖等。例如，绿城乌镇雅园选址于桐乡市的乌镇，地处江浙沪"金三角"之地、杭嘉湖平原腹地，距上海约100km，自驾车程约1.5～2小时。乌镇作为中国历史文化名镇，属国家5A级景区，素有"中国最后的枕水人家"之美誉，是全国二十个黄金周预报景点及江南六大古镇之一，景观资源条件优越。先天的区位及环境资源优势，有助于项目积极吸附上海的城市客户外溢，也为后续的销售奠定了良好的基础。

其次，康养地产项目的土地性质以住宅用地为主，部分大盘项目也出现多种用地性质复合的情况。康养地产通常具备一定的规模，建筑面积一般为10万～50万平方米。一方面，可以较好地营造居住氛围，保证项目的社区感；另一方面，康养社区通常会配置3万～5万平方米不等的服务配套，一定规模的建筑体量也可以有效分摊社区康养服务配套的成本投入（表2.1）。

表2.1 典型康养地产项目的用地性质及规模情况

| 项目名称 | 土地性质 | 项目规模（建筑面积/m²） |
| --- | --- | --- |
| 绿城乌镇雅园 | 住宅用地、医疗卫生用地、科教文卫用地、商业用地 | 约500000 |
| 鸿泰乐颐小镇 | 住宅用地 | 约100000 |
| 金陵天泉湖养生养老社区 | 住宅用地 | 约1500000 |
| 青城国际颐养中心 | 住宅用地 | 约600000 |

2. 产品设计：轻适老化产权公寓为主，全龄配套支撑，营造健康生活方式

处于预备养老阶段的活跃长者是康养地产项目的一类重要客户，因此康养地产项目充分考虑运营中后期客户长居养老的需求，在产品体系的设计上以轻适老化的产权公寓为主要居住产品，同时考虑客户的文化娱乐、休闲康体、医疗照护等需求，配置会所、老年大学等文娱配套，以及护理机构、医疗机构等医疗型配套，形成社区内部的可持续生活照料产品体系。

在户型设计上强调以家庭为单位的居住需求功能，以85～100m²的2房户型为主，第二个房间主要用于满足活跃长者作为书房或家庭度假、孙辈阶段性入住等需求（表2.2）。

表2.2 典型康养地产项目养生公寓主力户型

| 项目名称 | 主力户型 ||
| --- | --- | --- |
| | 户型面积/m² | 房间数量/房 |
| 绿城乌镇雅园 | 90 | 2 |
| 鸿泰乐颐小镇 | 55～65 | 1 |
| 金陵天泉湖养生养老社区 | 116 | 2 |
| 青城国际颐养中心 | 85～105 | 2 |

在配套体系方面，康养地产项目从全龄客群的需求出发，在常规业主会所、运动健身场地、亲子活动空间、商业配套的基础上，进一步强化康养特色配套的打造，主要包括医疗配套、养老会所等，部分项目还配置有度假酒店（表2.3）。其中，养老会所是长者康养生活营造的重要承载平台，是为长者提供丰富的休闲娱乐、学习交流等服务的功能场所；医疗配套主要满足长者对基础医疗保健和紧急救助等的需求。医疗配套的具体规模和类型等级可结合项目周边的医疗资源条件进行配置。

表2.3 典型康养地产项目配套配置情况

| 项目名称 | 配套体量/m²（不含医疗） | 配套功能 |
| --- | --- | --- |
| 绿城乌镇雅园 | 约35000 | 雅达国际康复医院（三级康复医院）、颐乐学院（含社区商业共3.5万平方米）、五星级度假酒店 |
| 鸿泰乐颐小镇 | 约5000 | 社区医院（5000m²）、颐乐会所（5000m²）、农庄、自耕区、垂钓区 |
| 金陵天泉湖养生养老社区 | 约30000 | 医疗综合体（三甲综合，2万平方米）、康娱餐饮综合体（2.4万平方米）、老年俱乐部（一期4000m²） |
| 青城国际颐养中心 | 约40000 | 青城国际老年医院（二甲综合）、青城颐养老年大学（5000m²）、四季花园（7000m²）、星级酒店…… |

综上所述，康养地产的产品体系功能完善、角色清晰，轻适老化公寓提供舒适安全的居住空间，医疗配套强化健康安全保障，全龄化配套则助力整个社区活力生活氛围的营造。

3. 客户特征：主力核心城市外溢活跃长者，兼顾地缘型客户

康养地产项目的购买客户从来源上看，主要包括两大类：一是核心城市的外溢客户，二是项目周边的地缘型客户。其中，核心城市的外溢客户为主力客群，占比基本在50%以上，部分项目此类客户占比可达80%甚至以上，以45～70岁的中年人和活跃长者为主。在职业方面，客户体现出高知、高收入的特征，如以教师、医生等科教文卫行业的客户居多，具备一定的资金实力与相对开放的养老观念。

核心城市客户外溢的原因在于，北京、上海、成都、南京、杭州等核心城市的长者往往面临养老成本高企、城市环境中养老生活的宜居属性欠佳等现实问题。以上海市区的养老社区为例，一室一厅户型一次性押金或租金的总价达每套170万～180万元，月服务费为每两人8000～10000元。上述价格体系意味着长者需要拥有较高的储蓄或较高的退休收入。而上海企业退休职工的个人退休收入为4000～6000元/月，中小学教师、企业中高层、科教文卫及银行系统等普通职员退休后的收入为6000～8000元/月，只有少量的大学教授、医生、离退休干部、政府机关单位高职称人员等群体的个人退休工资在8000～10000元/月及以上。因此，核心城市的康养、养老需求外溢在一定程度上成为必然的趋势。客户在预备养老的阶段出于对未来养老生活的规划，通过对资产的提前占有来锁定未来的养老成本，短期以偶居度假为主，中长期则考虑长居养老。

据调研，康养地产类项目的购买客户基本处于45～70岁，这也意味着他们在置业后较长的一段时期内，只是偶居的状态（具体原因分析详见本章前文关于活跃长者生活状态的描述），而常住客户的年龄普遍偏高，如绿城乌镇雅园、金陵天泉湖养生养老社区的常住客户年龄均为70～80岁。

**案例：**（以下数据均来源于市场调研，具有一定的偏差与时效性，特此说明）

(1) 绿城乌镇雅园
① 客户年龄：主力购房客群的年龄为30～50岁，除养老客户（自己或父母养老居住）外，兼顾地缘型客户。
② 客户职业：长者客户中以教师、医生等高知群体为主。
③ 客户来源：整盘以长三角地区的客户为主，上海客户占比30%，桐乡和嘉兴客户占比30%，杭州和江苏客户占比20%，北京客户占比10%，全国其他地区客户占比10%。
④ 入住情况：截至2019年7月，阶段性常住客户占比约1/3，以老年人为主，有少量本地客户（作为婚房）；其中，入住长者的平均年龄为73岁，以上海老人居多。
(2) 金陵天泉湖养生养老社区
① 客户年龄：以45～65岁的客户为主。
② 客户职业：以高知、高干客户为主，如高校教授、政府事业单位人员等。
③ 客户来源：以南京市区客户为主，有少量盱眙当地客户。
(3) 鸿泰乐颐小镇
① 客户年龄：以45～60岁的客户为主。
② 客户来源：90%为上海市区客户，10%为崇明岛及其他区域客户。

4. 商业模式：类住宅式，产权销售＋基础物业费＋增值服务费（非强制收取）

康养地产的本质是地产，因此其商业模式也是通过产权销售回收现金流，交付后收取相关物业管理与服务费用，用以维持社区的日常运营。

从资产层面来看，康养地产属于重资产模式，通过面向全龄客户产权销售的方式前期快速回收现金流，并且相较于同区域住宅项目，康养地产项目还可实现一定的溢价。如绿城乌镇雅园中的高层公寓产品截至2019年7月的售价为26000～28000元/$m^2$，较同期嘉兴市区住宅均价（13000元/$m^2$）溢价约100%。这是因为项目规划配置的较大规模服务配套强化了康养社区主题，并在销售期间起到了良好的展示效果，使得客户对于未来的生活场景充满了期待与想象。

从运营层面来看，项目交付后同步收取基础物业费。这部分费用可以理解为普通住宅的物业管理费用，但由于康养地产项目为业主提供的配套服务功能更为丰富多样，因此基础物业费的金额也较普通住宅项目的略高，主要用以维持社区的日常运营，同时也不会显著增加客户的持有成本。此外，康养地产类项目也会推出康养主题的增值服务套餐，如健康管理、老年大学等内容，这部分费用并非强制收取，业主按需购买即可。但需要注意的是，康养地产地处远郊，入住率较低，购买增值服务的业主也相对有限，因此导致在项目交付后的较长时间内日常运营难以平衡，形成亏损。因此，如何合理控制配套体量、服务内容与收费标准，对于康养地产项目降低运营成本、实现可持续运营显得尤为重要。

从目前实际运营的项目中我们可以看到，增值服务费的收取一般有服务包和单项收费两种形式。如金陵天泉湖养生养老社区内的配套服务以单项收费为主，如游泳馆每人每次7.5元，食堂每人每天100元，同时常住业主可享受6折优惠。天地健康城的产权公寓在物业费之外也有服务包可自行选择购买，会员费为每户每年6.5万元；会员可享受会所活动、保洁、班车、医院绿色通道等服务。长三角地区某颐养小镇曾根据服务类型推出服务包，具体涵盖餐饮、家政、出行、娱乐等服务内容（表2.4）。

表2.4 某颐养小镇服务内容

| 项目 | 基础服务包 | | 基础服务升级包 | 餐饮包 | | 娱乐包 | 增值业务 |
|---|---|---|---|---|---|---|---|
| | 单人 | 双人 | — | 单人 | 双人 | 每户 | — |
| 服务内容 | 6小时家政 | 8小时家政 | 8小时家政 | 6小时家政 | 8小时家政 | 棋牌室<br>不限次使用 | 代耕服务 |
| | 30次<br>单人早餐 | 30次<br>双人早餐 | 30次<br>双人早餐 | 30次<br>单人早餐 | 30次<br>双人早餐 | 乒乓球室<br>不限次使用 | 代配药 |
| | 班车<br>乘坐4次 | 班车<br>乘坐8次 | 班车<br>乘坐8次 | 30次<br>单人午餐 | 30次<br>双人午餐 | 影音厅<br>不限次使用 | 居家养老服务 |
| | — | — | 健康随访 | 30次<br>单人晚餐 | 30次<br>双人晚餐 | 桌球室<br>不限次使用 | 特殊营养餐 |
| | — | — | 健康咨询 | 班车<br>乘坐4次 | 班车<br>乘坐8次 | 健身房<br>不限次使用 | 康复理疗 |
| | — | — | 健康讲座 | — | — | 阅览室<br>不限次使用 | 采摘垂钓 |
| | — | — | 膳食<br>营养指导 | — | — | — | 宠物乐园服务 |
| | — | — | 1个<br>疗程理疗 | — | — | — | 老年大学课程 |
| | — | — | — | — | — | — | 烧烤场地物料 |
| | — | — | — | — | — | — | 露营场地物料 |
| 收费<br>/（元/月） | 400 | 700 | 1000 | 1300 | 2500 | 300 | 按单项收费 |

从典型康养地产项目的实践与市场经验来看，一个成功落地的康养地产项目，其核心在于营造一个富有活力的品质退休生活氛围，而优越的环境资源、可持续照料产品体系以及丰富多元的配套承载是康养地产项目重要的基础条件。同时更需要通过一系列的营销活动与服务来提前践行康养的生活主张，若有企业品牌与合作资源的加持，则更能提升客户的信任度与信心，唯有此才能最终实现产品溢价、客户扩容、快速去化等多重目标（图2.3）。

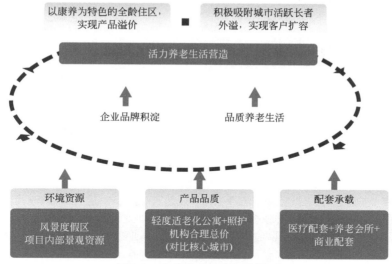

图2.3 康养地产项目开发模型

 **康养地产案例：绿城乌镇雅园**

绿城乌镇雅园是绿城集团联袂雅达国际打造的国内首个学院式养生养老项目，为目前我国康养地产的开发样本。项目位于浙江省桐乡市，地处江浙沪"金三角"之地、杭嘉湖平原腹地，距离杭州65km、苏州80km、上海120km，区位优势明显（图2.4）。

图2.4 绿城乌镇雅园项目规划图

## 1. 整体规划

绿城乌镇雅园依托1500亩国际健康生态休闲产业园，集养老居住区、颐乐学院、雅达国际康复医院、国际医养中心、阿丽拉度假酒店和商业综合体六大功能于一体，打造"健康医疗+养生养老+休闲度假"的全新康养地产模式。

项目用地复合，包含住宅用地、医疗卫生用地和商业用地等。首先，养老居住区为70年的住宅用地，建筑面积46万平方米，打造5000余套面向养老客户的养老住品；颐乐学院为社区内部活动配套，为科教文卫用地，建筑面积3.5万平方米，现已投入使用。

其次，项目引入德国高端康复医疗品牌Medical Park的商业模式和管理理念，利用医疗卫生用地打造雅达国际康复医院和国际医养中心，并由德国医疗专家组成的运营团队负责医院的运营。雅达国际康复医院为三级康复医院，建筑面积7.3万平方米，主要为神经系统病患和亚健康人群提供健康管理、康复治疗、老年全科门诊和专业体检等服务。国际医养中心为半自理、护理和失能长者提供专业护理服务，建筑面积4万平方米，规划300张床；截至2019年7月，暂未正式运营，于康复医院内试运营，预计未来1～2年内开业。

此外，项目内部的商业用地规划为阿丽拉度假酒店和商业综合体（表2.5）。

表2.5 绿城乌镇雅园项目规划及现状

| 功能板块 | 土地性质 | 概况 | 现状 |
| --- | --- | --- | --- |
| 养老居住区 | 住宅用地 | 46万平方米，5000余套 | 尾盘销售中 |
| 颐乐学院 | 科教文卫用地 | 3.5万平方米 | 已开放 |
| 雅达国际康复医院 | 医疗卫生用地 | 7.3万平方米，三级康复医院，规划300张床 | 已开业，目前仅开放70余床，接近满住 |
| 国际医养中心 | 医疗卫生用地 | 4万平方米，规划300张床 | 建设中，预计1～2年内开业，目前于康复医院内试运营 |
| 阿丽拉度假酒店 | 商业用地 | 共125间房 | 已开业 |
| 商业综合体 | 商业用地 | 包含酒店式公寓（出售）和商铺（自持） | 建设中 |

注：表中内容和数据截至2019年7月。

## 2. 主要功能构成

绿城乌镇雅园作为学院式养生养老项目，功能构成主要包括养老居住区、颐乐学院、雅达国际康复医院和国际医养中心。

（1）养老居住区

养老居住区共有5000余套养老公寓，产品包含多层、高层、别墅、合院四种物业类型。其中，多层和高层产品为主力配置，同时少量配置别墅和合院产品。截至2019年7月，绿城乌镇雅园的多层、别墅、合院产品已基本售罄，高层产品尾盘还在销售中（表2.6）。

表2.6 绿城乌镇雅园项目规划及现状

| 物业类型 | 套数/套 | 销售情况 |
| --- | --- | --- |
| 多层 | 1500 | 于2014—2016年初开售，已售罄 |
| 小高层/高层 | 3300 | 2016年开售，尾盘销售 |
| 别墅 | 61 | 已售罄 |
| 合院 | 136 | 2018年8月开售，基本售罄 |

注：表中内容和数据截至2019年7月。

高层公寓的主力户型为77m²和95m²的两室两厅，户型方正，整体采光和通风良好，居住舒适度高。公寓家具、家电全配（含地暖），客户可拎包入住。装修标准（含软装）约4000元/m²（图2.5）。

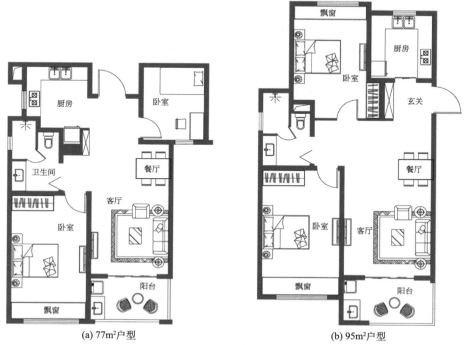

(a) 77m²户型　　(b) 95m²户型

图2.5　绿城乌镇雅园养老公寓户型

养老公寓全屋采用适老化设计（表2.7）。园区内设有风雨连廊、休憩座椅、大尺度公共走道、一键紧急按钮、可容纳担架的电梯、感应移动门等。养老公寓适老化设施完善，保障老年人居住及园区内出行安全。

表2.7　绿城乌镇雅园高层公寓室内适老化设计

| 位置与类别 | 适老化设计措施 |
| --- | --- |
| 入户 | 入户置物架、卡式数码锁、无障碍入户、可视对讲 |
| 厨房 | 无障碍下拉橱柜、高照明度操作台、下拉式储物篮、开关式插座、低位吊篮 |
| 卫生间 | 防滑瓷砖、无高差浴房、无障碍台盆柜、安全扶手、暖气片、高差斜面处理 |
| 家具 | 圆角处理、老年沙发、老年床垫 |
| 室内设施 | 地暖、起夜灯、低位开关、墙面圆弧处理、无障碍通行 |
| 智能设计 | 入户感应灯、不活动通知、一键紧急按钮 |

（2）颐乐学院

颐乐学院建筑面积为3.5万平方米，可容纳3000人，是目前中国规模最大的老年大学，是项目最核心的特色，也是绿城集团学院式养老的核心要素。颐乐学院包括社区商业、餐饮服务、老年大学、娱乐休闲等功能。教学楼动静分区，静态教学楼设有图书阅览室、手工艺室、书法教室、茶艺室等，动态教学楼设有合唱室、舞蹈室、乐器室等。各区域之间通过风雨连廊连接，保障长者在雨雪天气也可安全便捷地参与活动（图2.6、图2.7）。

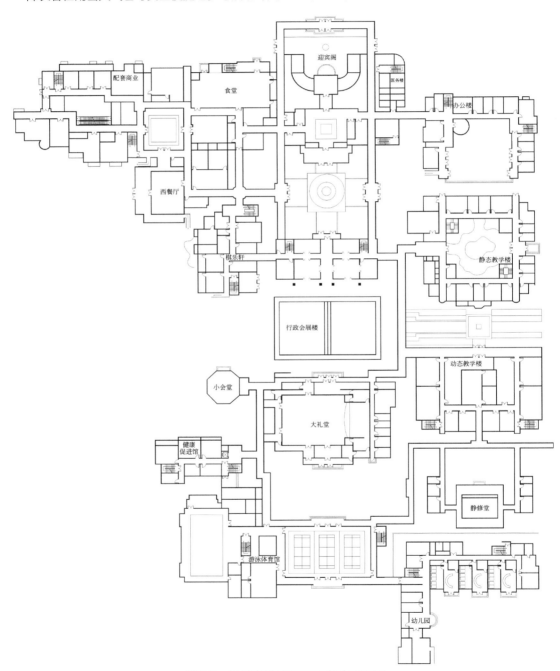

图2.6　绿城乌镇雅园颐乐学院平面图

图2.7 绿城乌镇雅园配套

(3) 雅达国际康复医院

雅达国际康复医院是集康复治疗、体检、门诊于一体的三级康复医院,可提供以下四类疾病的康复:神经系统康复(如脑卒中、脑外伤术后、周围神经损伤),骨科疾病康复(如骨折、关节损伤、肢体和关节重建术后康复),运动损伤康复(如软组织损伤、肌肉组织损伤、颈椎病、腰椎病),亚健康人群健康管理(如体检、康复、运动处方)。

雅达国际康复医院共规划了骨科区域、神经科区域和中央功能区三大分区。其中,骨科区域占地21500m$^2$;神经科区域占地21500m$^2$;中央功能区包含社区门诊和亚健康体验中心,占地11900m$^2$(图2.8)。

雅达国际康复医院已于2015年开业,可使用浙江省医保。截至2019年7月,雅达国际康复医院投入使用70余床,已开放区域基本满住,客户主要为上海、北京医院转院的康复病人和旅游体检客户。

图2.8 雅达国际康复医院规划示意

（4）国际医养中心

国际医养中心面向半自理、护理和失能长者提供专业护理服务，建筑面积为4万平方米，规划300张床，截至2019年7月，暂未正式运营，仅于康复医院内试运营，预计未来1～2年内开业。

3. 交易模式及客户

（1）交易模式

绿城乌镇雅园的养老住宅采用"70年产权销售+基础物业费"的交易模式，价格自开盘以来一路上扬，且相对周边其他住宅产品溢价能力显著（图2.9）。截至2019年7月，高层公寓的售价为26000～28000元/$m^2$，同期嘉兴住宅市场的均价约为13000元/$m^2$。

项目的物业费按3.5元/$m^2$收取，包含观光车、管家、公区能耗、园区保洁等服务。服务费则按需收费，如老年大学课程按学期报名，每学期约300～400元；健身房每年1500元（非业主每年3000元）；俱乐部由业主自行定价。

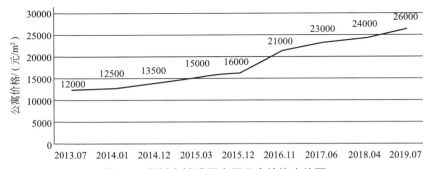

图2.9 绿城乌镇雅园高层公寓价格走势图

（2）客户情况

首先，从整盘来看，绿城乌镇雅园的购房客户以长三角地区客户居多。其中，上海客户占比约30%，桐乡和嘉兴客户占比约30%，杭州和江苏客户占比约20%，北京客户占比约10%，全国其他地区客户合计占比约10%。客户年龄方面，主力客群的年龄为30～50岁。客户置业目的方面，客户购房的主要原因为投资兼自己或父母养老居住。

其次，从入住客群来看，目前乌镇雅园共交付约3000户，阶段性常住客户约占1/3，基本为退休长者，且常住长者的平均年龄为73岁左右。常住客户中以上海老人居多，还有少量本地客户作为婚房居住。

4. 服务体系

绿城乌镇雅园作为绿城第一个学院式养老的标杆之作，打造了独特的绿城颐乐学院服务体系，侧重为活跃长者构建丰富的精神生活，并通过"颐、乐、学、为、居"五大模块打造100余项服务内容。具体服务体系内容如表2.8所示。

表2.8　绿城乌镇雅园颐乐学院服务体系

| 服务模块 | 服务内容 |
| --- | --- |
| 颐 | 医学诊疗 |
| | 就医辅助 |
| | 护士访视 |
| | 健康指导 |
| | 生活照料 |
| | 康复锻炼 |
| | 特殊护理 |
| | 心灵鸡汤 |
| | 健康管理 |
| 乐 | 邻里活动 |
| | 特别纪念 |
| 学 | 课程学习 |
| | 知识普及 |
| 为 | 公益参与 |
| | 商业参与 |
| | 微心愿 |
| 居 | 上门服务 |
| | 代办服务 |
| | 咨询服务 |
| | 家政服务 |
| | 餐饮服务 |
| | 房屋服务 |
| | 旅游服务 |

### 5. 小结

绿城乌镇雅园开创了中国学院式养老的先河，以5A级景区——乌镇和内部白马湖景观资源为依托，以颐乐学院、雅达国际康复医院和高端度假酒店为配套承载，打造多产品线、精装适老且相对一线城市总价更合理的养生养老住区产品，为长三角地区的预养老和偶居度假客户营造了充满活力的学院式养老生活方式。综合来看，乌镇雅园的成功来自于绿城品牌、环境资源、产品品质、配套打造等多重因素的叠加，已成为中国养老地产的标杆项目。

---

##  康养地产案例：金陵天泉湖养生养老社区

金陵天泉湖养生养老社区是大型产权型养老地产，项目位于江苏盱眙天泉湖，毗邻铁山寺4A级国家森林公园，距离南京市中心约100km。项目由南京老牌国企——金陵饭店集团和盱眙县政府共同打造，总建筑面积约150万平方米（图2.10）。

**图2.10 金陵天泉湖养生养老社区规划图**

项目整体规划了玫瑰园和翡翠园两大园区。其中，玫瑰园选址天泉湖南面，国家4A级旅游景点铁山寺森林公园内，公寓总套数约261套，2015年9月开盘，目前已全部售罄。翡翠园则位于天泉湖北侧，整体体量更大，建筑面积达130万平方米，园区的居住区分三期开发。案例主要对翡翠园的整体规划、产品打造和客户情况等内容做详细介绍。

### 1. 整体规划

翡翠园一期规划了2751套公寓，2016年10月开盘，3年内去化套数约2400套。此外，中心活动配套区与一期公寓同期开发，现已投入运营。园区二期约规划公寓4000套，已于2018年底开始动工；截至2019年9月，二期仍在建设中，三期方案尚处于待定阶段（表2.9）。

表2.9 金陵天泉湖养生养老社区翡翠园开发情况

| 开发分期 | | 建设进度 |
| --- | --- | --- |
| 一期工程 | 一期公寓、中心活动配套区 | 已投入使用 |
| 二期工程 | 二期公寓 | 建设中，2018年底开工 |
| | 三期工程 | 方案待定 |

2. 功能构成

翡翠园目前已开放的区域包括养生养老居住区、医疗配套区和康娱餐饮综合楼配套区等功能模块。各功能模块的具体内容设置如表2.10所示。

表2.10 金陵天泉湖养生养老社区翡翠园功能模块

| 功能模块 | 内容说明 |
| --- | --- |
| 养生养老居住区 | 养老公寓、老年俱乐部 |
| 医疗配套区 | 门诊室、康复中心、养老院 |
| 康娱餐饮综合楼配套区 | 温泉水疗室、桑拿室、游泳馆、健身房、羽毛球室、乒乓球室、台球室、瑜伽馆、电影院、音乐厅、曲艺场馆、餐厅等 |

（1）养老公寓

园区中养老公寓的户型以95m²一室一厅为主，另外还有部分86m²一室一厅户型和116m²两室一厅户型（图2.11）。

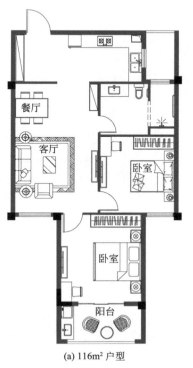

(a) 116m² 户型　　　　(b) 95m² 户型

图2.11

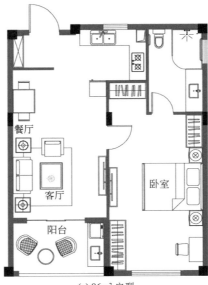

(c) 86m² 户型

**图2.11 金陵天泉湖养生养老社区翡翠园养老公寓户型图**

从室内装修来看,养老公寓整体硬装交付,装修标准约2200元/m²。全屋设置了基础的适老化细节,如紧急呼叫按钮、安全扶手、无高差地面、换鞋凳、圆弧墙角等。另外,项目还针对不同的户型设计了两种装修风格供客户选择:95m²的一居室为浅色装修风格,116m²的两居室则为深色装修风格(图2.12)。调研结果表明,多数长者更偏好稳重大气的深色风格。

**图2.12 金陵天泉湖养生养老社区翡翠园养老公寓室内图**

**（2）项目配套**

项目打造园区中心配套及一期组团配套。中心配套包括2万平方米的康娱餐饮综合楼和3万平方米的医疗配套区。其中，康娱餐饮综合楼设置了社区服务中心、便利店、餐厅等生活服务配套，以及温泉中心、瑜伽室、羽毛球室、乒乓球室等娱乐活动配套。综合楼内配套完善，各活动空间包括走廊等公区空间整体尺度舒适，但在实际运营中也同时面临能耗成本大等问题。

园区的医疗配套区集门诊、康复中心和养老院等功能于一体，为业主提供护理和医疗保障服务。除园区整体的中心配套外，一期组团内还设置了4000$m^2$的老年俱乐部。俱乐部主要承载社区老年活动中心的功能，包含内容丰富的老年活动室，如棋牌室、书画室、舞蹈室、KTV室等（表2.11）。

表2.11 金陵天泉湖养生养老社区翡翠园配套类型及规模

| 配套类型 | | 配套规模（建筑面积/$m^2$） |
| --- | --- | --- |
| 中心配套 | 康娱餐饮综合楼 | 20000 |
| | 医疗配套 | 30000 |
| 组团配套 | 老年俱乐部 | 4000 |

**3. 交易模式及客户**

项目用地为70年产权住宅用地，采用产权销售的交易模式，2019年公寓的平均销售单价约为11000元/$m^2$，约是南京近郊同类公寓售价的1/3。项目另收取物业费和服务费，其中物业费约为每月2元/$m^2$，服务费设置菜单式的收费标准，根据各人所需的服务内容按项收费。

从客户情况来看，项目的购房主力是45～65岁的预养老客户，南京城区的客户居多，盱眙县当地的客户较少。已成交客户主要为南京城区的高知、高干群体，如大学教授、政府及企事业单位退休人员等。同时，通过实地调研可知目前购房客户多考虑阶段性度假需求，以偶尔居住为主，实际常住客户仅占20%～30%，且常住客户以70～80岁的长者为主。

**4. 服务体系**

金陵天泉湖养生养老社区立足金陵饭店的"细意浓情"五星级服务理念，且与美国诺滨逊管理公司合作，引进国际养老理念与管理技术标准，将西方养老的先进理念与中国文化传统结合，倡导"乐老""享老"的积极养老观念。

**5. 小结**

金陵天泉湖养生养老社区的成功销售得益于以下几点：

① 依托南京老牌国企金陵饭店，在南京的品牌认可度极高；

② 延续金陵饭店五星级的服务水准，为长者提供细致的服务内容；

③ 拥有得天独厚的天泉湖景观，且打造了适老公寓和丰富的社区配套，但价格远低于南京近郊同类产品，性价比优势突出。

## （二）旅居酒店

近年来，我国老年人的旅游需求日益旺盛。携程《2018老年人跟团旅游消费升级报告》显示，目前我国每年老年人旅游人数已经占到全国旅游总人数的20%以上。老年人群体收入稳定,资金支配自主性强,随着老年人出游热情的高涨,中国老年旅游产业发展迅速。另据华经产业研究院统计,2018年我国老年旅游市场规模约为12520亿元,同比增长5.6%。

老年人旅行具有"高频长线"的特征。携程发布的《2019老年群体旅游行为报告》显示,老年人是高频次旅行用户,65%的受访老年人出游用户每年出行3次以上。且早在2016年同程旅游发布的《中国中老年人旅游消费行为研究报告2016》显示,老年人更加偏爱中长线出游(出游天数超过3天),多数老年人选择4~7天的旅行。老年人日益旺盛的旅游需求同步催生旅居酒店产品,与传统酒店不同,旅居酒店主要面向旅游度假客群,其中以45~70岁的中老年人群为主,居住时长一般为1周至1个月不等。

### 1. 旅居酒店的主要类型

根据投资模式的不同,旅居酒店可大致划分为集团连锁旅居平台与旅居合作联盟平台两大类

① 集团连锁旅居平台。以资产自持为主,轻重结合开发,从产品形态来看,包括酒店型和养老机构型。典型的酒店型项目为云间旅居、绿地康养居,也有养老机构利用空余床位开展旅居业务,如昆明因其优越的气候环境,吸引多数养老机构展开此项业务。

② 旅居合作联盟平台。是提供旅居产品和服务的管理平台,以轻资产模式为主,通过合作经营、品牌加盟等方式运营。目前有清朋华友、山屿海康养、三千旅居等典型平台(表2.12)。

表2.12 典型的康养旅居品牌

| 类型 | 品牌 | | 说明 |
|---|---|---|---|
| 集团连锁旅居平台 | 酒店型 | 云间旅居 | 云南高端旅居养老品牌,2016年开始布局,昆明、大理项目现已开业 |
| | | 绿地康养居 | 绿地连锁型旅居养老平台,计划投资200亿元,5年内在国内外形成500家连锁。截至目前,落位共74家,落成开业十余家 |
| | | 友松国际 | 综合性养老服务商,2011年成立于北京,专业从事老年产业投资、开发、运营,集老年养老、旅游、商店、家政、文化交流等众多综合性服务产业于一体。已落地辽宁丹东、山东烟台、河南洛阳、广西桂林、云南昆明、广东汕头、海南兴隆、台湾宜兰等安养基地 |
| | 机构型 | 亲和源 | 亲和源旅居养老产品,以连锁养老社区空置物业和熟年俱乐部旅居酒店为载体提供旅居服务 |
| 旅居合作联盟平台 | 地产系 | 清朋华友 | 由清华校友总会房地产协会、全联房地产商会、精瑞人居发展基金会创立,与养老社区合作提供候鸟增值服务 |
| | | 大千旅居 | 由原万达集团文旅团队组建,专注于旅居养老业务,现有约10个旅居基地可供选择,同时提供旅居管家服务 |

续表

| 类型 | 品牌 | | 说明 |
|---|---|---|---|
| 旅居合作联盟平台 | 地产系 | 荣盛康旅 | 荣盛房地产发展股份有限公司旗下的旅居服务品牌，开发有"盛行天下"App作为运营载体，将其所有购房、酒店客户等纳入该体系。一处投资或消费，即可在荣盛所有酒店或基地实现换住 |
| | 保险系 | 太平乐享家 | 太平人寿旅居养老的升级品牌，目前已布局、合作的养老社区有梧桐人家、快乐家园、古滇名城 |
| | 健康管理系 | 泰享岁阅 | 湖北华泰文旅健康管理有限公司旗下品牌，旅居产品及旅居服务集采定制平台，服务涵盖高端医疗、中医疗养、旅居养老、有机食材、健康膳食管理等 |
| | | 蓝旗旅居 | 国内专业的度假屋运营管理公司，通过度假屋分权销售、托管服务、换住、运营等方式，整合地产开发商库存房源和小业主闲置房源，提供线上、线下标准化服务 |
| | 旅居度假系 | 山屿海康养 | 以高端人群的健康养老为核心的康养服务全产业链企业，目前在国内外共有40余处康养基地 |
| | | 三千旅居 | 三千加（成都）旅游资源开发有限公司旗下的旅居产业板块事业集团，围绕旅行与居住，打造全国首创"旅图时光"主题连锁酒店，旗下包括三千旅居酒店、三千驿居酒店、三千漫居公寓三个品牌 |

2. 旅居酒店的开发要素

旅居酒店的开发要素包括土地条件、产品设计、服务内容和商业模式等方面。

（1）土地条件：生态宜居，交通便捷，周边旅游资源丰富

旅居酒店目前主要集中在桂林、昆明、成都、三亚、北海等地。不难发现这些城市都具有气候宜居、交通便捷、旅游资源丰富等共性特征。具体而言，气候资源在一定程度上是真正稀缺的、不可替代的资源属性，不仅需要具备避暑、避寒、避霾等条件，日照充足也很重要，这些对于中老年人的身心健康均有益处；交通的通达性决定了客群的辐射范围，以保证飞机、高铁直达为宜；同时，项目所在地的周边需要有丰富的旅游资源，方便旅游活动的组织与开展。将三亚、成都、昆明、桂林等城市的气候、旅游、交通等各项条件进行对比可以看出，三亚、昆明两市强势的康养资源对于全国的康养度假客群都具有明显的吸附能力；而成都、桂林受气候影响，季节性的旅居功能较为突出（表2.13）。

（2）产品设计：户型舒适居家，轻度适老，康养配套加持

一般来说，客户单次入住旅居酒店的时间往往为一周以上或长达一个月。因此，相较于常规酒店，客户对于旅居酒店客房的舒适度与功能性要求更高，装修风格应更加温馨，整体上更注重居家氛围的营造。如武汉汉南绿地康养居酒店、昆明云间旅居养生公寓均以大单间为主力户型，套内面积60m²及以上，尺度舒适。此外，昆明云间旅居养生公寓约30%的房间配置有独立厨房，为客户阶段性居住期间下厨提供便利，实现就餐方式、餐饮口味的多样化（表2.14、图2.13）。

表2.13 典型城市康养条件对比

| 典型城市 | 气候资源 | | 旅游资源 | | 交通资源 | | | 城市特征 | 康养客户来源 |
|---|---|---|---|---|---|---|---|---|---|
| | 平均气温/℃ | 年均日照时长/h | 优质空气质量天数/天 | 国家5A级旅游景区/个 | 国家4A级旅游景区/个 | 通航城市/座 | 高铁线路条 | 主要辐射区域 | | |
| 成都 | 16.6 | 1156.7 | 251 (69%) | 2 | 44 | 209 | 18 | 北京、上海、江苏、浙江、重庆、贵州、云南、广东、陕西等地 | 旅游导向型城市（康养度假优势不突出） | 以西北五省、阿坝州等地为主的省外及省内其他城市客户 |
| 桂林 | 19 | 1447 | 270 (74%) | 4 | 29 | 76 | 2 | 北京、上海、江苏、浙江、湖南、广东、贵州、云南等地重点城市 | 旅游导向型城市（康养度假优势不突出） | 以东北客户为主 |
| 北海 | 23 | 2009 | 336 (92%) | — | 9 | 31 | 1 | 太原、桂林、重庆、武汉、上海、北京、长沙、哈尔滨、成都、西安、长春等地 | 区域型康养度假城市（避寒） | 以山东、山西、东北区域客户为主 |
| 昆明 | 16.5 | 2200 | 360 (99%) | 2 | 10 | 143 | 3 | 北京、上海、山东、江苏、广东、吉林、四川、湖北、贵州等区域重点城市 | 全国型康养度假城市（避寒、避暑、避霾） | 覆盖全国各地客户（如东北、华北、长三角、山东等地） |
| 三亚 | 26 | 2534 | 360 (99%) | 6 | 8 | 131 | 3 | 黑龙江、辽宁、吉林、广东、天津、北京、山西、湖北、贵州、浙江、江苏等区域重点城市 | 全国型旅游度假城市（避寒、避霾） | 覆盖全国各地客户（如东北、华北、长三角、山东等地） |

表2.14　典型旅居酒店项目的户型设计　　　　　　　　　单位：m²

| 项目名称 | 户型面积（套内） | | | |
|---|---|---|---|---|
| | 小单间（不带客厅） | 大单间（带客厅） | 一室一厅 | 两室一厅 |
| 武汉汉南绿地康养居酒店 | — | 60 | 65 | — |
| 海口恭和苑健康疗养度假酒店 | 35 | — | 45 | 70~95 |
| 陵水香水湾新华联瑞景酒店 | — | 45 | 80 | — |
| 昆明云间旅居养生公寓 | — | 60~75 | — | — |

图2.13　昆明云间旅居养生公寓

具体到房间配置，旅居酒店不刻意强调适老化功能的打造，仅采用轻适老化设计，在保障居家氛围的同时兼顾一定的安全性、方便性和舒适性。以昆明云间旅居养生公寓为例，项目从客户的实际需求出发，在公寓的细节设计上采用了去适老化或隐性适老化的理念。比如，房间内并未配置适老化设计里常见的起夜灯，取而代之的方式是在床头设置一个方便的开关，通过开关调节灯的亮度，保证起夜时有足够的照明，又不至于光线刺眼。

康养旅居配套是旅居生活的重要承载，一般以健康保健、康体运动、休闲娱乐等功能为主。如武汉汉南绿地康养居酒店，配套体量约为1000m²，包括餐厅、康复中心、健身房、棋牌室、阅览室、茶室、影音厅、多功能厅等功能空间（图2.14）。

图2.14

**图2.14　武汉汉南绿地康养居酒店配套**

（3）服务内容：全方位康养服务，标准化与本地化兼顾

除酒店配套以外，旅居酒店还为客户提供全面的康养服务，在日常酒店服务的基础上提供养生保健、健康医疗、文娱活动以及康养旅游等。其中，文娱活动往往会结合当地人文风土进行设计，针对中老年客群的旅游路线也会配备专业的导游和护理人员，以保证客户的出行安全。例如，昆明云间旅居养生公寓的会员客户首次入住可享受免费接送机服务，并赠送1次入住体检服务。结合当地特色和客户需求，项目开展有插画、扎染、电影赏析、书法、星座识别等日常活动，也会定期邀请高级花艺师和知名星座专家进行深入的讲解。除此之外，昆明云间旅居养生公寓还根据云南民族特色组织当地特色节日活动，如彝族火把节、傣族泼水节等。

（4）商业模式：平台化布局，构建老年消费生态

从旅居酒店的发展现状和趋势来看，其商业模式基本都是在基地连锁化、平台化发展的基础上，围绕中老年人的健康保健、休闲娱乐、日常生活的需求提供基地换住、旅游、老年大学、老年用品销售等服务，力求构建中老年行、购、游、娱消费生态，多层次增加盈利点。

从销售层面来看，短期可通过会员卡的销售覆盖前期投资的资金成本，中长期又可通过运营实现资产的增值与融资收益。旅居会员卡可分为短期会员卡与长期会员卡两种类型。短期会员卡即消费型会员卡，在权益设计上可继承、可转让，但不可退；短期会员卡的有效期限一般为1～5年，会员费根据期限长短为每张1万～5万元，每年提供28～45天的入住天数。长期会员卡即押金型会员卡，其有效期一般为10年及以上，会员费为每张5万～20万元，每年提供入住期限30天及以上，会员卡可继承、可转让、可退，部分项目需交年费（表2.15）。

从运营层面来看，旅居酒店在消化会员权益的同时也会对外经营，并提供增值服务来获得运营收益。在实际经营过程中，旅居酒店会将闲置房源作为酒店客房接待普通旅游度假和商务休闲客户，也会与保险公司、旅行社或其他旅居平台合作，提供旅居客房以获取额外运营收益。在增值收入方面，目前比较常见的有组织旅游、当地特产销售、健康理疗服务等。

表2.15　某集团项目旅居会员卡模式

| 类别 | 敬享系列 | | | 致爱系列 | | 尊养系列 | |
|---|---|---|---|---|---|---|---|
| 卡种 | 荣享卡 | 智享卡 | 睿享卡 | 尚爱卡 | 挚爱卡 | 臻爱卡 | 尊养卡 |
| 卡费/万元 | 1 | 3 | 5 | 8 | 10 | 20 | 30 |
| 年费/万元 | — | | | 0.48 | 0.72 | 2.16 | 4.38 |
| 入住间夜数/（间夜/年） | 35 | 40 | 45 | 40 | 60 | 180 | 365 |
| 年限/年 | 1 | 3 | 5 | 10 | | 20 | |
| 继承/转让 | N | Y | | Y | | Y | |
| 退卡 | N | | | Y | | | |

注："Y"表示可以，"N"表示不可以。

值得一提的是，友松国际的老年消费生态已初步成型，旗下拥有旅居养老平台——安养联盟、文化娱乐平台——魅力夕阳、旅游出行平台——百万游、教育培训平台——老年大学、O2O商超平台——爸爸妈妈商店等五大平台，同步形成包括旅居卡、旅游、老年大学、老年用品、中草药等销售收益在内的盈利体系（图2.15）。

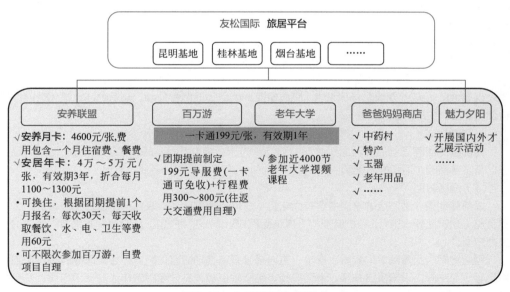

图2.15　友松国际商业模式

综上所述，旅居酒店作为酒店行业的一个细分领域，具备酒店的一般功能，但由于客群受众的特殊性，在客房设计、配套功能、服务特色乃至盈利模式等方面均与传统酒店有所差异（表2.16）。

表2.16　旅居酒店与传统酒店的对比分析

| 对比项目 | 旅居酒店 | 传统酒店（经济型酒店/精品酒店/星级酒店） |
|---|---|---|
| 目标客户 | 以60岁以上度假客户为主，居住时长一般在1周至1个月不等 | 以商务客群、度假客群为主，居住时长较短，一般为7天以内 |
| 酒店规模 | 100间以上为宜 | 100间以上为宜 |
| 客房面积 | 尺度较舒适，套内面积可达50~60$m^2$，餐厨等功能完备 | 套内面积较紧凑，以30$m^2$左右的客房为主，无餐厨空间 |
| 室内装修 | 温馨、简约，轻适老化装修（如安全扶手、无高差地面等） | 主题性装修风格，常规装修配置 |
| 配套功能 | 健康管理中心、餐厅、棋牌室、书画室、兴趣活动室等 | 宴会厅/餐厅、足浴、泳池、SPA、会议室等 |
| 服务特色 | 健康检测，医院绿色通道，棋牌、球类、阅读等文娱服务，特色旅游服务，中医理疗服务等 | 接送机（站）服务、餐饮服务、保洁服务、商务服务、会员助理服务等 |
| 盈利模式 | 会员卡销售收益（提前收取住宿费用、餐饮费用）+旅游/特产/中医理疗等增值服务收益 | 住宿费用+餐饮费用+会议室/宴会厅等场地出租费用+增值服务费用（少量） |

## 旅居酒店案例：成都绿地康养居酒店

2017年，绿地集团成立康养产业集团，全面负责绿地"医康养"大健康核心产业平台建设。绿地康养计划每年在全国一线城市、省会城市、风景名胜度假区、特色小镇等区域开工建设100家康养居酒店，五年内在国内外形成500家连锁酒店。截至2018年，绿地康养居已有十余家酒店陆续投入运营。

成都绿地康养居酒店是绿地康养产业集团在西南地区打造的首个连锁康养旅居酒店，于2018年3月开业运营。项目位于成都市郫都区，处于蜀都新城中心、西部新城核心地带，距离郫都高铁站仅8km，距成都双流机场25km，交通便捷。项目邻近创智公园、知识公园、文化公园，区位优势明显，生态环境良好。

1. 功能构成

成都绿地康养居酒店建筑面积共计1.36万平方米，含145间客房、199张床位。此外，项目还配备了丰富的生活和娱乐配套。

（1）酒店客房

成都绿地康养居酒店的客房主要有大床房（建筑面积40$m^2$）、双床房（建筑面积40$m^2$）、康养套房（建筑面积55$m^2$）和机麻套房（建筑面积55$m^2$）四种户型。从户型配置来看，大床房为主力户型。

酒店房间内配置简单的家具、家电。室内装修采用基础适老化设计，如紧急呼叫按钮和圆角家具等。卫生间内设置安全扶手、淋浴座椅、防滑地板等，充分考虑老年人的使用习惯、安全隐患、生活便利等诸多问题，体现人居关怀。但室内装修风格与传统酒店类似，整体居家感较弱。

（2）项目配套

成都绿地康养居酒店内设置了丰富的服务配套，分为生活配套、康体配套和休闲娱乐配套，如健身房、健康小屋、理疗室、书吧、台球室、手工艺室、多功能厅等（图2.16）。其中，健康小屋设置有先进的健康检测和健康评估设备，同时配有健康助理为长者规划适宜的健康管理方案。

图2.16　成都绿地康养居酒店配套

2. 交易模式及客户

成都绿地康养居酒店采用旅居会员卡销售的模式回收现金流，同时面向普通客户对外经营。2018年曾推出的会员卡模式，根据年限和入住天数的不同划分为短期消费型和长期押金型2大类共3个系列、7种类别。短期消费型会员卡根据权益不同每张收费1万～5万元，每年赠送35～45天的入住天数；长期押金型会员卡的卡费为每张8万～30万元，年费为0.48万～4.38万元，每年赠送入住天数40天及以上。

此外，不同的会员卡对应的权益不同。长期押金型会员卡费用相对较高，对应的权益也较多，可以继承和转让，也可以退卡；而短期消费型会员卡不可以退卡，且1年期的会员卡没有继承和转让的权益。

3. 服务体系

成都绿地康养居酒店以会员健康、快乐为宗旨，引领会员养老新生活，为会员打造多个移动的家，帮助会员实现自由、至尊、乐享的晚年生活。康养居以全程健康管理、主题特色文化活动、安全保障系统、家文化、会员俱乐部模式和会员助理服务为特色，具体的服务内容如表2.17所示。

表2.17　绿地康养居旅居会员基础服务清单

| 酒店服务 | 养生服务 | 健康服务 | 医疗服务 | 娱乐服务 | 旅游服务 | 教育服务 |
| --- | --- | --- | --- | --- | --- | --- |
| 接送机（站） | 营养膳食指导 | 健康检测 | 紧急协助 | 报刊图书阅览 | 组织旅游活动 | 特色课程 |
| 保洁 | 健康保障讲座 | 健康档案管理 | 医院绿色通道 | 球类活动 | 当地旅游特色介绍 | 会员作品展示 |
| 餐饮 | 运动养生 | 健康指导 | — | 棋牌活动 | 旅游路线咨询 | — |
| 会员助理协助 | — | 健康宣教 | — | 专项庆祝活动 | 会员助理陪伴 | — |

续表

| 酒店服务 | 养生服务 | 健康服务 | 医疗服务 | 娱乐服务 | 旅游服务 | 教育服务 |
|---|---|---|---|---|---|---|
| 会员特殊提醒 | — | 健身器材使用指导 | — | 义工活动 | 旅游门票预订 | — |
| 叫车 | — | — | — | — | 旅游车辆预订 | — |
| — | — | — | — | — | 旅游意外险 | — |

### 4. 小结

成都绿地康养居酒店作为绿地集团在西南地区打造的首个连锁康养旅居酒店，硬件设施一流，配套完善，服务贴心，为长者提供了安详无忧的旅居度假体验。未来，绿地康养将在康养居酒店的基础上借助互联网、人工智能、物联网等先进的信息技术和高品质服务标准，构建集医、康、养、娱、游、学于一体的"全托型"一站式旅居养老服务平台。

---

##  旅居酒店案例：昆明云间旅居酒店

昆明云间旅居是由云南实力集团打造的云南首个大型高端旅居品牌。实力集团自2016年开始正式布局旅居市场，深耕康养条件绝佳、旅游资源丰富且交通便捷的云南，逐步构建全国性养老平台，打造集高端养老、旅居养老、健康管理等服务于一体的大健康产业，建立全国旅居标准化的示范基地。

昆明云间旅居酒店，由实力地产自有高层写字楼改造完成，作为酒店对外运营，项目于2017年6月开业运营。项目位于昆明市呈贡区，距离昆明市政府5km，靠近地铁1号线斗南站，交通便捷。项目周边旅游资源丰富，有滇池、斗南国际花卉市场、古滇码头、西山森林公园等。

### 1. 整体规划

项目共规划10栋旅居公寓，约2500间。其中，一期为一栋17层的小高层（图2.17），1～3层主要为公共配套和办公配套，4～17层为旅居公寓，共225间，顶楼为花园露台和阳光花房（表2.18）。截至2018年12月，昆明云间旅居酒店已开放15～17层的48间旅居公寓，已开放区域的入住率约为95%。此外，项目还规划有9万平方米的商业配套，打造东南亚风情步行街。

图2.17　昆明云间旅居酒店一期外观

表2.18　昆明云间旅居酒店一期楼层分布

| 楼层 | 功能 |
| --- | --- |
| 1层 | 大堂、餐厅、多功能厅 |
| 2层 | 舞蹈瑜伽室、健身中心、餐厅、健康管理中心、娱乐室、阅览室、茶室、书画室 |
| 3层 | 办公配套 |
| 4~17层 | 旅居公寓 |
| 顶层 | 花园露台、阳光花房 |

2. 功能构成

昆明云间旅居酒店的功能构成主要包含旅居公寓和活动配套。

（1）旅居公寓

旅居公寓在产品设计上以全龄化环境为基础，以康养生活方式的营造为核心。一期全部为单间户型，建筑面积61～74m²，其中61m²为主力户型（图2.18、图2.19）。相较于酒店，云间旅居客房的空间尺度更舒适，居住功能提升，居家氛围更佳，充分考虑康养度假客户阶段性长居的实际需求（图2.20）。

公寓室内采用轻度适老化设计，充分考虑老人居住的安全性、便捷性、舒适性。房间内配置冰箱、洗衣机等基础家电，考虑到部分长者有1～3个月的长住需求，少量房型配置了厨房，方便长者居家做饭。

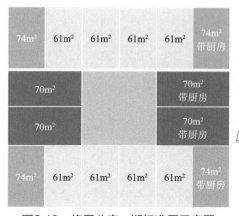

图2.18　旅居公寓一期标准层示意图

图2.19　61m²户型图

图2.20　旅居公寓一期室内图

### （2）活动配套

昆明云间旅居酒店一期配套集中设置，体量约3000m²，主要满足客户的休闲娱乐需求，功能较为完善，可分为生活服务类、康体运动类和休闲娱乐类。生活服务类主要为开放式餐厅和包厢，康体运动类主要有健康中心、健身房、桌球和乒乓球厅，休闲娱乐类主要有阅览室、茶室、影音厅、卡拉OK厅、阳光花房和多功能厅等，基本可满足长者的日常生活和娱乐需求（图2.21）。

图2.21　昆明云间旅居酒店一期配套

### 3. 交易模式及客户

### （1）交易模式

昆明云间旅居酒店有三种交易模式：15年积分制乐活卡、3年分时度假制乐活卡和短租模式。

其中，项目主推的15年积分制乐活卡为消费性会员卡，每年享有云间旅居养生公寓30积分，约30天入住时权（根据淡旺季等条件有一定浮动）。乐活卡可转让也可赠与他人，会员卡每张3万～4万元，根据房型大小不同收费略有差异。

3年分时度假制乐活卡根据可入住天数的不同分为三类，即可入住270天、可入住180天和可入住90天。可入住270天的3年分时度假制乐活卡的价格根据户型不同设为30000～35000元/张；可入住180天的3年分时度假制乐活卡价格为20500～25000元/张；可入住90天的3年分时度假制乐活卡价格为11000～13000元/张。

而短租模式以短期居住为主，分为月租、半年租和年租，含房费和餐费，折合约每月每套6000～7000元。具体交易模式如表2.19所示。

此外，项目作为酒店对外经营，门市价为61m²房型每晚209～268元、74m²房型每晚364～468元、70m²房型每晚295～368元，与周边四星级标准的芙洛拉酒店相比价格基本持平。

表2.19　昆明云间旅居酒店交易模式（2019年）

| 模式 | | 74m²房型 | 70m²房型 | 61m²房型 | 说明 |
| --- | --- | --- | --- | --- | --- |
| 15年积分制乐活卡/元 | | 38000 | 36000 | 33000 | 每年享有云间旅居养生公寓30积分，积分可享入住权 |
| 3年分时度假制乐活卡/元 | A | 35000 | 33000 | 30000 | 可入住270天 |
| | B | 25000 | 23500 | 20500 | 可入住180天 |
| | C | 13000 | 12500 | 11000 | 可入住90天 |

续表

| 模式 | | 74m²房型 | 70m²房型 | 61m²房型 | 说明 |
|---|---|---|---|---|---|
| 短租模式/元 | 月租 | 5000 | 4500 | 4000 | 另交水电费、物业费、餐费 |
| | 半年租 | 20000 | 19000 | 16500 | |
| | 年租 | 38400 | 36000 | 31200 | |

注：1. 每次入住需缴纳100元物业管理费。

2. 每个基地随着季节或节假日的时段不同相应兑换的天数或积分不同，每张乐活VIP卡可指定主卡人1名，副卡人4名，在有效期内会员卡每年可自由转让或赠与一次，但每张卡需缴纳更名费100元。

（2）客户情况

昆明云间旅居酒店的主要客群为40～60岁的中老年人，占比可达90%。项目面向泛养老化全龄康养客户，且客户辐射范围广。依托昆明得天独厚的旅游资源，昆明云间旅居酒店的客户主要来自北京、广州、深圳、四川、江浙一带。

4. 小结

昆明云间旅居酒店依托昆明天然的气候优势、周边便捷的交通条件与丰富的旅游资源，在产品设计上兼顾户型与公区配套的舒适度、功能性及人性化，营造舒适、乐活的旅居生活。同时，在运营上通过日常酒店经营与多项增值收入积极补缺，兼顾到了现金流回收与后期的可持续运营。

### （三）持续照料退休社区

CCRC（Continuing Care Retirement Community），即持续照料退休社区，起源于美国教会创办的组织，是面向健康长者、养护长者及护理长者提供一站式可持续照料服务的一种复合式的养老社区。根据项目区位和产品形态的不同，可分为城市医养综合体和近郊长者社区两大类。有关持续照料退休社区的具体内容详见本章第二、三节。

### （四）养老机构

养老机构的服务对象是失能、失智长者，根据其健康状况提供不同等级的生活照料与医疗护理服务。从服务内容来看，养老机构与台湾地区的长期照护机构和养护机构类似。

根据项目的开发选址、规模大小及服务内容等差异，养老机构可分为大型养老机构和嵌入式小微养老机构。

 小贴士

台湾地区的长期照护服务形态分为机构式、社区式和居家式3种。其中，机构式长期照护服务模式是指24小时皆有照顾人员照顾老年人的生活起居，可分为护理之家、长期照护机构、养护机构、赡养机构、荣民之家。

> ① 护理之家：收住对象为日常生活上需要协助或是插有管路（尿管、气切管、胃管）的老人，通常是由护理人员负责，24小时均有人照顾，必须向所在地卫生局申请，属于护理机构。
> ② 长期照护机构：收住的对象与护理之家相似，24小时提供照顾服务，不同点是负责人为非护理人员；必须向所在地社会局申请，属于老年人福利机构。
> ③ 养护机构：收住生活自理不便，但不带管路的老人，属于老年人福利机构。
> ④ 赡养机构：收住日常生活能力尚可的老年人，属于老年人福利机构。
> ⑤ 荣民之家：收住对象为荣民，大部分日常生活能力尚佳，为退辅会所属机构。

### 1. 大型养老机构

大型养老机构的规模一般为 5000～20000m²，以重资产项目为主，主要为高龄养护长者和护理长者提供生活照料、文化娱乐及医疗保健等多样服务。相对而言，大型养老机构的客户地缘属性较强，但品牌型项目一般可实现跨区域的客户辐射（表2.20）。

表2.20 大型养老机构的开发模型

| 关键要素 | 内容 |
| --- | --- |
| 土地条件 | 区域中心或邻近社区，便于地缘客户导入，邻近优质医疗资源 |
| 产品设计 | 200床以上照护型养老机构，内设医疗机构 |
| 客户特征 | 主要面向（半）失能、失智长者，以及高龄有轻度护理需求的长者 |
| 盈利模式 | ① 月费模式：围绕入住长者提供专业护理服务，包括床位费、护理费、餐费等<br>② 政策性补贴：建设补贴、运营补贴等 |

### 2. 嵌入式小微机构

嵌入式小微机构一般为连锁化经营，单项目规模基本在 5000m² 以内，床位数为 100床以下，一般位于社区内或社区周边，且多由社区物业改造，以轻资产项目为主（表2.21）。

表2.21 嵌入式小微机构开发模型

| 关键要素 | 内容 |
| --- | --- |
| 土地条件 | 邻近社区，便于导入地缘客户，邻近医疗资源；项目物业规模为100床以下，多由社区物业改造，以轻资产项目为主 |
| 产品设计 | 100床以内的照护型养老机构，一般同时设置日间照料中心，提供社区及居家养老服务 |
| 客户特征 | 单项目辐射半径小，以社区内或社区周边客群为主，主要面向（半）失能、失智长者，以及部分高龄有护理需求的长者 |
| 盈利模式 | ① 月费模式+增值收入：月费包括床位费、餐费及护理费等<br>② 连锁经营，成本分摊：项目集中化可有效摊薄管理成本，同时区域内部资源合作共享，可提高运营效能<br>③ 延展服务盈利：通过延展服务获得盈利，除床位收入外，还可获得日托及上门服务收入、社区项目购买收入等 |

## （五）医疗护理机构

医疗护理机构的医疗属性更强，针对长期卧床患者、晚期姑息治疗患者、术后与康复期患者等，为其提供长期医疗护理、康复促进、日常生活照顾等服务。其产品形态有两种：一种为护理院，上级主管单位为卫健委，是医疗服务体系的重要组成部分；另一种为依托医疗机构（如综合医院、康复医院等）建立的养老护理病区。医疗护理机构与台湾地区的护理之家类似。

 小贴士

> 台湾的护理之家主要有两种形态：一种为医院附设的护理之家，比如长庚医院的护理之家、国立台湾大学医学院附设护理之家等；另一种为独立形态的护理之家，含各种私立护理之家。

医疗护理机构一般位于城市中心区域，邻近三甲医院等优质医疗资源。一方面便于接收医院转诊的患者，另一方面也便于建立绿色通道以应对机构内的紧急就医需求。从运营经验来看，医疗护理机构的床位数量原则上不宜少于150床，一般建议以200～300床为宜。医疗护理机构的盈利模式主要包括住院费用和门诊收入两部分，在运营过程中也会通过提供针对老年病的康复理疗服务或收住重症长者等来提高单床收益，增加收入（表2.22）。

表2.22　医疗护理机构开发模型

| 关键要素 | 内容 |
| --- | --- |
| 土地条件 | 城市核心区或区域中心，交通便捷，邻近优质医疗配套，便于接收医院转诊患者 |
| 产品设计 | 200～300床为宜，具有医疗资质的护理院、综合医院（侧重老年护理及老年病方向） |
| 客户特征 | 长期卧床患者、晚期姑息治疗患者、术后与康复期患者等 |
| 盈利模式 | ① 住院费用：月费模式，含床位费、护理治疗费、康复费、药费、餐费等<br>② 门诊收入：药费、检查费、处方费等 |

## 三、养老产品线小结

综上所述，不同年龄阶段的老年人因其健康状况不同，需求及对应的养老产品和服务也各有差异。活跃健康长者的社交与精神娱乐需求显著，追求丰富充实的退休生活，因此在这一阶段无论是康养地产、旅居酒店还是CCRC，均需注重品质退休生活方式的营造，从适老舒适的居住空间、丰富多彩的兴趣活动以及安全贴心的生活照料等多方面发力，才能真正让长者实现乐龄、享老的生活状态。

而随着年龄增长与身体机能衰退，老年人对健康保健、医疗护理的需求不断提升，这一阶段的养老产品应以医养结合为核心，打造一站式的照护服务机构，提供生活照料、健康促进、医疗护理等服务（图2.22）。

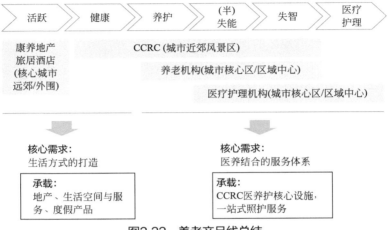

图2.22 养老产品线总结

## 第二节 CCRC的发展历程

### 一、什么是CCRC

CCRC即英文"Continuing Care Retirement Community"的缩写，中文译作"持续照料退休社区"。持续照料退休社区（CCRC）源自美国，是在老年照料服务和医疗护理项目相互分割的背景下产生的，旨在通过为老年人提供自理、介助、介护一体化的居住设施和服务，使他们在健康状况变化时，依然可以在熟悉的环境中继续居住，并获得与身体状况相对应的照料服务。从建筑形态来看，CCRC既可以是城市中的一幢或几幢高层建筑，也可以是郊区较低密度的建筑群（图2.23）。

图2.23 持续照料退休社区（CCRC）的生活类型与护理程度关系

CCRC作为一种复合式的养老社区，所提供的产品和服务不仅包括自理公寓，还包括介助及介护居住设施、配套医疗及附加服务，如打扫卫生、洗衣做饭、康复理疗、健身中心、医疗保健等，使得老年人从自理阶段向半自理阶段或护理阶段过渡时能顺利获得该社区提供的服务，从而实现生活的持续性。在CCRC中，老年人不需要搬家就可以完成人生1/3的幸福旅程。

目前，CCRC是美国老年人的主要养老居住模式之一。图2.24是美国养老体系的示意图，图中囊括了美国所有的养老服务产品，以及不同养老服务产品的照护程度和养老费用之间的关系。由图可知，CCRC模式和居家养老模式是美国最主流的两大养老模式，其中CCRC模式基本涵盖了其他所有模式的养老服务内容。

有统计资料显示，在美国，居住在CCRC中的老年人平均余寿要比居住在非CCRC中的老年人高出8～10岁，同时医疗保健费用的支出减少30%。

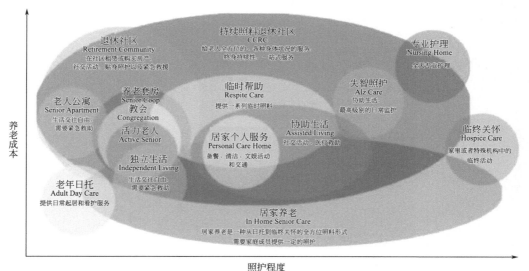

图2.24　美国养老体系图示

## 二、美国CCRC的发展历程

在美国，养老产业有着悠久的历史。19世纪60年代出现的养老院（Nursing Home）标志着美国养老产业的诞生，在之后长达100余年中，养老院都占据主导地位。从20世纪60年代开始，美国养老产业进入了多元化的发展阶段，直至现在已经形成了一个完整的养老居住产业体系，包括投资、建筑设计、物业开发、运营管理等。

美国的CCRC也是从20世纪60年代开始逐渐兴起的，包括项目的数量以及服务覆盖的区域都有了较快的增长，其中一部分是由养老院改造而来的，其余则是作为CCRC项目专门新建的。

新建CCRC项目快速发展的浪潮集中在20世纪70～80年代，作为一种新的养老方式吸引了广泛的长者客户。1981年，首个获得认可的协助生活社区开放促进了养老机构的发展。到了20世纪80年代后期，因为一些不成熟的贷款操作和缺乏经验的开发商违约情况的出现，CCRC的发展速度有所减缓。但也是在20世纪80年代中期，营利性机构越来越多地参与到CCRC项目的开发中来。

20世纪90年代到21世纪初，由于美国CCRC运营商和贷款机构的日益成熟，以及银行和机构投资者获得资本的渠道逐渐拓宽，美国每年基本可以新增10～20个CCRC项目。

而从2008年至今，由于资金紧张、房地产市场的挑战以及对整体经济环境的普遍谨慎，新建CCRC项目也趋于谨慎，但总体未受太大影响，说明其在美国的发展趋于稳固，已经作为一种商业服务模式存在，发展前景良好（图2.25）。美国的调查数据显示，目前美国已拥有超过2100个CCRC，分布于48个州及哥伦比亚特区，照顾62.5万退休长者。

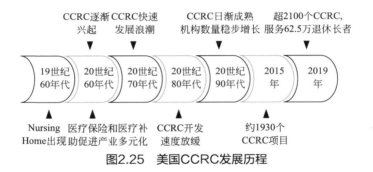

图2.25 美国CCRC发展历程

## 三、美国典型CCRC项目及企业

美国众多CCRC项目中最著名的当属太阳城（Sun City）。太阳城是美国也是世界上著名的专供退休长者居住和疗养的社区，由DelWebb公司于1961年开始建设，经过近60年的发展与完善已成为美国开发老年社区的知名品牌。开发商已在美国开发了20多个以太阳城命名的老年社区，如亚利桑那州凤凰城太阳城、亚利桑那州西部太阳城、内华达州太阳城、乔治镇太阳城等。

其中，亚利桑那州凤凰城的太阳城是太阳城的发源地，于1961年建立，占地8900英亩❶，共26000户，入住44000名长者。社区内部产品类型主要包括活力自理社区、高级人士出租公寓、持续照料退休社区、辅助生活退休社区、专业护理设施以及特别护理服务等；内部住宅主要包括独栋及双拼产品，同时社区内设置完备的生活及娱乐休闲配套，如高尔夫球场、马场、乡村俱乐部、图书馆、购物中心、教

---

❶ 1英亩≈4046.86m²

堂等。

太阳城模式为美国的养老产业开创了先河，后起之秀纷纷效仿其运作方式和盈利模式。美国知名的CCRC项目还有Westminster Canterbury Richmond养老社区、Lenbrook养老社区、Williamsburg Landing养老社区等。

众多CCRC的成功离不开背后养老企业的辛苦耕耘。根据Senior Living Executive发布的最新资料，动脉网整理了美国最大的十家CCRC企业（表2.23），就其拥有的CCRC数量而言，共有259个CCRC，79647个CCRC单元，头部十家企业布局已然如此，可见CCRC已经成为美国中产阶级及以上人群养老的常见选择。

表2.23 美国最大的十家CCRC企业

| 排名 | 企业名称 | 拥有CCRC数量/个 | 拥有CCRC的单元数/个 |
| --- | --- | --- | --- |
| 1 | Erickson Living | 18 | 20119 |
| 2 | Life Care Services | 71 | 19289 |
| 3 | Brookdale | 72 | 19132 |
| 4 | Five Star Senior Living | 39 | 9393 |
| 5 | Vi Living | 10 | 3610 |
| 6 | Watermark Retirement Communities | 11 | 2035 |
| 7 | Sagora Senior Living | 22 | 2016 |
| 8 | Senior Lifestyle Corp | 6 | 1863 |
| 9 | Senior Living Communities | 7 | 1453 |
| 10 | Benchmark Senior Living | 3 | 737 |

注：1. 资料来源于Senior Living Executive，动脉网整理。
2. 数据截至2017年10月。

## 第三节 中国式CCRC的发展理念与模式

### 一、中国式CCRC的发展历程

2005年，我国第一个CCRC项目——北京太阳城的建成运营标志着我国CCRC模式的正式落地。时至今日，我国的CCRC已发展了10余年，以地产公司与保险公司为主要开发运营主体，集中分布于长三角、珠三角、京津冀及川渝地区，这也在一定程度上说明了经济发达、老龄化率高、科教文卫退休客群基数较大已成为CCRC项目选址的共识（表2.24）。

表2.24  中国典型CCRC项目入市年表

| 时间 | 项目名称 | 所在城市 |
| --- | --- | --- |
| 2005年 | 北京太阳城 | 北京 |
| 2008年 | 上海康桥亲和源 | 上海 |
| 2008年 | 杭州金色年华 | 杭州 |
| 2011年 | 燕达国际健康城 | 廊坊 |
| 2013年 | 合众优年武汉社区 | 武汉 |
| 2015年 | 万科随园嘉树 | 杭州 |
| 2015年 | 泰康之家燕园 | 北京 |
| 2016年 | 天地健康城 | 上海 |
| 2016年 | 泰康之家申园 | 上海 |
| 2017年 | 泰康之家粤园 | 广州 |
| 2017年 | 新东苑快乐家园 | 上海 |
| 2018年 | 万科房山随园 | 北京 |
| 2018年 | 泰康之家蜀园 | 成都 |
| 2018年 | 星堡中环养老社区 | 上海 |
| 2019年 | 上海太平梧桐人家 | 上海 |
| 2019年 | 泰康之家吴园 | 苏州 |
| 2019年 | 泰康之家楚园 | 武汉 |
| …… | | |

除了上述已开业的项目之外，泰康之家杭州大清谷项目预计在2020年开业；太保家园高端养老社区计划在上海、成都、大理、杭州等地建设6个城郊型和度假型高端养老社区项目，其中成都项目也预计于2021年开业；华润南宁悦年华长者社区也将于2021年开业……预计未来几年将成为我国CCRC集中入市的时期。

## 二、中国式CCRC的产品理念

自2005年我国第一个CCRC项目——北京太阳城运营以来，我国的CCRC也已走过了十余年的历程，发展至今其发展模式、产品主张等也逐渐本土化与日渐清晰。除了积极保障与维护长者的居住安全和身体健康这一最基本的目标外，我国不同于美国的家族观念、邻里文化、长幼关系，以及50后、60后长者养老观念与诉求的变化，也正成为我们重新审视和思考如何构建具有中国特色的CCRC的契机。

### 1. 家庭纽带

中国传统的养老文化以家庭和宗族为基础，以孝道为核心，强调"百善孝为先"，重视人伦关系，并形成以血缘关系为纽带的家庭养老模式及文化。在这种传统文化的影响下，中国的长者需要的不仅仅是物质生活的满足，更多的是来自家人的关怀与慰藉。这就意味着中国式的CCRC需要尽可能延续长者原有的家庭生活环境，保持与子女及孙辈的互动，倡导子女与长者常来常往，形成"常陪伴、勤探望、多顺意"的互动与关怀机制。

2. 邻里情怀

邻里间和睦相处、守望相助是中华民族的传统美德。如果说家庭是一个血缘亲情铸就的传统孝道，那么邻里之间的关系则是一个地缘亲情基础上的邻里仁义。俗话说"远亲不如近邻""千金难买邻里情"，老年人比较怀旧、注重传统感情，喜欢与邻里互相嘘寒问暖、互帮互助。

因此，在不改变老年人原有生活模式的前提下，中国式CCRC应注重构建老人与邻里、与社会的关系，满足老年人对社会交往的需求，尽可能地保证在高度城市化的背景下邻里关系的复苏与重建。

3. 田园情结

田园文化是我国从未间断的一种文化。或近乡亲田，或依农傍水，可以说每个中国的老年人都有一种美好的生活愿望叫作"回归田园"。尤其是对于很多老一辈的人，他们对自然、对土地有一种天然的依赖，往往怀抱着一个隐乐田园的梦想。因此，营造自然宜人的生态环境，在和谐自然的人文环境中老有所养、老有所乐也就使得中国式CCRC具有了更加重要的意义。

4. 自我实现

如果说20世纪30～40年代的老年人是刚需型养老客户的话，那么50后、60后的长者则可以称之为品质型养老的典型客户，也是未来5～10年我国CCRC的主力客群。届时，中国的养老行业也将迎来一个需求多元化的阶段。

当代长者的养老需求不仅仅局限于老有所养和老有所依，老有所为、老有所学、老有所乐已成为他们的普遍追求。他们追求精神层面的充实。"人过40不学艺"的观念已经成为过去。他们积极地旅游出行，参与老年大学，学习互联网新技能，做志愿者回馈社会，甚至实现再就业；他们以丰富的社交和多元的精神文化生活，来重新建立与社会的联系，缓解退休后的被孤立感和被边缘感。可以说，自我实现才是当代长者最高层次的精神需求。因此，中国式CCRC如何为长者创造条件使得他们可以积极主动地参与社会活动，助力他们实现自我价值也是一个重要的课题。

综上所述，中国式CCRC的发展理念离不开对于中国传统文化的解读和长者养老需求的理解。通过对家庭纽带、邻里情怀、田园情结、自我实现等维度的分析，我们总结归纳出中国式CCRC的五大核心产品理念，希望对大家有所帮助。

① 倡导老年人原有生活环境的自然延续，亲邻里，常交流，多相助。

② 积极维系家庭关系，子女与父母常陪伴，勤探望，多互动。

③ 认同理解田园情怀，倡导自然环境与人居环境的和谐共生。
④ 主动关注老年人精神生活多样性与社会价值体现。
⑤ 全方位、多层次保障老年人的安全与健康。

## 三、中国式CCRC的发展模式

中国式CCRC是兼顾中国传统文化与新时代长者养老诉求的产物，在产品形态上脱胎于美国CCRC，是包括健康长者公寓、护理单元，以及医疗配套、文娱配套在内的，为健康长者、养护长者与护理长者提供一站式可持续照料服务的复合式养老社区。

### 1. 产品类型

从区位特征和产品形态来看，中国式CCRC可以划分为近郊长者社区与城市医养综合体两大类（表2.25）。

表2.25 近郊长者社区与城市医养综合体对比说明

| 产品类型 | 项目规模 | 区位特征 | 资源条件 | 产品线构成 |
| --- | --- | --- | --- | --- |
| 近郊长者社区 | 5万~10万平方米为宜 | 城市近郊，1小时交通圈内 | 优越的生态景观环境 | 健康长者公寓+照护单元+医疗机构 |
| 城市医养综合体 | 2万~5万平方米为宜 | 城市核心/区域中心 | 优质的医疗条件，成熟的城市配套 | 养护公寓+照护单元+医疗机构 |

（1）近郊长者社区

近郊长者社区一般选址于核心一、二线城市的近郊区域，处于核心城市主城区1小时交通圈范围内，交通可达性佳，同时要求生态环境较为优越。核心城市近郊有利于在控制土地成本的同时，保证目标客群的容量，而便捷的交通体系可以方便子女往来探望，也便于老年人外出，有助于老年人维系原有社会关系、参与社会活动，减少被孤立感。从配套层面来说，近郊长者社区周边3km范围内需要有优质的医疗配套，如三甲医院、康复医院、老年病专科医院等，保障长者紧急送医及日常就医的需求。

从项目规模来看，近郊长者社区的规模以适中为宜，建筑面积宜控制在5万~10万平方米，即健康长者公寓以400~800套为宜。不少于5万平方米的社区规模对于社区感的营造与项目的规模效应、可持续运营均有必要；而控制在10万平方米以内则是出于对客群容量的考虑，可以在一定程度上降低项目入市时的去化风险，缩短销售周期。

从产品构成来看，近郊长者社区的产品以健康长者公寓为主，照护单元为辅，同时配置养老会所与医疗机构。其中，长者公寓主要面向健康长者和高龄养护长者，以养老会所为核心，旨在营造丰富、健康的养老生活。护理单元服务于（半）

失能长者、失智长者或术后康复长者，一般作为社区的补充性产品，以完善可持续照顾体系。从运营经验来看，建议护理单元大于150床，以200～500床为宜。需要说明的是医疗机构的配置应视项目周边的医疗资源情况而定，从医务室、门诊等基础医疗配套到护理院、康复医院等。典型案例有万科随园嘉树设置随园护理院，泰康之家申园配置二级康复医院等。

整体来看，CCRC近郊长者社区以健康长者公寓为主，照护单元为辅，配备基础医疗配套及养老会所等休闲娱乐配套，保障长者从健康活跃、自理自立到照顾护理各阶段的居住和娱乐需求。

（2）城市医养综合体

城市医养综合体一般选址于城市核心区或区域中心，邻近优质医疗资源。城市医养综合体的客群多为80岁以上的高龄长者以及（半）失能、失智长者，他们对优质医疗资源的依赖度高。由于城市中心区域的土地资源较为稀缺，因此城市医养综合体项目多为改造物业，如写字楼、酒店等。典型案例如朗和杭州国际医养中心、亲和源杭州爱养之家、上海申养镇坪路望年荟等项目，均为写字楼改造。

从规模来看，由于地段与改造物业的因素，城市医养综合体的建筑面积一般为2万～5万平方米。如朗和杭州国际医养中心建筑面积2.2万平方米，上海申养镇坪路望年荟建筑面积1.7万平方米，上海鸿泰乐璟会建筑面积约2.6万平方米。一般来说，养护公寓数量为150～300套为宜，护理院床位数量应大于150床，在保证规模效益的同时也可兼顾运营坪效。

从产品构成来看，城市医养综合体包括养护公寓、照护单元以及作为配套的内设医疗机构，也可以将城市医养综合体理解为市区微型CCRC。其中，养护公寓主要面向高龄自理长者，提供养老居住、生活照料、营养膳食、休闲娱乐文娱等服务；照护单元服务于（半）失能及失智长者，配置专业医护团队，提供个性化的医疗护理、康复促进等服务。城市医养综合体中照护单元的医疗属性各有差异，如杭州朗和国际医养中心具备护理院资质，上海鸿泰乐璟会内设由曙光医院托管的医疗机构，上海申养镇坪路望年荟内设岳阳医院门诊部等。

2. 开发原则

我国的CCRC发展至今，在产品设计方面已经有了体系化的积累，在开发模式上已日渐成熟。经过多年项目实践的总结、沉淀和梳理可知，中国式CCRC成功落地与运营的三大开发原则如下。

（1）构建一站式的可持续照料体系

中国式CCRC的核心是构建一站式的可持续照料体系，强调生命周期的兼容性与延展性。从健康长者、养护长者、（半）失能长者到医疗护理长者，关注长者在不同生命阶段的生理、心理需求以及需求的延续性，提供养老的居住空间、文娱配套、医养服务等一系列功能的配置。一方面解决长者及其家属的后顾之忧，另一方面也有效延伸了整个项目的收益链条（图2.26）。

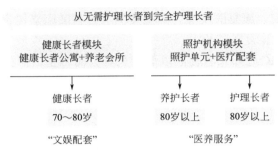

图2.26　持续照料退休社区（CCRC）产品模型示意

（2）营造活力的社区氛围

中国式CCRC的开发需保障活力社区氛围的营造。CCRC项目旨在为入住的长者提供一种健康、积极的生活方式。一个集娱乐、文化、社交于一体的具有活力的社区氛围对于长者的心态会起到潜移默化的作用。因此，中国式CCRC的产品体系应以健康长者公寓为主力配置，照护单元以完善可持续照料体系为主要目的，作为补充型产品辅助配置。从国内典型的CCRC项目来看，长者公寓的套数规模占比一般可达80%及以上，这与美国CCRC项目中独立生活及介助单元的数量占比基本类似（表2.26）。

表2.26　国内典型CCRC项目产品配置情况

| 项目名称 | 长者公寓/套 | 护理床位/床 | 公寓套数占比/% |
| --- | --- | --- | --- |
| 万科随园嘉树 | 615 | 120 | 83.67 |
| 泰康之家申园 | 2400 | 200 | 92.31 |
| 天地健康城 | 1228 | 200 | 85.99 |
| 合众优年武汉社区 | 1288 | 262 | 83.10 |
| 上海亲和源 | 830 | 200 | 80.58 |
| 新东苑快乐家园 | 600 | 200 | 75.00 |
| 太平梧桐人家 | 1572 | 900 | 63.59 |

 小贴士

在美国，持续照料退休社区（CCRC）为了吸引相对年轻的老年人加入，会加大独立式生活单元的数量，这些居住者更希望自由支配生活，需要更多的安全感和生活自由度。其中，面向自理及半自理长者的独立生活及介助单元数量占比基本可以达到70%～80%及以上（表2.27）。

表2.27 美国典型CCRC项目产品配置情况　　　　　　　　单位：个

| 项目名称 | 区位 | 独立单元 | 介助单元 | 介护单元 | 特别照料 |
|---|---|---|---|---|---|
| 麦克基恩塔楼 | 都市 | 73 | 30 | 42 | — |
| 兰姆贝斯大宅 | 都市 | 118 | 51 | 38 | — |
| 夏洛特之柏树 | 都市 | 140 | 24 | 30 | 10 |
| 固德温大厦 | 郊区 | 359 | 40 | 62 | 12 |
| 牛津之诺尔斯 | 郊区 | 183 | 28 | 30 | 12 |
| 圣詹姆斯广场退休社区 | 郊区 | 94 | 31 | 64 | 40 |
| 布赖顿之巅 | 郊区 | 138 | 60 | 42 | — |
| 列辛顿退休社区 | 郊区 | 72 | 24 | 21 | — |
| 坎特伯雷树林 | 郊区 | 203 | 32 | 48 | — |
| 圣约翰草原 | 郊区 | 248 | 118 | 21 | — |
| 圣公会教派鹿苑社区 | 郊区 | 224 | 40 | 48 | — |
| 卡尔斯伯德 | 郊区 | 157 | 14 | 33 | — |
| 圣公会盖茨顿退休社区 | 郊区 | 215 | 85 | 8 | — |
| 格兰草原退休社区 | 郊区 | 225 | 28 | 31 | — |
| Newbridge on the Charles | 郊区 | 256 | 51 | 42 | — |
| Riderwood Village | 郊区 | 198 | 56 | 50 | — |
| Lenbrook | 郊区 | 367 | 40 | 60 | — |
| Lanier Village of Acts | 郊区 | 339 | 42 | 56 | — |
| Community of PRS | 郊区 | 280 | 32 | 37 | — |
| 合计 | — | 3889 | 826 | 763 | 74 |

（3）兼顾良性开发与后期可持续运营

与普通地产项目不同的是，CCRC项目不仅要实现良性开发，也要保证交付后的可持续运营。因此，各个功能产品开发角色的清晰定位就显得尤为重要。通常情况下，健康长者公寓的任务是回收现金流，覆盖项目前期投资，因此一般采用押金制、租金趸交或使用权销售等交易模式。此外，健康长者公寓的服务费与护理单元的月费一般按月或按年缴费，此两项稳定收取的月度费用可以有效平衡社区日常运营过程的各项成本支出，保障社区的可持续运营。因此，在前文也曾提到，CCRC项目中的健康长者公寓需要保证一定的建筑体量与公寓套数，有利于项目回现与形成较为规模的服务费用；而对于护理单元来说则需要关注运营坪效，提升出床率。

在本书后续的章节中，我们将就中国式持续照料型退休社区的选址策略、客群策略、商业模式、营销及运营筹开、运营后评估等内容进行详细阐述。

**近郊长者社区案例：泰康之家申园**

泰康之家养老社区是保险企业打造的品质型CCRC的典型代表。泰康之家申园为泰康华东区的第一个CCRC项目，位于上海市松江区佘山脚下，周边生态环境优良。项目距离上海市中心约30km，临近地铁9号线，交通便捷。

1. 项目规划

泰康之家申园总投资42亿元，占地面积约9万平方米，总建筑面积22万平方米，分两期建设。申园引入了国际领先的CCRC养老模式，"1+N"的全方位服务体系，并配备了康复医院和养老照护专业设备，是一个可供独立生活、不同程度协助生活、记忆障碍和专业照护服务的老年人长期居住的大型综合高端医养社区。

泰康之家申园共包含2400套自理公寓、社区中心和二级康复医院。其中自理公寓一期1060户，已于2016年7月开始运营，二期仍在建设中。一期社区中心约11000m²，是集中的活动配套区。康复医院1～7层为门诊、体检中心和住院部；8～20层为养老护理单元，共200张床位，分为协助护理区、专业护理区和记忆照护区，结合自理公寓打造可持续的照料体系（图2.27）。

图2.27 泰康之家申园规划图

2. 功能构成

（1）自理公寓

申园一期的自理公寓共有1060套，户型包含一居室（套内面积40m²）、舒适一室一厅（套内面积60m²）、温馨一室一厅（套内面积80m²）和温馨两居室（套内面积120m²）。其中，套内面积为60m²及以内的小户型居多，房间数占比达70%。自理公寓精装交付，家具、家电配置齐全，提供电视机、沙发、衣柜、床头柜、洗衣机、冰箱、微波炉、智能马桶、地暖、中央空调、新风系统等，且安全扶手、紧急呼叫按钮和地面无高差等适老化细节完善（图2.28）。

（2）社区中心

一期社区中心为集中的配套区，建筑面积约为11000m²，生活、康体及休闲娱乐、宗教信仰等各类配套丰富，保障长者丰富、健康的生活状态。社区中心设置了较多的适老化细节，如电梯内部座椅、卫生间等候座椅等，且楼栋间采用恒温封闭式的风雨连廊，方便长者在社区内活动（表2.28、图2.29）。

图2.28　泰康之家申园自理公寓室内图

表2.28　泰康之家申园社区中心布局

| 楼层 | 功能 |
| --- | --- |
| 地下一层 | 健身房、游泳池、足疗室、SPA室、电子娱乐室、乐活剧场、台球室、乒乓球室、玉兰宴会厅 |
| 1层 | 乐泰汇自助餐厅、零点餐厅、包间、美发沙龙、医务室 |
| 2层 | 图书阅览室、电脑室、书画室、卡拉OK室、棋牌室、舞蹈室、祷告室、禅修室 |
| 3层 | 共生茶苑 |

图2.29　泰康之家申园社区中心配套图

（3）康复医院

康复医院护理区面向（半）失能和失智长者，户型有单人间、双人间和豪华双人间三种，套内面积约为$32m^2$，室内采用原木简约风格装修，适老化设计完善。

3. 交易模式及客户

（1）自理公寓交易模式

泰康人寿是第一个把养老社区项目和保险产品连接起来的险资企业，相比普通开发商运作的养老社区项目，其交易模式更为复杂。

泰康之家申园自理公寓的交易模式有两种：押金模式和保险模式。押金模式是针对非泰康保险客户设置的，客户需缴纳20万元的入门费、110万～300万元的乐泰财富卡费用以及8000～10000元/（人·月）的乐泰财富卡会员月费。其中，入门费和乐泰财富卡费用入住3个月以内和住满3年可全额无息退还，入住不满3年则根据入住年限退还不同的额度（表2.29、表2.30）。

保险客户需购买200万元起的保险产品，根据客户类型可适当减免入门费，也可选择是否购买乐泰财富卡，如未购买则按照标准缴纳月费。与普通客户不同的是，保险客户可与社区约定，将保险合同中的累积生存保险金和累积红利领取与月费支付相关联，直接抵扣部分或全月月费。此外，保险客户本人有保证入住权，可免交入门费。

入门费与乐泰财富卡是一笔一次性缴纳且可退换的押金，缴纳入门费可获得泰康之家养老社区的入住资格，缴纳乐泰财富卡的费用即可获得乐泰财富卡的会籍，可锁定"免房屋基本居住费用"的优惠。而月费包含房屋使用费及居家费，客户按月缴纳。

表2.29　泰康之家申园自理公寓收费标准（2019年7月）

| 户型 | 入住人数/人 | 乐泰财富卡标准价格/（万元/张） | 乐泰财富卡会员月费 | | 标准月费——保险模式 | |
|---|---|---|---|---|---|---|
| | | | 房屋使用费及居家费/（元/月） | 预估餐费/（元/月） | 房屋使用费及居家费/（元/月） | 预估餐费/（元/月） |
| 40m²一居室 | 1 | 110 | 6386 | 1800 | 11227 | 1800 |
| | 2 | | 9086 | 3600 | 13927 | 3600 |
| 60m²舒适一室一厅 | 1 | 160 | 8961 | 1800 | 16171 | 1800 |
| | 2 | | 11661 | 3600 | 18871 | 3600 |
| 80m²温馨一室一厅 | 1 | 210 | 11948 | 1800 | 21527 | 1800 |
| | 2 | | 14648 | 3600 | 24227 | 3600 |
| 120m²温馨两居室 | 1 | 300 | 17922 | 1800 | 32239 | 1800 |
| | 2 | | 20622 | 3600 | 34939 | 3600 |

注：1. 户型面积为套内面积。
2. 直接入住客户，入门费3个月试住期内可全退，3年内按入住时间扣取，3年后退房可无息退还。
3. 保险客户，200万元保险+入门费+月费；可视情况减免入门费，客户可选择是否购买乐泰财富卡，若未购买则须按标准月费缴费。

表2.30　泰康之家·申园入门费和乐泰财富卡退还额度表

| 项目 | 3个月内 | 3个月~1年 | 1~2年 | 2~3年 | 3年以上 |
|---|---|---|---|---|---|
| 入门费 | 全额退还 | 退还85% | 退还90% | 退还95% | 全额退还 |
| 乐泰财富卡 | 全额退还 | 退还92% | 退还95% | 退还97% | 全额退还 |

（2）康复医院交易模式

康复医院护理区收费采用月费制，但客户仍需缴纳20万元的入门费以获得护理区的入住资格。月费由房屋使用费、居家费、餐费和护理服务费组成。月费合计以15000～16000元/人和

23000~24000元/两人为主。具体收费标准如表2.31所示。

表2.31 泰康之家申园护理区收费标准

| 户型 | 入住人数/人 | 房屋使用费及居家费/（元/月） | 预估费用/（元/月） | 护理服务费/[元/（人·月）] |
| --- | --- | --- | --- | --- |
| 单人间 | 1 | 8600 | 1800 | 护理一级：5600<br>护理二级：7100<br>护理三级：8600<br>护理四级：10600<br>护理五级：13600 |
| 双人间 | 1 | 8600 | 1800 | |
| 双人间 | 2 | 12900 | 3600 | |
| 豪华双人间 | 1 | 9460 | 1800 | |
| 豪华双人间 | 2 | 13760 | 3600 | |

（3）客户情况

泰康之家申园的客户以健康自理长者为主，平均年龄为80岁左右。其中，上海本地客户居多。从客户职业来看，以退休的政府机关单位人员和大学教授居多，且空巢特征明显。

4. 服务体系

泰康之家申园以活力养老、文化养老、健康养老、科技养老为服务理念，满足长者社交、运动、美食、文化、健康、财务管理和心灵归属七大核心需求，为入住长者打造"温馨的家、高品质医疗保健中心、开放的大学、优雅的俱乐部、长辈心灵和精神的家园"五位一体的生活方式，其中的特色服务如表2.32所示。

表2.32 泰康之家申园特色服务内容

| 板块 | 服务类型 | 特色内容 |
| --- | --- | --- |
| 生活照料 | 餐饮服务 | 自助餐厅、零点餐厅、多功能厅、VIP包间、茶室 |
| 生活照料 | 生活服务 | 入户保洁、及时维修、购物就医班车、关怀服务 |
| 生活照料 | 健康管理 | 健康档案管理、健康评估、健康宣教及促进、健康体检及疫苗注射、慢病管理、居家照护与短期转移服务 |
| 医护康复 | 高品质康复专科 | 急救保障、老年慢病管理、老年康复 |
| 医护康复 | 国际标准康复体系 | 多学科团队、重症监护病房、个性化康复治疗 |
| 医护康复 | 专业护理服务 | "1+N"照护模式：1名主要负责人，若干名照护成员 |
| 医护康复 | 专业失智照护 | 非药物治疗、"好朋友"记忆照护模式 |
| 文娱社交 | 乐泰学院 | 精品课程、乐龄游戏活动 |
| 文娱社交 | 乐泰俱乐部 | 兴趣爱好、信仰追求等自主成立的各类俱乐部 |
| 文娱社交 | 活力中心 | 图书馆、健身房、游泳池、信仰空间等 |
| 文娱社交 | 时间银行 | 为长辈及老龄事业奉献时间、精力的义工激励机制 |

5. 小结

泰康之家申园是险资主体的品牌型医养结合养老社区项目，引入国际领先的CCRC养老模式，配备康复医院和养老照护专业设备，为老年人提供可持续照料服务，是目前险资打造CCRC项目的样本。

##  近郊长者社区案例：中国太平梧桐人家

中国太平梧桐人家（以下简称梧桐人家）是中国太平保险集团投资打造的首个CCRC。项目位于上海市浦东新区忘忧路100弄，距离上海市中心约27km，距浦东国际机场约26km。梧桐人家坐落于上海国际医学园区内，该园区以医疗服务业和医疗器械制造业为发展核心，集医、教、研、产发展为一体，医疗服务与器械、生物医药等产业集聚。目前，国内外多个高端医疗机构已相继入驻，项目周边医疗资源优势明显。

1. 整体规划

梧桐人家依托上海国际医学园区丰富的医疗资源与周边良好的环境资源，打造集品质养生养老服务、颐养护理服务及临床医疗服务为一体的高端颐养CCRC。

梧桐人家项目的用地性质为医疗卫生用地与商业办公用地，总占地面积约为18.9万平方米，总建筑面积近38.4万平方米，绿化率高达59%。项目包括A、B、C三个地块，其中A、B地块占地面积约15.5万平方米，建设CCRC，建成后可容纳3500位长者生活；C地块为梧桐国际商业办公配套，占地面积约3.4万平方米，主要规划建设商业、办公等配套产品（图2.30）。

图2.30 梧桐人家分区规划图

其中，A地块为金枫区，规划为健康活力区，建设1500余户的小高层养老公寓产品，并配套建设3000m²的人工湖，已于2019年12月正式开园。B地块为银杏区，规划为颐养护理区，用于建设护理院与二级医院等医疗配套；此外还配建培训中心与员工宿舍，为员工及培训学员提供培训学习的场地与生活居住的公寓。C地块为梧桐国际，建设商业、办公等（表2.33）。

表2.33 梧桐人家项目分区规划情况

| 地块 | 分区 | 建设内容 |
| --- | --- | --- |
| A地块 | 金枫区 | 健康活力区，14栋养老公寓，1572套 |
| B地块 | 银杏区 | 颐养护理区、护理院、二级医院、员工宿舍、培训中心 |
| C地块 | 梧桐国际 | 商业、办公等 |

2. 功能构成

梧桐人家养老社区采用完整的CCRC产品体系建设,规划养老公寓、护理产品和项目配套,满足长者全生命周期的养老生活需求。

(1) 养老公寓

梧桐人家的户型面积为39～119m², 其中以39 m²的一室与59m²的一室一厅户型为主。由于总价较低,因此39m²与59m²的小户型也较为畅销(图2.31)。

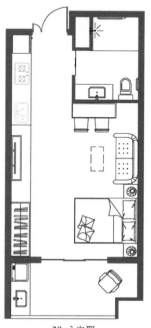 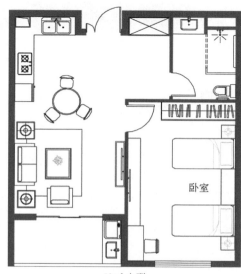

图2.31 梧桐人家部分户型图

梧桐人家金枫区养老公寓均采用精装交付,含家具与家电软装,配置地暖、新风系统与中央空调,提供完善的适老化细节设计,产品整体品质感与舒适感俱佳(图2.32)。

图2.32 梧桐人家室内实景图

(2) 护理产品

梧桐人家规划颐养护理区满足长者的养老护理需求。其中护理院共4栋,规划建设床位900张,以双人间为主,拟开通上海市医保;另设阿尔兹海默症研究中心,为认知症长者提供养老护理服务(图2.33)。

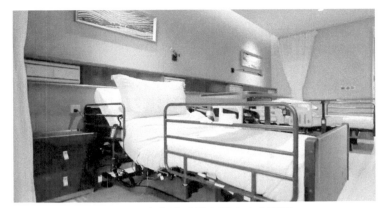

图2.33 梧桐人家护理区室内实景图

（3）项目配套

梧桐人家采用分级配套打造模式，不仅规划整体会所配套，还利用楼栋架空层等灰空间打造组团配套。为了满足养老社区长者足不出户的诊疗与就医需求，梧桐人家配套建设了以慢病诊治为特色的二级医院，床位约300张。

梧桐人家规划了1.1万平方米的集中会所配套，按照动静分区原则分层设置，会所功能完善，提供恒温泳池、自助餐厅、美容美发室、老年大学、多功能厅、健身区域等满足长者丰富的休闲娱乐、健康管理与日常生活需求（图2.34、表2.34）。

考虑到园区满住后，会所配套集中使用及餐厅供餐的压力较大，梧桐人家金枫区利用养老公寓架空层等灰空间规划组团配套，包括餐饮区与不同主题配套空间，如乒乓球室、羽毛球室、影音室等，既可以扩展会所功能，为长者提供更多娱乐空间，也可以缩短长者与配套区域的距离，提升长者活动的积极性。

表2.34 梧桐人家会所功能分区

| 楼层 | 功能分区 |
|---|---|
| 1层 | ① 游泳区：恒温泳池、淋浴室、泡池<br>② 生活服务区：美容美发厅、衣物送洗室<br>③ 美食餐饮区：自助餐厅（可容纳1500人）、面包房、咖啡厅 |
| 2层 | ① 健身中心：健身器材区、乒乓球室、桌球室<br>② 美食料理区：中心餐厅、家宴包厢 |
| 3层 | ① 老年大学：音乐教室、多功能教室、书画室、游戏室、禅修室、书吧<br>② 多功能宴会厅 |

3. 交易模式

梧桐人家采用保险与会员卡两种交易模式，按照楼栋确定交易模式，以便于后期的运营管理。

① 会员卡交易模式。按照户型不同需一次性缴纳会员费115万～250万元，服务费6000～9600元/（人·月），第二人入住时需增加服务费，另外需缴纳医疗保证金2万元/人，部分户型会费与服务费情况如表2.35所示。会员卡持有人的最低入住年龄要求为65岁。会员享有可继承、可转让、可退会的权益，但转让与退会时需收取手续费，其中转让时需收取会员费5%的手续费，退会时需根据入住时间不同支付手续费。

图2.34　梧桐人家会所实景图

表2.35　梧桐人家会员卡模式收费情况

| 交易模式 | 户型 | 一次性总价/万元 | 服务费/[元/(人·月)] |
| --- | --- | --- | --- |
| 会员卡交易模式 | 39m²（1居室） | 115～250 | 6000～9600 |
| | 59m²（1室1厅） | | |
| | 65m²（2室1厅） | | |
| | 83m²（2室2厅） | | |
| | 其他户型 | — | — |

注：图中数据截至2019年8月。

②　保险交易模式。太平保险客户购买保险总保额达到一定金额即可享有养老社区入住资格，在缴纳入住户型3个月的房间使用费、服务费与医疗保证金作为押金后，每月再支付房间使用费与服务费即可入住金枫区养老公寓。针对太平保险资格入住客户还提供部分房屋服务费优惠活动（表2.36）。

表2.36　梧桐人家保险交易模式收费情况

| 交易模式 | 户型 | 房间使用费/[元/(套·月)] | 服务费/[元/(人·月)] |
|---|---|---|---|
| 保险交易模式 | 39m²（1居室） | 3500 | 6000 |
| | 59m²（1室1厅） | 6500 | 7600 |
| | 65m²（2室1厅） | 7500 | 8500 |
| | 83m²（2室2厅） | 8500 | 9600 |
| | 109m²（3室2厅） | 16500 | 13000 |
| | 119m²（3室2厅） | | 15000 |

注：表中数据截至2019年8月。

梧桐人家项目位于上海市浦东新区，受其区位影响，客户主要来源于浦东内环区域，职业以公务员、医生、教师等高知高干群体为主。

4. 服务体系

梧桐人家项目从生活服务、文娱休闲、健康管理、营养膳食四个方面，构建"住得舒服、玩得开心、吃得美味、活得健康、好的房子"五大服务体系，满足长者健康、生活、娱乐等需求。

① 住得舒服——您生活中的点滴小事，都是我们服务中的头等大事。主要包括24小时秘书服务、生活指导手册、事物代办、家属沟通、室内保洁、维修服务、社区班车等。

② 玩得开心——来到梧桐人家才知道，精彩生活才刚刚开始。主要包括活动设备及场所、兴趣小组、知识讲座、节庆活动、演出活动、旅居游学、义工活动等。

③ 吃得美味——没有60道精致的菜肴，怎么满足您挑剔的味蕾。主要包括基础菜品供应、特色服务、节庆活动等。

④ 活得健康——您身体健康每一处的变化，我们都用心体察。主要包括健康档案管理、疾病预防宣传、膳食营养指导、健康巡检、中医信息咨询、健康讲座、医务代办、就医绿色通道、紧急就医陪同等。

⑤ 好的房子——好的房子会说话，它会告诉您生活原来可以如此舒适。主要包括环境舒适系统、社区安防体系、家具家电配备、盥洗设施等。

5. 小结

梧桐人家作为太平保险集团旗下的首个CCRC项目，依托于上海国际医学中心的优质医疗资源，打造高品质产品，并提供专业化的养老社区运营管理服务，打造具有太平保险特色的CCRC。

 近郊长者社区案例：绿地国际康养城

绿地国际康养城是上海绿地康养健康产业有限公司依托绿地集团打造的综合化全龄康养社区，涵盖"医、康、养、旅、产、融"六大功能业态。项目位于上海市青浦区康工路777弄，距历史文化古镇——朱家角古镇约3km。项目3km范围内分布有中山医院青浦分院（三甲医院）、朱家角人民医院、德颐护理院等医疗资源，文旅与医疗资源丰富，具备较强的康养属性（图2.35）。

图2.35 绿地国际康养城规划图

1. 整体规划

绿地国际康养城总占地面积约为200亩，项目用地性质为商业用地，总投资高达30亿元，规划了"医、康、养、旅、产、融"六大功能模块（表2.37）。

表2.37 绿地国际康养城的六大功能模块

| 功能模块 | 具体内容 |
| --- | --- |
| 医 | 私人医生、健康体检、康复护理 |
| 康 | 健康监测、健康管理、养生理疗 |
| 养 | 颐养公寓、颐尚学院、会员助理服务 |
| 旅 | 康养居酒店、特色之旅、游学服务 |
| 产 | 康养产业孵化、康养人才培训基地 |
| 融 | 产、学、研一体化的老年金融服务 |

绿地国际康养城项目分为三期开发，其中项目一期颐尚居定位CCRC，主要规划颐养公寓、社区邻里中心、护理中心和沿街商业配套等；项目二期作为一期的延伸与拓展，规划建设康养居酒店、颐养公寓与商业；项目三期规划建设长租式公寓，计划引进幼儿园等教育配套（表2.38）。

表2.38 绿地国际康养城整体规划与进度（截至2019年6月）

| 分期规划 | 功能 | 项目进度 |
| --- | --- | --- |
| 一期 | 会所（邻里中心） | 已开放 |
| | 养老公寓（颐尚居） | 在建 |
| | 护理院 | |
| | 配套商业 | |

续表

| 分期规划 | 功能 | 项目进度 |
|---|---|---|
| 二期 | 康养居酒店 | 规划中 |
| | 养老社区 | |
| | 养老产业孵化基地 | |
| 三期 | 长租公寓 | 规划中 |
| | 代建幼儿园 | |

注：表中内容截至2019年6月。

2. 功能构成

绿地国际康养城规划完整的CCRC体系，打造养老公寓与护理院产品，同时规划建设邻里中心，满足长者一站式的养老生活服务需求。护理院拟提供200张床位。

（1）养老公寓

绿地国际康养城颐尚居打造养老公寓产品，全区均为小高层，共12栋，约900套。截至2019年12月，在售房源共508套，以70m²1房与80m²1.5房为主力户型。此外，颐尚居还规划有400套养老公寓（表2.39、图2.36、图2.37）。

表2.39　绿地国际康养城户型及面积情况

| 面积/m² | 70 | 80 | 90 | 108 |
|---|---|---|---|---|
| 户型 | 1室1厅 | 1.5室 | 2室1厅 | 2室2厅2卫 |

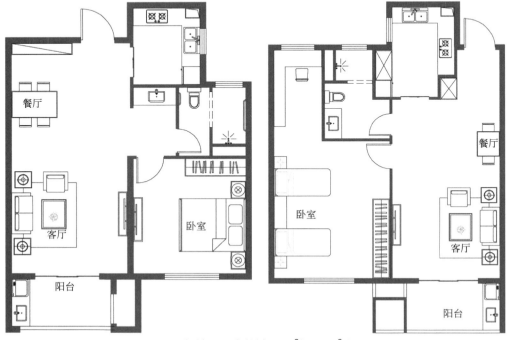

图2.36　绿地国际康养城70m²与80m²户型图

图2.37　绿地国际康养城室内实景图

绿地国际康养城颐尚居养老公寓均为精装交付，拎包入住，含家具、家电等软装，提供地暖、新风、中央空调等，装修标准高达6000元/m²。产品打造具有品质感，园区室内外适老化设计完善。

（2）项目配套

社区邻里中心的建筑面积约为4000m²，采用动静分区原则规划，设置图书阅览室、健康中心、书画室等静态活动区，以及影音厅、餐厅、棋牌室、健身房、KTV室等动态活动区，满足长者的生活和休闲娱乐需求（表2.40、图2.38）。另外值得一提的是，绿地国际康养城在社区邻里中心的配套空间中引入"空气疗养"的概念，对社区邻里中心的绝大部分区域进行负离子覆盖，设备开启时负氧离子浓度可高达约30000个/cm³。

表2.40　绿地国际康养城社区邻里中心功能分区

| 楼层 | 功能分区 |
| --- | --- |
| 1层 | 接待中心、影音厅 |
| 2层 | 静态活动区：图书阅览室、健康中心、书画室等 |
| 3层 | 餐厅，可同时容纳200人 |
| 4层 | 动态活动区：棋牌室、健身房、KTV室等 |

图2.38　邻里中心实景图

3. 交易模式及客户情况

绿地国际康养城一期颐尚居采用终身会员卡与租金趸交两种交易模式，其中颐尊卡为终身会员卡，需一次性缴纳168万元的会员费，另外按照房型不同征收5万～7.8万元/（年·套）的服务费；会员享有可继承、可转让的权益，但不可退。颐悦卡为15年租金趸交模式，按照户型面积不同，价格为68万～108万元/套，另外需缴纳服务费5.8万元/（户·年）；15年内未住满部分的租金可退（表2.41）。

表2.41　绿地国际康养城交易模式与费用

| 交易模式 | 户型面积/m² | 会员费或租金/万元 | 户型/m² | 服务费/[万元/(套·年)] | |
|---|---|---|---|---|---|
| | | | | 1人 | 2人 |
| 终身会员卡（颐尊卡） | — | 168 | 70 | 3.8～5.0 | 5.0～7.8 |
| | | | 80 | | |
| | | | 90 | | |
| | | | 108 | | |
| 租金趸交（颐悦卡） | 70 | 68 | — | 5.8 | |
| | 80 | 78 | | | |
| | 90 | 88 | | | |
| | 108 | 108 | | | |

注：表中数据截至2019年5月。

绿地集团不断尝试"跨界"，不仅开展旅居与养老业务，还成立全资子公司绿地金融投资控股集团有限公司，并于2019年6月28日上线全国首个资产使用权线上确权及流转平台——"权益宝"资产数字化服务平台。目前此平台仅支持两类资产使用权的转让业务，即"类产证"和"类会员"模式，其中绿地国际康养城508间公寓的使用权作为资产使用权代表在此平台率先挂牌。

绿地集团本着为长者提供更高性价比产品的初衷，不断探索新的康养交易产品模式，创新性地提出颐尊（无忧）会籍的服务全包式销售方式。颐尊（无忧）卡在延续颐尊卡可继承、可转让等会员权益的基础上，提供30年基础服务费全包服务，其中70m²户型总价218万元、80m²户型总价228万元。绿地国际康养城推出的颐尊（无忧）会籍方式一方面可以应对物价上涨带来的月服务费溢价，另一方面其自身所具备的投资属性也为部分备老客户带来资产增值的可能。

从客户情况来看，由于绿地国际康养城位于青浦区，距上海市中心较远，其客群具有明显的区域特征，以上海浦西为主。客户年龄集中于65～75岁之间，以活力型长者为主；客户职业以公务员、医生、教师等事业单位退休员工为主。此外，在调研过程中还了解到，绿地国际康养城的客户主要关注项目内部医疗配套、产品价格与周边生活类配套等情况。

4. 服务体系

绿地国际康养城以"颐"文化为价值内核，从"颐身、颐年、颐家、颐贤、颐神、颐志"六个方面构建服务体系，通过"健康助理、生活助理、快乐助理"三大助理，提供108项专业服务。

① 颐身：以健康保健服务为主，主要包含健康巡检、健康监测、健康体检、健康档案管理、健康风险评估、健康指导、健康宣教、养生保健课程、营养膳食指导、运动指导等服务。

② 颐年：以医疗保障服务为主，主要包含家庭医生、紧急救助、用药提醒、代配药、就医、住院探视、医保收纳等服务。

③ 颐家：以智能安康服务为主，主要包含人脸识别、远程抄表、一键呼叫、一卡通、人员定位、独居监护、人流统计、环境监测、智盘应用、无线上网等服务。

④ 颐贤：以生活照料服务为主，包含24小时呼叫、24小时生活助理、室内保洁、床上用品清洗、窗帘纱窗清洗、垃圾清运、定期设备检查、物业维修、出行和陪同购物等服务。

⑤ 颐神：以娱乐社交服务为主，包含书刊阅览、书画活动、手工活动、球类活动、休闲棋牌、摄影活动、活力健身、影视欣赏、生日祝福、节日庆典等服务。

⑥ 颐志：以文化教育服务为主，包含特色课程、知识讲座、移动课堂、会员作品展示等服务。

### 5. 小结

绿地国际康养城是老牌房企绿地集团首个落地的CCRC项目,作为其布局康养产业的重要一环,通过"医、康、养、旅、产、融"的园区功能规划,集社区康养生活常态和退休旅居体验于一体,打造一站式综合康养社区。

---

##  城市医养综合体案例:万科海月随园嘉树

万科海月随园嘉树是杭州万科的第二个CCRC,是万科继良渚随园嘉树后打造的首个"城市版"CCRC项目,被称为"随园嘉树2.0版"。

项目位于杭州市萧山区建设一路与金鸡路交叉口,周边居住氛围浓厚,配套齐全,板块成熟度高,距离地铁2号线建设一路站约1.2km。从医疗资源来看,周边有萧山医院、浙二医院滨江院区、邵逸夫医院、武警医院、萧山区中医院等五大医院护航,就近诊疗有保障。

万科海月随园嘉树定位城市型CCRC,包含养老公寓、护理院和活动配套,形成了可持续照料的产品体系。项目于2019年3月1日开始预售,5月7日开盘,7月1日正式开园入住(图2.39)。

**图2.39 万科海月随园嘉树规划图**

### 1. 整体规划

万科海月随园嘉树总建筑面积约2万平方米,其中养老公寓建筑面积约1.5万平方米,护理院建筑面积约5700$m^2$。此外,项目底层及裙楼还打造了约2000$m^2$的活动配套。

### 2. 功能构成

万科海月随园嘉树共包含226套养老公寓和140张护理床位,打造可持续照料的产品体系。

(1)养老公寓

万科海月随园嘉树的养老公寓户型包含一室一厅和两室两厅。其中,70$m^2$两室两厅户型为主力配置,占比约达50%。相较于良渚随园嘉树项目,海月项目增加了2房产品的配置比例。这主要是出于长者分房就寝、兴趣房以及子女或孙辈探望偶居等需求的考虑。此外,考虑到项目的整体规模有限,基于出房率的考虑,海月项目并未设置三房户型。

该项目的户型实用，在满足功能性的同时，尺度更加集约，既兼顾了户型尺度与功能的平衡，也降低了总价门槛。在户型设计上，该项目尽量保证两个卧室的南向设计，符合长者的生活居住需求（表2.42、图2.40、图2.41）。

表2.42 万科海月随园嘉树养老公寓户型与面积

| 户型 | 建筑面积/m² |
| --- | --- |
| 一室一厅 | 50 |
| 两室两厅 | 70 |
| 两室两厅 | 80 |

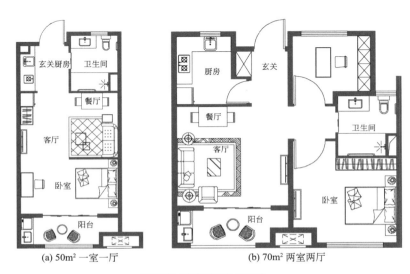

(a) 50m² 一室一厅　　　　(b) 70m² 两室两厅

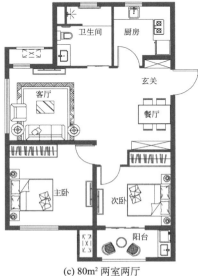

(c) 80m² 两室两厅

图2.40 万科海月随园嘉树养老公寓户型图

图2.41　万科海月随园嘉树项目养老公寓室内图

养老公寓精装交付，配置空调、电磁炉、衣柜等家具家电，除了适老化性能设计外，还有智能化系统设计，如紧急呼叫按钮、便携一卡通、不活动报警、GPS感应手环等。园区内还有人脸识别门禁系统，用科技提升养老生活质量。

（2）护理院

护理院主要面向有康复和护理需求的长者，提供医疗、日常护理、康复治疗、生活照顾、精神娱乐等医养服务。户型有标间、三人间和四人间，其中标间为主力配置（图2.42）。

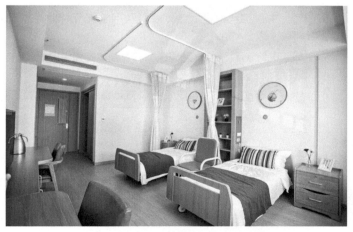

图2.42　万科海月随园嘉树项目护理院室内图

（3）项目配套

万科海月随园嘉树的项目配套约为2000m²，以丰富的康体、娱乐、生活配套满足长者需求，项目配套包含随园餐厅、多功能厅、茶吧、棋牌室、老年大学、活动教室、阅览室、童玩中心、理发店等。此外，项目还在顶层设置了门球场供长者活动（图2.43）。

图2.43　万科海月随园嘉树项目配套图

3. 交易模式及客户

（1）养老公寓交易模式

万科海月随园嘉树的养老公寓采用租金趸交模式，分为15年和20年两种。其中，15年租金趸交以80万~90万元/套为主，20年租金趸交以100万~114万元/套为主，月度服务费根据房型设为2500~3500元不等（表2.43）。

表2.43　万科海月·随园嘉树养老公寓交易模式

| 户型 | 租金趸交（15年）/（万元/套） | 租金趸交（20年）/（万元/套） | 服务费/[元/(户·月)] |
|---|---|---|---|
| 50m²一室一厅 | 60~70 | 75~80 | 2500 |
| 70m²两室两厅 | 80~90 | 100~115 | 3000 |
| 80m²两室两厅 | 110~130 | 135~160 | 3500 |

注：1. 表中内容为2019年数据。

2. 租金可退，如因身体原因导致无法继续入住，可退还全部剩余部分租金，若因其他原因则需扣除3个月租金费用后退还。

3. 服务费强制收取，但给予15天缓冲期，客户可自签订合同后的15天内开始缴纳服务费。

为了缓解老年人及其家人的支付压力，万科在养老金融领域积极探索与创新。2019年5月28日，中国建设银行浙江省分行与万科杭州公司签署了"善建颐养"综合金融养老服务等合作协议，并在此基础上出台了个人养老服务消费贷业务（简称"养老贷"）实施细则，向符合条件的万科随园嘉树签约并申请的住户发放，用于其向万科随园嘉树养老公寓支付养老服务消费的个人贷款业务。万科海月随园嘉树的已签约长者可以凭借个人信用、本人或合法赡养人房产抵押贷三种方式办理个人贷款，签约项目后只需支付总价款的25%～30%作为首付款，剩余部分银行按揭支付（表2.44）。据了解，截至2019年7月，已有部分海月客户选择以"养老贷"的方式签约。

表2.44 万科海月随园嘉树养老公寓"养老贷"贷款方式

| 借款人 | 共同借款人 | 担保方式 | 条件 |
| --- | --- | --- | --- |
| 本人 | — | 信用 | 本人离退休前的工作单位为政府机关、事业单位、国有企业、上市公司、大型外资企业、社会团体组织 |
| 本人 | 合法赡养人 | 抵押 | 抵押人仅限于本人、配偶、父母和子女；抵押物仅限于杭州区域内可上市交易的居住用房中的普通商品用房、高档公寓、别墅，以及商业用房中的商铺 |
| 合法赡养人 | — | 抵押 | |

（2）护理院交易模式

万科海月随园嘉树项目的护理院采用月费制交易模式。床位费根据户型不同设为1700～2400元/月，护理费为1950元/月起，餐费为1200元/月，计划开通医保。

（3）客户情况

截至2019年7月，万科海月随园嘉树项目的长者公寓去化达100余套。从客户特征来看，客户主要来自杭州市区，客户年龄较良渚项目更为年轻，平均年龄约70岁。客户职业以事业单位、政府机关单位退休的长者以及私营业主的父母居多。

4. 服务体系

万科海月随园嘉树的服务体系健全，涵盖长者生活的方方面面，主要包括舒适生活、健康管理和智慧小区三部分，具体服务内容如表2.45所示。

表2.45 万科海月随园嘉树服务体系

| 服务分类 | 服务模块 | 服务项目 |
| --- | --- | --- |
| 舒适生活 | 便捷服务保障 | 便捷前台、周全保洁、定期清洗、垃圾清运等服务 |
| | 尊荣享受 | 全天候管家、日间照料、出行陪伴、送餐等服务 |
| | 委托代办 | 生活用品代购、空置房管理、物品搬运、旅游咨询等服务 |
| | 营养膳食 | 日常营养膳食、二十四节气菜品、每日适老化主食、丰富菜系搭配餐等服务 |
| | 老有所乐 | 生日会、活力社团、公开汇演、主题活动策划等服务 |
| 健康管理 | 日常健康管理 | 健康检测、健康顾问、药事管理、专项综合管理等服务 |
| | 医疗资源服务 | 门诊便捷就医、转诊住院通道、上门采样、护理指导等服务 |
| | 医后衔接服务 | 医后服务 |
| | 急症急救 | 突发情况院内急救服务 |

续表

| 服务分类 | 服务模块 | 服务项目 |
|---|---|---|
| 智慧小区 | 通行无阻 | 无障碍通行、人车分流园区设计等服务 |
|  | 人性智能 | 人性化电梯、公共配套网络覆盖、便捷一卡通、智能取电/断电等服务 |
|  | 周全探测 | 紧急呼叫系统、人体感应传感器、人脸识别系统、电子围栏等服务 |
|  | 周全配套 | 对讲系统、背景音乐、流媒体、监控室等服务 |

5. 小结

作为随园嘉树2.0版本的万科海月随园嘉树立足打造"城市版"CCRC。项目地段便利，周边配套齐全，户型设计兼顾了长者生活与实际运营的需要，同时在养老金融领域也有进一步的探索与实践，是杭州万科CCRC项目的又一力作。

##  城市医养综合体案例：上海亲和源迎丰老年公寓

上海亲和源迎丰老年公寓是上海亲和源旗下的中高端颐养公寓，于2016年10月开业。项目位于上海市浦东新区康桥镇，距离上海市中心直线距离约16km，距离浦东国际机场约20km，紧邻地铁11号线秀沿路站，交通便捷。项目距离亲和源康桥老年社区仅10分钟车程，周边医疗配套主要依托亲和源康桥老年社区护理院，且与曙光医院开通绿色就医通道，保障长者日常就医和紧急送医（图2.44）。

图2.44 上海亲和源迎丰老年公寓规划图

1. 整体规划

上海亲和源迎丰老年公寓由迎丰大厦写字楼改造而成，为租赁物业，租赁期20年，项目总建筑面积约20000m²。

项目为小高层，地下1层，地上10层。负一层和一层为活动及服务配套区，二层为失能和失智长者护理区，3~10层为老年公寓（表2.46）。项目高效利用室外空间，在裙房屋顶打造屋顶花园；主楼屋顶主要为设备区、洗衣晾晒区；室外则通过风雨连廊打造滨河观景健身步道、亲水平台等观景、休憩空间。

表2.46　上海亲和源迎丰老年公寓楼层规划

| 楼层 | 分区 | 功能分布 |
| --- | --- | --- |
| 地下1层 | 配套区 | 多功能餐厅、体验式厨房、SPA泡池、理疗康复区、医疗区、步行训练区 |
| 1层 | | 样板展示区、接待大堂、运动休闲区、综合文化活动区、多媒体室、棋牌室、康复理疗室、心理咨询室、庭院交流吧 |
| 2层 | 护理区 | 失能护理区、失智护理区、VIP区、助浴室、健康管理中心、临终关怀室 |
| 3~10层 | 公寓区 | 养老公寓 |

2. 功能构成

上海亲和源迎丰老年公寓共包含126套养老公寓和68张护理床位，形成可持续照料的产品体系。此外，项目还配备娱乐及医疗康复配套，满足长者的日常需求。

（1）养老公寓

养老公寓户型为82~88m²的一室一厅和58m²的一室，其中一室一厅户型为主力配置（图2.45）。房间设置独立卫生间、厨房和阳台，配备地暖、中央空调、沙发、衣柜、床头柜、书桌、餐桌、茶几等，而家电需长者自行配备。房间内部适老化设计精细，设有安全扶手、紧急呼叫、圆角设计的家具、方便轮椅使用的台盆、无高差地面、卫浴暖气片、大按键开关面板等。

(a) 82m² 一室一厅

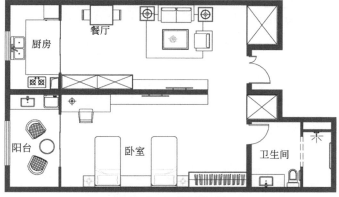

(b) 88m² 一室一厅（中式）

图2.45　上海亲和源迎丰老年公寓户型图

### （2）护理单元

项目二层独立打造失能和失智长者护理区，其中失能护理区32床、失智护理区36床。失能护理区的户型有单人间、双人间、三人间和四人间，其中双人间占比最多，房间均设有独立卫生间。而失智护理区户型主要为单人间，少量双人间配置，房间内部无独立卫生间。

此外，公寓二层还设有一间临终关怀室，让长者在舒适、安谧、尊严中走完人生最后一程。

### （3）项目配套

上海亲和源迎丰老年公寓的配套空间集中分布于地下一层和地上一层。生活类配套主要有养生餐厅和体验式厨房；休闲娱乐配套较完善，包含台球室、乒乓球室、图书室、棋牌室、多媒体教室、健身房和综合文化活动室等。此外，项目还设置了康复运动区、心灵驿站及健康管理中心等康复医疗类配套（图2.46）。

图2.46　上海亲和源迎丰老年公寓配套图

### 3. 交易模式及客户

### （1）养老公寓交易模式

项目的养老公寓有终身会员卡（即熟年卡）和15年租金趸交两种交易模式。其中，终身会员卡可继承、可转让，总价178万元/套，年费根据房间朝向不同，以7万～8万元/套为主；15年租金趸交模式下的一次性租金费用以108万～128万元为主，15年内可退，年费为6.2万元/套，护理费另计（表2.47）。从实际客户购买情况来看，终身会员卡模式相对接受度较高。

表2.47　上海亲和源迎丰老年公寓养老公寓收费标准

| 类别 | 年限和权益 | 卡费/（万元/套） | 房型面积/m² | 年费/万元 | 需护理费用 |
|---|---|---|---|---|---|
| 熟年卡<br>（A卡，全国通用） | 永久卡<br>（可继承、可转让、可回购、2个月旅居权） | 178 | 82（朝南） | 6.68 | 1人：<br>年费+5万元<br>2人：<br>年费+8万元 |
| | | | 88（朝南） | 7.98 | |
| | | | 82（朝北） | 5.68 | |
| | | | 58（朝北） | 3.98 | |
| B卡 | 15年租金趸交<br>（15年内可退） | 108 | 82（朝南） | 6.2 | |
| | | 128 | 88（朝南） | | |
| | | 88 | 82（朝北） | | |
| | | 58 | 58（朝北） | | |

（2）护理单元交易模式

护理单元采用月费模式，主要包含床位费、护理费和餐费，月费标准以合计约10000元/床为主（表2.48）。

表2.48　上海亲和源迎丰老年公寓护理单元收费标准

| 户型 | 床位费/[元/(月·人)] | 护理费/[元/(月·人)] | 餐费/[元/(月·人)] |
|---|---|---|---|
| 单人间 | 3800 | 5000~8000<br>按护理等级收取 | 1000 |
| 双人间 | 2900 | | |
| 四人间 | 2800 | | |

（3）客户情况

上海亲和源迎丰老年公寓自2016年10月开业，截至2018年7月，入住率已达90%，接近满住。目前，项目一直保持接近满住的状态。

从客户来源来看，迎丰老年公寓的客户主要来自上海地区，还包括部分外省客户。从客户退休前职业来看，入住迎丰老年公寓的长者主要为退休干部、高校教师、文艺工作者、医院工作者。

4. 服务体系

上海亲和源迎丰老年公寓针对长者居家及医疗需求提供特色专业的秘书式服务和医养服务。秘书式服务主要包含生活秘书、健康秘书和快乐秘书（表2.49）；而医养服务主要有家庭医生、慢病管理、医疗协助、绿色通道、康复理疗和自助护理（表2.50）。

表2.49　上海亲和源迎丰老年公寓秘书式服务内容

| 类别 | 服务内容 |
|---|---|
| 生活秘书 | 家政（物品清洗、钟点服务），生活用品代买代送，专业配餐，出行（出行陪同）及医疗报销等其他服务 |
| 健康秘书 | ① 提供家庭医生服务，通过日常巡查建立健康档案<br>② 通过日常血压测量、健康咨询、心理疏导等，对会员进行日常健康情况跟踪、记录，以ERP系统为支撑，建立会员健康绿皮书<br>③ 组织、安排月度健康知识讲座<br>④ 组织、落实会员年度体检工作，并建立健全的健康数据管理体系<br>⑤ 代配药、代挂号、陪同就医 |
| 快乐秘书 | ① 组织会员成立各种兴趣小组<br>② 支持和协助兴趣小组定期开展各种活动以营造社区积极向上的文化氛围<br>③ 计划并组织各类游学活动<br>④ 策划并组织全年节庆类联欢、生日会等聚会活动 |

表2.50　上海亲和源迎丰老年公寓医养服务内容

| 类别 | 服务内容 |
|---|---|
| 家庭医生 | 为家庭成员提供医疗保健、用药指导、健康管理和紧急救助等服务 |
| 慢病管理 | 在药物治疗的基础上，对长者进行运动、营养、情绪等多维度的指导，从而提升慢病管理的效果 |
| 医疗协助 | 为长者提供医疗协助，如陪同就医、协助取药、取检查报告等 |
| 绿色通道 | 为长者在预约挂号、日常门诊、专家门诊及预约手术等方面开通专属服务 |
| 康复理疗 | 为长者提供安全、有氧、舒缓的康复理疗服务 |
| 自助护理 | 倡导长者自助服务，全面激发会员潜能，提高生活自理能力，延缓衰老 |

### 5. 小结

上海亲和源迎丰老年公寓是上海亲和源旗下的中高端颐养公寓,是继上海康桥亲和源老年社区之后,将医、养有机融合,服务体系升级的亲和源2.0版本。而且,项目以租赁物业改造为主,投入成本相对可控,产品性价比较高。

##  城市医养综合体案例：鸿泰乐璟会

鸿泰乐璟会是由永泰红磡养老产业发展集团投资开发的高端自理型长者公寓。项目位于上海市长宁区凯旋路558号,隶属于上海中山公园商圈,距离地铁中山公园站只有步行10分钟的路程。项目周边有中山公园、龙之梦购物中心、来福士广场、光华医院等优质资源环绕,配套成熟、优越（图2.47）。

图2.47　鸿泰乐璟会外观图

### 1. 整体规划

鸿泰乐璟会总建筑面积为2.6万平方米,共12层。其中1～2层为3000m²的配套区,包括行政接待区、娱乐休闲区、餐厅等；3～4层为3000m²的护理院,共38张护理床位,科室以中医慢病康复为主；5层以上为长者公寓,共143套。另外,在3层、5层、13层、14层、15层均设有空中花园,与底层绿化景观共同打造了约4000m²的立体花园系统。

### 2. 功能构成

鸿泰乐璟会包含两种产品,其中3～4层为护理院产品,设置19间双人间,配备先进的康复设备,为长者提供多样化的护理服务；5层以上的长者公寓以南向一室户为主力户型,套内面积45m²,每个房间均配备中央空调、地暖、新风,以及由永泰红磡集团旗下"永爱养老"的各种适老化家具,并添加有全楼监控系统、室内声音收集系统、卫生间红外线报警组成的智慧感应系统,为长者提供了安全、舒适的居住环境（图2.48、图2.49）。

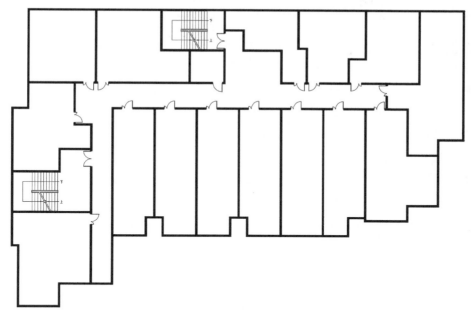

图2.48 鸿泰乐璟会长者公寓标准层

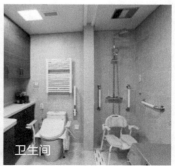

图2.49 鸿泰乐璟会长者公寓室内图

项目配套会所建于1~2层,设有大堂茶吧、咖啡吧、VIP影院、健身房、瑜伽室、台球室等丰富的功能空间,并采用半开放式设计,除此之外还有许多功能型室内空间,如书法室、花艺教室、多功能影音厅、体感互动室,以及集借阅、图书、交流文化和上网功能于一体的图书馆等(图2.50)。在丰富配套的基础上,项目还成立了乐璟文化学堂,特聘各领域的文化名人担任客座教授,设置绘画、书法、手工制作、摄影、烘焙、盆栽种植等多种休闲娱乐课程。2层还设有约500m²的自助餐厅以及家庭展示厨房、少量VIP包房,可满足约120余位长者同时用餐,每日提供自助式"三餐两点"及私人定制等餐饮服务(图2.51)。

3. 交易模式

目前,鸿泰乐璟会项目主要采用月费交易模式。自理公寓收费标准为1.9万~2.8万元/(人·月);护理院收费标准为2.5万~4万元/(人·月)。截至2019年底,项目共入住约100位长者,其中自理长者占绝大部分。

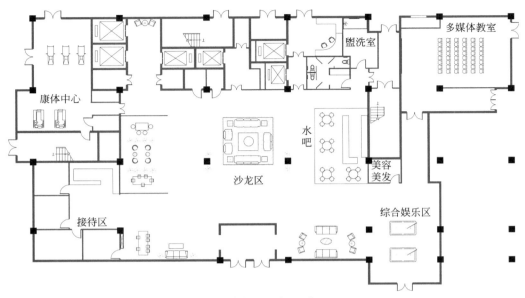

图2.50　鸿泰乐璟会1层会所平面

图2.51　鸿泰乐璟会配套会所室内图

#### 4. 服务体系

鸿泰乐璟会的服务体系包含四大模块，针对自理、护理长者提供定制化养老服务。

（1）乐年华自理服务体系

项目以上海滩"老克勒"生活情怀为宗旨，还原读书会、交际舞会、英语角等经典"老克勒"生活方式；同时鼓励长者自建乐璟兴趣社，并由社交管家组织活动，以更优质的社交圈层，成就长者的精彩晚年生活。

（2）尚食源餐饮服务体系

项目自创营养膳食管理系统，每道菜品设定标准食用量，收集长者每餐的饮食数据。系统定期生成数据分析报告，并诚聘国家级糕点师和五星级酒店厨师制作老上海怀旧糕点和特色菜系。

（3）耆爱会医疗服务体系

项目倡导"生活-生存、预防-治疗"的理念，通过基础医疗、中西医结合康复、急诊转诊、专家会诊，构建三级健康管理体系。

（4）润璟心护理服务体系

项目秉承南丁格尔奖获得者精神组建专业护理团队，从长者常见的日常问题着手，打造具有康复功能的六大护理体系，用爱让每位长者享有生命的尊严。

#### 5. 小结

鸿泰乐璟会选址上海中山公园商圈，区位优越，让入住长者感觉并未脱离城市与社会，依旧能够享受到上海的繁华与便利。项目依托护理院定位，借助与医疗体系衔接紧密的健康管理平台，通过输出快乐生活、健康养生、保健医疗、康复护理、长期照料等定制化的专业服务，为入住长者提供医养相结合的颐养关怀及呵护。

# 第三章
# CCRC 的选址策略

CCRC 具备较强的地产属性,与土地有着天然的联系,如何获取优质且性价比高的土地是投资商首先需要面对的问题。与住宅项目不同,养老社区相对特殊的客群决定了一个养老社区项目的选址需要有层次地回答两个问题,即进入哪个城市与选择怎样的土地。本章将就 CCRC 选址中涉及的城市、区位与用地性质等因素展开分析。

## 第一节 城市与区位选择

### 一、城市选择

评价与衡量一个城市是否适合开发、运营养老项目是一个系统性的工作,其中涉及经济、政策、竞争等诸多考虑因素。但我们可以相对简化地根据人口老龄化水平、城市经济水平和目标客群容量这三大要素来进行初步的可行性研判。

首先,人口老龄化率决定了一个城市养老客群的基数,而且常住人口老龄化率更能准确地反映养老的真实需求。但目前我国的统计口径并不统一,在常住人口老龄化率缺失的情况下,我们往往以户籍人口老龄化率来衡量一个城市的人口老龄化水平。户籍人口老龄化率是官方统计老龄化率的统一指标,相较于常住人口老龄化率,也更适用于多个城市间老龄化水平的横向对比。其次,城市经济水平在一定程度上决定了城市居民包括城市老龄人口的收入水平、储蓄情况、退休工资水平等。因此,人均 GDP 可以作为衡量城市经济发展水平的重要依据。而目标客群容量这一指标很难被量化,尚无统一的官方统计口径。从目前国内养老社区的实际入住情况来看,科教文卫单位、政府部门、事业单位的退休群体占比显著,具有养老观念开放、支付意愿高等共性特征,是典型的 CCRC 客群。因此,我们可以通过一个城市的高等院校、医院和科研机构等相关单位的集聚程度侧面评估这一指标。

从我国 CCRC 项目的分布格局来看也的确如此。我国的典型 CCRC 项目集中分布于长三角、珠三角、京津冀及川渝地区,如北京、天津、上海、杭州、成都、武汉、西安、广州等城市。从这些地区的城市环境来看，多数城市老龄化率高，户籍老龄化率（60岁以上老年人口占比）超20%；且人均GDP水平较高，普通高校及三甲医院等的数量也位于全国前列（表3.1）。

表3.1 我国典型养老社区主要供应城市的环境对比

| 城市 | 户籍人口老龄化率/%（2018年） | 城市经济水平（人均GDP）/万元（2018年） | 高知客群容量（2017年） |
| --- | --- | --- | --- |
| 北京 | 25.4 | 13.97 | 普通高校92所，三甲医院约30家 |
| 上海 | 34.4 | 13.5 | 普通高校64所，三甲医院约24家 |
| 杭州 | 22.5 | 14.3 | 普通高校39所，三甲医院约14家 |
| 成都 | 21.3 | 9.56 | 普通高校56所，三甲医院约26家 |
| 武汉 | 21.3 | 13.6 | 普通高校84所，三甲医院约36家 |

注：数据来源于《北京市老龄事业发展报告（2018）》、上海市政府新闻发布会、《杭州市2018年老龄事业统计公报》《成都市2018年老年人口信息和老龄健康事业发展状况报告》《2018年武汉人口老龄化形势分析》，以及国家统计局、各城市2018年统计年鉴、国家卫计委公布的数据。

## 二、区位地段

CCRC项目具体地段的选择应从长者养老需求的角度出发，重点考虑区位地段、交通可达性、周边医疗、生活及景观配套等因素。

首先，CCRC主要面向活跃健康长者，这类客户对于优越的生态环境较为敏感，对于是否为城市核心区域则敏感度不高；但便捷的交通条件必不可少，项目邻近地铁站或公交站不仅便于子女探望长者，同时也便于长者日常出行，为长者回归原有生活环境与维系原有社会关系创造条件。一般来说，CCRC主要辐射的客群范围在10km左右，最远即为距离项目1小时车程的范围。

其次，地块3km范围内宜有优质的医疗配套与较为成熟的生活配套。三甲医院等医疗资源为长者出现突发状况时的紧急就医免除了后顾之忧；项目周边的生活配套可增加社区居住氛围，便于长者的日常采购，也可以加强长者与外界的联系。

可以说，一个CCRC项目的选址需要满足"1235"要素。"1"是指1小时车程范围内覆盖目标客群集聚地；"2"是指2km范围内具有公园、绿地、湖泊水系等优质景观资源，且无污染源和噪声源等不利因素；"3"是指3km范围内拥有二级以上医院等医疗配套，方便就诊与急救；"5"是指5分钟步行范围内可达商超、餐饮、药店等基础生活配套。满足上述"1235"要素即可视为一个CCRC项目的较佳选址。

## 第二节　用地规模

新建养老社区项目大多位于城市新区或具有一定景观禀赋的郊区，规划选址条件往往相对宽松，但也容易陷入一味求大的开发误区当中。通过对国内外各类养老社区项目的横向研究发现，一般可建设用地的面积超过二三十公顷之后，仅进行单纯的养老业态开发就很容易带来销售去化慢、社区入住率低、配套活力弱等问题。因此，对于CCRC项目的开发尤其是老年客户属性明确的养老社区项目，控制合理的土地规模是很有必要的。

首先，继原国土资源部2014年4月制定《养老服务设施用地指导意见》后，2019年11月发布的《自然资源部关于加强规划和用地保障支持养老服务发展的指导意见》中再次明确"敬老院、老年养护院、养老院等机构养老服务设施用地一般应单独成宗供应，用地规模原则上控制在3公顷以内……鼓励养老服务设施用地兼容建设医卫设施，用地规模原则上控制在5公顷以内。"这在政策层面给单幅养老社区用地规模约束了上限。

其次，养老社区用地规模的控制也与老年客户的自身特点息息相关。老年人的步行特征和活动范围决定了单个养老社区项目的土地规模与尺度不宜过大。考虑到过大的社区地块往往导致步行距离超过了适宜范围，不仅不方便，也更容易让老年人因出行产生心理上的消极影响，进而影响社区的整体活力。根据经验来看，社区内最远楼栋到养老会所的距离应控制在200～250m，保证老年人步行3～5分钟内可达。

综上所述，对于城市型CCRC项目，考虑到地块供应规模有限，地价较高，用地规模建议在10～20亩为宜；对于城市近郊型CCRC项目，用地边长控制在200～300m，用地面积在100亩左右较为合适；对于城市远郊，康养地产类项目等超大盘的开发，用地规模以200亩以上为宜，产品多类型组合，以组团为单元，与片区级的公共配套设施（例如医院、学校、集中商业等）进行有机整合，自然生长（表3.2）。

表3.2　CCRC项目用地规模建议

| 区位 | 项目类型 | | 占地面积/亩 | 建筑面积/m² |
|---|---|---|---|---|
| 城市中心区 | 城市型 | CCRC | 10～20 | 20000～40000 |
| 城市次中心区 | 近郊型 | CCRC | 约100 | 70000～120000 |
| 城市郊区 | 远郊型 | 康养地产 | ≥200 | ≥200000 |

## 第三节 用地性质选择

从目前已入市的养老项目来看,其用地类型多种多样,如医疗卫生用地、社会福利用地、商业用地、集体建设用地、北京地区特有的F3其他类多功能用地以及工业用地等。从养老项目的取地、报批报建、开发以及运营的全过程来看,上述用地性质各有利弊。下面将对各种用地类型做具体说明。

为了便于理解与表述,我们将上述可用于CCRC项目开发的土地划分为保障类用地、经营类用地与工业类用地三种类型。

### 一、保障类用地

保障类用地主要是指根据相关政策、法规,明确可以建设相关养老服务设施的用地,主要包括医疗卫生用地(A5)、社会福利用地(A6)、养老设施用地(A61)等(表3.3)。常规情况下,上述用地是大多数城市的总体规划中均有专项规划且在政策上优先保障土地供给的用地类型。可以说,保障类用地"根正苗红",通常情况下取地成本低,划拨、协议出让与挂牌出让均有较为清晰的土地获取路径,后续配套的城市建设管理政策与设计规范较为清晰,方案报批报建、资质审批等也都顺理成章,但对于养老项目而言,其盈利模式也会受到限制,一般均为非营利属性。

表3.3 保障类用地的具体分类

| 类别代码 | | 类别名称 | 内容 |
| --- | --- | --- | --- |
| A | | 公共管理与公共服务设施用地 | 行政、文化、教育、体育、卫生等机构和设施的用地,不包括居住用地中的服务设施用地 |
| A5 | | 医疗卫生用地 | 医疗、保健、卫生、防疫、康复和急救设施等用地 |
| | A51 | 医院用地 | 综合医院、专科医院、护理院、社区卫生服务中心等用地 |
| | A52 | 卫生防疫用地 | 卫生防疫站、专科防治所、检验中心和动物检疫站等用地 |
| | A53 | 特殊医疗用地 | 对环境有特殊要求的传染病、精神病等专科医院用地 |
| | A59 | 其他医疗卫生用地 | 急救中心、血库等用地 |
| A6 | | 社会福利用地 | 为社会提供福利和慈善服务的设施及其附属设施用地 |
| | A61 | 养老设施用地 | 为老年人提供居住、康复、保健等服务功能的设施用地,包括养老院、敬老院、护养院等 |

注:资料来源于2018年发布的《城乡用地分类与规划建设用地标准(修订)(征求意见稿)》(GB 50137)。

2014年制定的《养老服务设施用地指导意见》中首次界定了养老服务设施的用地范围、用地性质、用地年限以及供地方式,并明确规定养老服务设施用地应当纳入国有建设用地供应计划，但该政策目前已过有效期。2019年，自然资源部发布了《关于加强规划和用地保障促进养老服务发展的意见（征求意见稿）》（以下简称）《意见》），根据原《养老服务设施用地指导意见》进行了更新修改。新《意见》将养老服务设施用地定义为"专门为老年人提供生活照料、康复护理、托管照护、医疗卫生等服务、不可分割销售的房屋和场地设施占用的土地，包括养老院、养护院、敬老院、托老所、社区养老服务中心、日间照料中心等。"

此外，该《意见》依据国土空间规划和国家标准《土地利用现状分类》（GB/T 21010—2017），对养老服务设施用地的用途与年限进行了界定。《意见》明确指出："规划土地用途为社会福利用地的可单独布局养老服务设施用地；规划土地用途兼容养老服务设施用地的，在不影响其主用途的情况下，可以安排养老服务设施用地；其他用途土地只能配套建设养老服务设施用房并分摊相应的土地面积。养老服务设施用地以出让方式供应的，其使用权出让年限不得超过50年；以租赁方式供应的，其租赁年限不得超过20年。"

保障类用地的取得方式包括划拨和土地出让。公办、民办、境外资本需投资建设非营利性养老服务项目才有资格依法申请以划拨方式取得国有建设用地。目前，以保障类用地开发建设养老项目是大多数开发商和运营商的主流选择之一（表3.4）。

表3.4 保障类用地典型养老项目

| 项目名称 | 取地时间 | 用地性质 | 取得方式 | 备注 |
| --- | --- | --- | --- | --- |
| 杭州金色年华老年公寓 |  | 社会福利用地 | 土地划拨 | 项目先期只支付了政府拆迁、补偿等土地取得费用，后期为了销售物业长期租赁权，向政府补交了土地出让金，但只获得大产权证 |
| 上海新东苑快乐家园 | 2013年6月 | 其他公共设施用地C9（养老） | 土地出让 | 上海首块公开出让的养老用地 |
| 杭州曜阳国际老年公寓 |  | 社会福利用地 | 土地划拨 | 红十字基金会以从事老年公益项目为由，申请获得的政府"照顾性"划拨用地 |
| 上海太平梧桐人家 | 2014年3月 | 医疗卫生用地、商业/办公用地 | 土地出让 | —— |
| 前海人寿幸福之家养老院 | 2014年4月 | 社会福利用地 | 土地出让 | 2014年4月，全国首例养老设施用地成功出让 |
| 南京银城君颐东方 | 2015年1月 | Rab老年公寓用地（住宅）、A5医疗卫生用地 | 土地出让 | 南京市土地利用现状分类与规划用地中规定Rab为老年公寓用地 |
| 北京首创顺义17街区养老项目 | 2015年2月 | 养老设施用地 | 土地出让 | —— |
| 北京中铁华侨城和园养老模块 | 2015年12月 | 养老设施用地 | 土地出让 | —— |
| 沈阳华润润馨汇 | 2016年12月 | 社会福利用地 | 土地出让 | 沈阳首宗通过招拍挂方式出让的社会福利用地 |

续表

| 项目名称 | 取地时间 | 用地性质 | 取得方式 | 备注 |
|---|---|---|---|---|
| 北京夏各庄中玺水印养老社区 | 2017年4月 | 养老设施用地 | 土地出让 | — |
| 华润南宁悦年华 | 2017年8月 | 地块1：城镇住宅用地、批发零售用地<br>地块2：社会福利用地（南宁首宗养老地块）<br>地块3：医院用地 | 土地出让 | 南宁首宗养老地块，地块有附加出让条件，详见后文具体介绍 |

## 二、经营类用地

经营类用地一般包括商业服务业设施用地、集体建设用地以及北京地区特有的F类多功能用地等。

1. 商业服务业设施用地

整体来看，医疗卫生用地、社会福利用地、养老设施用地等保障类用地供应紧缺，往往难以纳入重点规划用地，同时其经营属性、盈利模式等限制条件较多。因此，通过获取商业服务业设施用地用于养老项目开发的做法也较为常见，如商业用地中的旅馆用地、商务用地及其他服务设施用地（表3.5）。但除旅馆用地外，多数商业服务业设施用地不具备居住属性，后续申请养老机构的难度较大。一般前期以办公属性报批，后期或调整使用用途作为长租型养老公寓运营，或经改造满足养老服务设施的相关建筑设计、消防、环评等条件。

表3.5　商业服务业设施用地具体分类

| 类别代码 | | | 类别名称 | 内容 |
|---|---|---|---|---|
| B | | | 商业服务业设施用地 | 商业、商务、娱乐康体等设施用地，不包括居住用地中的服务设施用地 |
| | B1 | | 商业用地 | 商业及餐饮、旅馆等服务业用地 |
| | | B14 | 旅馆用地 | 宾馆、旅馆、招待所、服务型公寓、度假村等用地 |
| | B2 | | 商务用地 | 金融保险、艺术传媒、研发设计、技术服务等综合性办公用地 |
| | B9 | | 其他服务设施用地 | 非公益性的业余学校、培训机构、医疗机构、养老机构、宠物医院、通用航空、汽车维修站等其他服务设施用地 |

注：资料来源于2018年发布的《城乡用地分类与规划建设用地标准（修订）（征求意见稿）》（GB 50137）。

另外，《关于鼓励民间资本参与养老服务业发展的实施意见》（民发〔2015〕33号）也明确支持民间资本对商业设施及其他可利用的社会资源进行整合和改造，以用于养老服务。

目前，通过获取商业服务业设施用地用于开发养老项目的案例较多，典型的有万科随园嘉树、泰康之家系列、天地健康城等（表3.6）。

表3.6 商业服务业设施用地典型养老项目

| 项目名称 | 取地时间 | 用地性质 | 取得方式 | 备注 |
|---|---|---|---|---|
| 万科海上明月 | 2015年9月 | 商业用地（其中50%为养老机构用房）、居住用地 | 土地出让 | 出让条件：商业用房（含配套服务用房）建筑面积占地上总建筑面积的比例为30%，其中50%为养老机构用房。养老机构类型为居养型养老机构，护理型床位占比要求达到10%以上。除养老机构用房外，其余均可预（销）售、分割转让 |
| 绿地国际康养城 | 2010年10月 | 商业用地 | 土地出让 | — |
| 泰康之家申园 | 2012年12月 | 商业/办公用地 | 土地出让 | — |
| 国寿嘉园雅境 | 2013年8月 | 住宿餐馆用地（养老） | 土地出让 | 出让条件：全球企业500强；地上建筑建成后，须全部用于建设养老设施，且须由竞得人长期持有，不得分割出售；竞得人须为该项目引进一家管理着5家以上养老社区的国内或国外知名的养老社区运营管理公司，负责项目的运营管理 |
| 宁波星健兰庭 | 2014年10月 | 商服用地（养老用房用途） | 土地出让 | — |
| 成都泰康蜀园 | 2015年9月 | 商业用地 | 土地出让 | 成都首个养老专项地块。出让条件：根据温江区养老产业规划要求，该宗地范围内的国有建设用地应用于养老（疗养）设施建设 |
| 招商杭州半山田园 | 2017年4月 | 商业用地 | 土地出让 | 自持比例100%，配建养老设施用房面积2500m² |

利用商业服务业设施用地开发养老社区存在两种情况：一种是主动选择，另一种是被动选择。从典型项目的土地出让条件可以看出，有些地块定向出让明显，开发商提前与当地政府部门沟通出让条件，设置竞争壁垒以便顺利获取土地，如国寿嘉园雅境、成都泰康蜀园、宁波星健兰庭等。这种多为企业基于养老战略下的主动选择，而当地政府也有意愿选择开发实力强、运营经验丰富的品牌企业来进行养老项目的开发，以达成共赢。

主动选择的另一种情况是开发商出于房地产项目的整盘考虑，通过植入一定养老属性的产业功能，如健康产业、养老公寓、养老机构等提高以较低价格获取大规模土地的能力，如绿地健康城、恒大养生谷、万科海上明月等项目。

另一种情况则相对被动，近年来随着国有建设用地出让模式向"限地价，竞配建，竞自持"的趋势发展，很多开发商手中均有部分持有型商业用地，但根据地块区位、周边配套条件，并不适宜开发酒店、写字楼、集中式商业或酒店式公寓等物业类型，因此，养老社区项目也会成为其破局的重要考虑之一。例如，2016年某地产公司取得上海市松江区地块，出让条件要求自持建筑面积不低于80%的商业物业、不少于20年。由于该地块地段相对偏僻、周边无重要产业支撑，因此不具备开发酒店、酒店式公寓或大体量商业类产品的条件和优势。因此，综合考虑地块资源和出让条件，该公司决定以养老社区为突破点，将该地块打造成CCRC产品。

2. 集体建设用地

集体建设用地是指乡（镇）村集体经济组织和农村个人投资或集资，进行各项非农业建设所使用的土地，可分为宅基地、公益性公共设施用地和经营性用地三大类。

依照《中华人民共和国土地管理法》《关于加强规划和用地保障促进养老服务发展的意见（征求意见稿）》等法律、法规的规定，当前养老服务设施使用集体建设用地主要分为两种情形。

（1）农村集体经济组织及其内部成员自办或以使用权入股、联营等方式与其他单位和个人合作兴建养老服务设施。

2019年修订的《中华人民共和国土地管理法》第六十条规定："农村集体经济组织使用乡（镇）土地利用总体规划确定的建设用地兴办企业或者与其他单位、个人以土地使用权入股、联营等形式共同举办企业的，应当持有关批准文件，向县级以上地方人民政府自然资源主管部门提出申请，按照省、自治区、直辖市规定的批准权限，由县级以上地方人民政府批准。"

2019年6月，《关于加强规划和用地保障促进养老服务发展的意见（征求意见稿）》则指出："农村集体经济组织可依法使用建设用地自办或以土地使用权入股、联营等方式与其他单位和个人共同举办养老服务设施。"

（2）通过流转政策及相应养老政策支持等，获取集体建设用地兴建养老服务设施。

2019年6月，《关于加强规划和用地保障促进养老服务发展的意见（征求意见稿）》中明确按照国家统一部署，在符合国土空间规划、严格用途管制和依法取得的前提下，允许农村集体经营性建设用地入市用于养老服务设施建设。

2020年1月，新修订的《中华人民共和国土地管理法》规定："土地利用总体规划、城乡规划确定为工业、商业等经营性用途，并经依法登记的集体经营性建设用地，土地所有权人可以通过出让、出租等方式交由单位或者个人使用。"这意味着我国的非农建设用地不再"必须国有"，符合规定的集体经营性建设用地可直接进入建设用地市场。

由此可见，受限于集体建设用地特殊的土地性质，养老项目的投资开发模式主要有集体经济组织自主开发、开发企业与集体经济组织合作开发、开发企业自主开发等较为常见的模式（表3.7）。

表3.7 集体建设用地养老项目开发模式

| 开发模式 | 具体操作 |
| --- | --- |
| 集体经济组织自主开发 | 《关于加强规划和用地保障促进养老服务发展的意见（征求意见稿）》规定，农村集体经济组织可依法使用建设用地自办养老服务设施 |
| 开发企业与集体经济组织合作开发 | 由集体经济组织提供项目用地，开发企业提供资金，合作建设养老服务设施 |
| 开发企业自主开发 | 开发企业按照国家及当地相关集体土地流转规定，从集体经济组织处取得集体建设用地使用权后，方可进行养老机构的开发建设。在这种开发模式下，集体经济组织会向开发企业让渡集体建设用地使用权，具体的让渡方式需视当地政策而定 |

 小贴士

> **各地集体建设用地养老项目开发相关政策**
> ① 广东：《广东省集体建设用地使用权流转管理办法》。
> a. 集体经济组织可以集体土地作价出资等方式与开发企业进行合作开发。
> b. 可通过出让、转让和出租等方式取得集体建设用地使用权。
> ② 山东：《关于进一步推进农村闲散土地盘活利用的通知》。
> 在满足规划和用途管制的前提下，鼓励集体经济组织以自营、出租、入股、联营等方式，将盘活的闲散土地用于发展乡村民宿、健康养老等产业融合发展项目。

### 3. F类多功能用地（北京地区特有）

为适应市场经济条件下城市建设的变化特点，防止北京城镇化发展重速度、轻质量的问题，《北京新城控制性详细规划（地块层面）编制要求》中提出规划F类多功能用地，以增强建设用地的兼容性，集约高效地利用土地（表3.8）。

表3.8 F类多功能用地具体分类

| 类别代号 | 类别名称 | 范围 |
| --- | --- | --- |
| F | 多功能用地 | 数种互无干扰的设施的混合用地 |
| F1 | 住宅混合公建用地 | 以居住为主导性质，兼容公建 |
| F2 | 公建混合住宅用地 | 以公建为主导性质，兼容居住 |
| F3 | 其他类多功能用地 | 除居住之外的其他设施的混合用地 |

目前，北京以F类多功能用地开发的养老项目有恭和家园（F3其他类多功能用地）、泰康之家燕园（F1住宅混合公建用地）等（表3.9）。

表3.9　F类多功能用地养老项目典型案例

| 项目名称 | 用地性质 | 取得方式 | 备注 |
| --- | --- | --- | --- |
| 北京恭和家园 | F3其他类多功能用地 | 土地出让 | ① 地上建筑面积要求自持比例不低于50%，且持有年限不低于20年，20年后如需转让或分割销售，须征得区政府同意<br>② 本项目多功能用地建设以养老、医疗、教育、商业功能为主<br>③ 业态组成：国际学校占地3.4万平方米，包含建筑面积1.97万平方米的校舍、1.13万平方米的教师公寓和一个带有400米跑道的操场；养老家园占地4.4万平方米，建筑面积约8.5万平方米，床位约900张；商业占地约1万平方米，建筑面积约1.85万平方米<br>④ 三个业态间的内部红线由业主自行划分 |
| 泰康之家燕园 | F1住宅混合公建用地、R53托幼用地 | 土地出让 | — |

## 三、工业类用地

在工业类用地上开发养老项目的案例相对较少，此类用地在大型城市中基本为存量土地或物业，以存量工业物业改造项目居多。

在工业类用地上开发养老项目，最为典型的案例即为上海某养老项目，通过前期变更工业用地土地性质实现养老项目开发。上海某养老项目土地通过出让方式获得，项目的土地性质为50年工业用地，但项目规划并未以工业项目立项，而是后期将土地用途变更为公共建筑用地。根据原《中华人民共和国土地管理法》的规定，政府对城市土地实行用途管制，建设在工业用地或是作为公共建筑的房地产项目依法不能取得预售许可证和办理产权证。因此，该项目采用记名会员制的交易模式以回收投资。

在大中型城市产业升级、提质增效的背景下，目前的养老项目以利用存量工业用地与物业资源为主，并陆续出台相关政策文件对整合、利用工业用地提出支撑，以达到工业用地再利用与资源盘活的效果。2016年10月民政部等十一部委发布《关于支持整合改造闲置社会资源发展养老服务的通知》指出，目前利用增量或存量工业用地开发养老项目，可先建设后变更土地使用性质，改造方案经所属政府批准并报相关部门备案后，且连续经营一年以上的，五年内可不增收土地年租金或土地收益差价，土地使用性质可暂不作变更。《关于加强规划和用地保障促进养老服务发展的意见（征求意见稿）》指出，对利用存量资源建设养老服务设施实行过渡期政策：工业用地等存量用地在不改变用地主体的条件下，可在五年内继续按土地原用途和权利类型使用过渡期政策。

各地方政策也积极鼓励利用存量工业用地增加养老服务供给。例如，上海市于2019年5月1日起实施《促进和规范利用存量资源加大养老服务设施供给的工作指引》，主要针对存量商业、办公用房，工业、仓储用房，转型中的党政机关和国有企事业单位举办的培训中心等,以及其他适合用于作为养老服务设施的存量资源。其中,存量工业用地转型的具体实施路径如图3.1和表3.10所示。

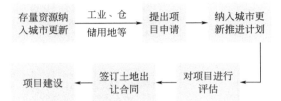

图3.1　存量工业用地改造的实施路径

表3.10　上海存量工业用地转型养老服务设施用途的优惠政策

| 序号 | 优惠政策说明 |
| --- | --- |
| 1 | 鼓励存量资源优先通过城市更新转型为养老服务设施。权利人可按照本市城市更新实施办法、盘活存量工业用地实施办法及养老设施规划等相关文件规定,在规划评估和民政部门认定的基础上,调整规划土地性质,通过存量补地价的方式,签订土地出让补充合同,按新的用地性质开发建设养老服务设施,并可享受城市更新相关支持优惠政策 |
| 2 | 在规划评估和民政部门认定的基础上,临时改变存量资源建筑使用功能的,可暂不变更土地用途和使用权人 |
| 3 | 对营利性养老服务机构临时利用存量建设用地从事养老服务设施建设,涉及划拨建设用地使用权出让(租赁)或转让的,在原土地用途符合规划的前提下,可不改变土地用途,允许权利人补缴土地出让金(租金),办理协议出让或租赁手续 |
| 4 | 利用存量资源兴办的养老服务设施,经民政部门认定,可按照有关规定享受养老服务设施建设补助、运营补贴,以及税费减免、水电气与有线电视费用优惠等政策 |

注:表中内容参考《促进和规范利用存量资源加大养老服务设施供给的工作指引》。

在实际操作过程中,近几年来,企业利用工业用地从事养老设施建设的项目也日益增多,如芜湖康谷小镇项目和北京市石景山区寿山福海养老服务中心等。

未来,随着相关行政审批规范、审批手续的成熟,会有更多利用工业用地建设的养老项目入市,在盘活城市土地资源的同时有效地增加养老项目的用地供给。

## 四、小结

综上所述,可建设养老项目的土地主要有保障类用地、经营类用地与工业类用地等,且各有利弊。投资方可根据具体情况选择适宜的土地类型,达到项目效益的最大化。

① 保障类用地如社会福利用地、医疗卫生用地等,可通过国有土地划拨和出让的形式获取,一般情况下获取土地的成本较低,且其规划设计须严格遵循养老服务设施设计的相关规范;但与此同时,此类项目一般为非营利性质,对于社会资本来

说，应谨慎以划拨形式获取用地。因其资产及运营均为非营利性质，无法享受资产增值红利，且后续如涉及二次转让，难度也较大。

② 经营类用地如商业服务业设施用地、集体建设用地及北京特有的F类多功能用地可通过出让或合作开发的方式取得。商业服务业设施用地如明确规定仅作养老用途的，需按照养老设施的相关规范进行规划设计。

旅馆用地包括宾馆、旅馆、招待所、服务型公寓、度假村等用地。此类用地具备居住属性，地价相对较低，具体有两种操作方式：一是不考虑获取养老牌照和相关补贴，以自理型公寓运营；二是考虑获取养老牌照和相关补贴，则在设计阶段需满足养老建筑设计、消防等相关规范要求。

利用商办类用地做养老项目也较为常见，但其不具备居住属性。较旅馆用地来说，其后续申请养老机构难度较大，一般前期以办公属性报批，后期调整使用用途，作为长租型养老公寓运营。相对而言，未限定养老用途的商业用地在产品规划上更为灵活。实际操作中，若有部分房源达不到养老设施建设标准，也可以商业、办公、物业用房等属性报批。但利用集体建设用地开发的养老项目，存在融资难度较大，以及产权稳定性欠佳等风险。

③ 工业类用地在大型城市中基本为存量土地，集中在大型国企或集体企业中，可通过出让或存量土地收储再入市获取。目前，各地方政府对于工业类用地做养老项目的政策扶持力度不一，特别是核心城市多以发展产业经济为主，对亩产税收要求较高，因此在工业类用地上开发养老项目建议提前与当地政府沟通，尽量调整用地性质。

## 第四节 取地策略

CCRC项目获取土地的主要方式有两种：①单一养老性质用地；②复合型养老用地（即"养老+"项目用地）。在不同用地性质及取地方式下，取地条件与策略也会有所差异。下文将通过典型案例进行分析与阐述。

### 一、单一养老性质用地

单一养老性质用地可以是社会福利用地、医疗卫生用地，也可以是明确建设内容的商业用地等。典型项目包括温州宏地亲和雅园、泰康之家系列养老社区。

1. 温州宏地亲和雅园

温州宏地亲和雅园是浙江宏地置业集团开发的城市型CCRC项目。项目位于温州市龙湾区的核心地段，距离龙湾区政府仅1km，附近有瓯海大道、龙江路等主干道路连通主城，且周边商业及医疗配套发展完善，生活气息浓厚（图3.2）。

图3.2 温州宏地亲和雅园鸟瞰图

该项目整体占地43501$m^2$，建筑面积约87000$m^2$，内部规划养老公寓、护理大楼及医院，其中养老公寓规划约1000套，打造一室及两室户型。项目已于2017年11月开盘，采用终身会员卡交易模式，会员卡的权益可继承、可转让，但不可退。根据市场调研，2019年项目销售均价约11000元/$m^2$，约为周边新房价格的60%。温州宏地亲和雅园的地块经济技术指标及取地条件如表3.11和表3.12所示。

表3.11 温州宏地亲和雅园地块主要经济技术指标

| 项目 | 内容 |
| --- | --- |
| 地块编号 | 永强北片区瑶溪南单元12-G-08地块 |
| 地块位置 | 龙湾区永中街道龙华村、青山村 |
| 出让面积 | 43501.4$m^2$ |
| 土地用途 | 其他商服用地（养老机构用地） |
| 规划使用性质 | 社会福利用地兼容医疗卫生用地 |
| 出让年限 | 40年 |
| 起始价 | 7050万元 |
| 成交价 | 7060万元（约811元/$m^2$） |
| 容积率 | ≤2.0 |
| 建筑密度 | ≤30% |
| 绿地率 | ≥35% |

表3.12　温州亲和雅园取地条件

| 项目 | 说明 |
| --- | --- |
| 条件一 | 该地块建设用地使用权可以整体转让，不得分割转让或销售，不得改变规划确定的用地性质、功能及用途；改变用途用于住宅、商业等房地产开发的，由国家依法收回建设用地使用权 |
| 条件二 | 该地块建设必须符合《老年人建筑设计规范》（JGJ 122—99）、《老年养护院建设标准》（建标144—2010）、《老年人社会福利机构基本规范》（MZ 008—2001）中的规定 |
| 条件三 | 设置床位数不低于1800张且护理型床位达到60%以上，且提供不少于90张护理型床位供政府优先使用（养老机构建成投入使用后，前10年相关费用按照温州市社会福利院同期收费标准执行，10年后另行协商）；套内面积不超过60m$^2$ |
| 条件四 | 向符合养老申请条件的老年人出租老年公寓、宿舍等居住用房，出租服务合同约定服务期限一次最长不超过5年，期限届满后，原承租人有优先承租权 |

可以看出，温州宏地亲和雅园通过土地出让获取地块，土地用途为其他商服用地，但其使用性质限制为社会福利用地兼容医疗卫生用地。同时，项目取地条件中明确规定了规划床位数量和户型面积等，并对交易模式提出了限制条件。

2. 成都泰康之家蜀园

成都泰康之家是泰康旗下的高品质连锁养老机构。项目位于成都温江国际医学城内，距离成都市中心约30分钟车程。温江国际医学城是四川省内重点打造的高品质健康产业区域，区域内医疗资源优越，包括华西医院温江园区、八一康复中心等优质的医疗配套（图3.3）。

图3.3　成都泰康之家蜀园鸟瞰图

成都泰康之家蜀园整体占地约77000m²，地上建筑面积约169000m²。项目规划有养老公寓、护理单元和康复医院。其中养老公寓1100余户，护理单元500余户。项目分期开发，一期规划了200套养老公寓和195套护理单元。项目已于2018年3月开业。成都泰康之家蜀园的地块经济技术指标及取地条件如表3.13和表3.14所示。

表3.13 成都泰康之家蜀园地块主要经济技术指标

| 项目 | 内容 |
| --- | --- |
| 地块编号 | WJ2015-15（211） |
| 地块位置 | 温江区永宁镇城武社区十组和十一组 |
| 出让面积 | 76541.17m² |
| 土地性质 | 商业用地 |
| 出让年限 | 40年 |
| 成交价 | 11366万元（594元/m²） |
| 容积率 | ≥1.5，≤2.5 |
| 建筑密度 | ≤57% |
| 绿地率 | ≥30% |

表3.14 成都泰康之家蜀园取地条件

| 项目 | 说明 |
| --- | --- |
| 条件一 | 根据温江区养老产业规划要求，该宗地范围内的国有建设用地应用于养老（疗养）设施建设 |
| 条件二 | 竞得人只能建设养老（疗养）服务项目及配套设施，建设的养老（疗养）社区计容建筑面积须不少于15万平方米，竞得人须全部自持项目物业（即计入容积率的总建筑面积全部自持） |

成都泰康之家蜀园获取40年商业用地，土地用途限制为只可建设养老服务项目及配套设施，并明确100%自持比例。

通过获取单一养老性质用地建设养老社区项目，其取地成本相对更低，但在取地条件的设置上也会有更详细的要求，如床位数量、土地用途、建设内容、交易模式等，需要提前介入与相关政府部门进行沟通，以便高效、顺利地获取土地。

## 二、复合型养老用地（"养老+"项目用地）

"地产+养老"的模式已成为地产开发商的取地策略之一，可降低整体的土地成本，同时养老及相关配套设施建设内容的要求也可形成有效的竞争壁垒。

复合型养老用地的出让可分为两种方式：一是地块整体出让，典型项目有临安璞樾大观康养综合体、万科海月随园嘉树等；二是分割捆绑出让，典型项目有华润南宁悦年华颐养社区、普陀山海大观康养综合体等。

1. 地块整体出让

（1）临安璞樾大观康养综合体

临安璞樾大观康养综合体位于杭州市临安区锦北街道双林高教功能区内。项目背靠西径山国家级风景区，自然湖山资源优越，靠近杭临轻轨，区位优势较明显。项目整体用地11万平方米，计容建筑面积13.5万平方米，除住宅以外还包括33000m² 养老公寓、7000m² 颐养机构及养老配套区。其中，配套内容包括康复护理院、健康管理中心、餐厅、阅览室、多功能厅等，康养设施完善。临安璞樾大观康养综合体的地块经济技术指标及取地条件如表3.15和表3.16所示。

表3.15　临安璞樾大观康养综合体地块主要经济技术指标

| 项目 | 内容 |
| --- | --- |
| 地块编号 | 临政储出〔2017〕41号 |
| 地块位置 | 锦北街道双林B-06-12地块 |
| 出让面积 | 112416m² |
| 计容建筑总面积 | 134899.2m² |
| 用地性质 | 住宅用地70%、旅游用地24.07%、其他服务设施兼容用地5.93% |
| 土地用途 | 住宅、养老、医疗兼容用地 |
| 成交价 | 70269万元（5209元/m²） |
| 容积率 | ≥1.0，≤1.2 |
| 建筑限高 | 39m |
| 建筑密度 | ≤45% |
| 绿地率 | ≥30% |
| 土地出让年限 | 70年、40年 |

表3.16　临安璞樾大观康养综合体取地条件说明

| 项目 | 说明 |
| --- | --- |
| 条件一 | 本项目旅游用地用于建设养老及相关配套设施，建筑面积不少于33470m²；本项目的其他服务设施兼容用地为医疗用地，建设面积不少于7000m²，主要用于建设养老医院及配套服务设施 |
| 条件二 | 不得分割销售和转让，不得改变规划确定的土地用途；受让人自取得经营许可证之日起自持经营时间不得少于10年，期满后可以整体转让 |
| 条件三 | 竞得人须同步实施养老用地、养老医院与配套、住宅项目的开工、建设，养老项目及养老医院项目达到主体封顶后，竞得人方可申请办理住宅项目商品房预售许可证，申请预售的建筑面积不得超过住宅项目地上总建筑面积的80%；养老项目和养老医院项目均完成规划竣工验收及建设用地复合验收并投入使用后，竞得人方可申请办理住宅项目剩余部分的商品房预售许可证 |

临安璞樾大观康养综合体包括住宅用地、旅游用地及其他服务设施兼容用地等多种用地性质，其取地条件中明确了用于养老及相关配套设施的范围和面积，规定用地不可分割销售和转让，同时限制须在养老设施主体封顶后才可申请住宅项目商品房预售许可证。

（2）万科海上明月

万科海上明月是万科在良渚随园嘉树后打造的第二个"城市版"CCRC。项目位于杭州市萧山区海上明月项目内，区域内配套发展成熟，邻近多家优质医院，为入住长者及时就医提供了保障（图3.4）。

图3.4　万科海上明月项目外观

万科海上明月项目的总用地面积为57571$m^2$，建筑面积为143927.5$m^2$，包括住宅、社区商业以及养老模块——海月随园嘉树。海月随园嘉树总建筑面积约20000$m^2$，规划养老公寓、护理院及活动配套，打造可持续的产品体系。其中养老公寓共226套，护理院合计140床，此外还规划了2000$m^2$的活动配套。项目于2019年3月预售，同年7月正式开园入住。万科海上明月的地块经济技术指标及取地条件如表3.17和表3.18所示。

表3.17　万科海上明月项目地块主要经济技术指标

| 项目 | 内容 |
| --- | --- |
| 地块编号 | 萧政储出（2015）13号地块 |
| 地块四至 | 开发区市北西单元，东至金鸡路，南至北塘路，西至四甲河绿化带，北至建设一路 |
| 出让面积 | 57571$m^2$ |
| 地块性质 | 商业用地、居住用地 |
| 容积率 | ≤2.5 |
| 建筑面积 | 143927.5$m^2$ |
| 出让价格 | 73403万元（5100元/$m^2$） |
| 建筑限高 | ＞24m，＜80m |
| 建筑密度 | ≤28% |
| 绿地率 | ≥30% |

表3.18　万科海上明月项目取地条件说明

| 项目 | 内容 |
| --- | --- |
| 建设内容 | 商业用房（含配套服务用房）建筑面积占地上总建筑面积的比例为30%，其中50%为养老机构用房。养老机构类型为居养型养老机构，护理型床位占比要求达到10%以上。除养老机构用房外，其余均可预（销）售、分割转让 |
| 配套要求 | ① 沿建设一路、金鸡路须分别设置10m宽绿化景观带。沿建设一路可设置商业裙房，沿金鸡路不得设置商业用房<br>② 设置建筑面积60m²以上公厕一处，入口直通市政道路 |

万科海上明月地块性质包括商业及居住用地，取地条件中规定其中50%为养老机构用房，同时明确了护理床位比例及养老机构类型，以及养老机构用房不可销售和分割转让的限制条件。

可以看出，整体出让的复合型养老用地一般不明确各业态的具体用地范围或界线，但对养老及相关配套设施的面积、运营模式和床位性质等会做出相关规定。这类取地模式相对来说较为灵活，有利于社区整体规划上的灵活布局与打造多元融合的社区形态。另外，整体出让的土地可实现一次性报批，相关流程、手续更为便捷。然而，正如以上案例所示，此模式下居住用地的开发与销售进度会受到一定限制，地块内住宅项目的预售将会受制于养老项目的开发节点。

2. 分割捆绑出让

（1）南宁华润悦年华颐养社区

南宁华润悦年华颐养社区是华润首个高端康养综合体项目。项目位于南宁市五象新区的核心位置，地段周边交通通达、配套丰富（图3.5）。

图3.5　南宁华润悦年华颐养社区鸟瞰图

该项目建筑面积约280000m², 规划品质住宅、活力长者公寓、高龄养护公寓、康复医院以及健康生活配套。其中, 地块2规划养老公寓产品880套左右, 健康生活配套共4500m², 配套内容包括生活、娱乐和学习, 功能完善; 地块3规划二级康复医院。南宁华润悦年华颐养社区的地块经济技术指标及取地条件如表3.19和表3.20所示。

表3.19 南宁华润悦年华颐养社区地块主要经济技术指标

| 指标 | 地块1 | 地块2 | 地块3 | 合计 |
| --- | --- | --- | --- | --- |
| 占地面积/万平方米 | 6.52 | 2.28 | 0.83 | 9.63 |
| 用地属性 | 城镇住宅用地（70年）、批发零售用地（40年） | 医卫慈善用地（社会福利用地），使用年限50年 | 医卫慈善用地（医院用地），使用年限50年 | — |
| 容积率 | 3.0 | 3.0 | 2.0 | — |
| 计容建筑面积/万平方米 | 19.57 | 6.84 | 1.66 | 28.07 |
| 出让地价 | 9.78亿元（7012元/m²） | 0.51亿元（750元/m²） | 0.16亿元（975元/m²） | 10.45亿元 |
| 建设条件 | — | 非营利性养老机构，至少1300张床位 | 设置老年综合评估门诊、老年慢病科、康复医学科、卒中病房等科室 | — |

表3.20 南宁华润悦年华颐养社区取地条件

| 项目 | 说明 |
| --- | --- |
| 条件一 | 地块2养老项目进度达到地面±0.00后，方可申请办理地块1住宅项目的商品房许可，且申请预售建筑面积不得超过住宅项目地上总建筑面积的30% |
| 条件二 | 养老项目主体封顶后，可申请住宅项目后续的商品房许可，申请预售的建筑面积不得超过住宅项目地上总建筑面积的60% |
| 条件三 | 养老项目和医院项目均完成规划竣工验收并投入使用后，可申请办理住宅项目剩余部分商品房预售许可 |

南宁华润悦年华颐养社区地块分为地块1、地块2和地块3。其中地块1的预售证办理受制于地块2和地块3（养老及医疗地块）的开发进度。另外，取地时对养老机构的性质及床位数量都有明确的规定。

（2）普陀山海大观康养综合体

普陀山海大观康养综合体位于舟山市普陀区东港新区，规划定位为长三角地区知名的海洋休闲度假旅居型CCRC，项目由4个地块组成，建筑面积约34万平方米。项目打造集高端住宅、护理型机构、综合医疗机构及宾馆式养生公寓于一体的高端社区。根据土地出让条件，项目中的医养模块建筑面积约84000m²，已于2019年12月竣工。普陀山海大观康养综合体的地块经济技术指标及取地条件如表

3.21 和表 3.22 所示。

表3.21　普陀山海大观康养综合体地块主要经济技术指标

| 地块名称 | 位置 | 占地面积/m² | 用地性质 | 容积率 | 限高/m | 计容建筑面积/m² | 备注 |
|---|---|---|---|---|---|---|---|
| 普陀区东港新区 | 东至海洲路，南至纬十一路，西至纵三路，北至规划路 | 135704 | 住宅、商服用地 | 1.5～2.5 | 80 | 339259 | 住宅限高24m |

注：4个分地块为40-3（商业）、40-5（住宅）、44-2（住宅）、44-5（住宅），四个地块指标不得整体统筹平衡。

表3.22　普陀山海大观康养综合体取地条件说明

| 项目 | 说明 |
|---|---|
| 条件一 | 40-3地块开发须为养老医疗综合体，建筑面积不低于70000m²，其中养老配套设施面积不低于67000m²（商服用地），底商面积不高于3400m²，除底商外须自持。养老设施需包含自理型养老用房（建筑面积不低于44000m²，套内面积50m²以内），护理型养老用房（建筑面积不低于6000m²、床位数不低于250床、套内面积50m²以内），综合医疗区域不低于10000m²，其他养老配套服务设施不低于7000m² |
| 条件二 | 40-5地块需集中配建建筑面积不低于14000m²的养老服务设施，需自持 |
| 条件三 | 需引进国际一流综合医疗机构、护理机构，投资协议生效后6个月内签订与医疗、护理机构的合作协议 |
| 条件四 | 养老医疗综合体及养老配套服务设施的总投资不低于6.5亿元（不包括地价），须在土地交付之日起4年内运营 |
| 条件五 | 养老地块的主体竣工验收后，住宅部分才能预售 |

普陀山海大观康养综合体分为4个分地块，各地块的指标不可统筹平衡，取地条件中对各个地块的建设内容都有详细的规定，明确养老地块内的建设面积、床位数、具体产品类型等指标。另外，项目的住宅预售情况也同样受制于养老地块的开发进度。

在地块分割捆绑出让的模式下，各地块的经济技术指标不得整体统筹平衡，一般会明确各分割地块的指标和用地性质，并对其中养老地块的产品类型、护理床位数等指标做一定说明。地块分割捆绑出让模式下的项目开发局限性较大，整体规划排布受限，且住宅等可售模块的预售节奏也会受到养老模块开发进度的影响。

## 三、策略详解

就CCRC项目的取地方式而言，获取单一养老性质用地开发养老项目对开发主体的运营要求更高，且政府对项目的监管力度更大。相对来说，复合型养老用地更加灵活，交易模式也更为多元，对于开发商来说更容易获得相对可观的投资收益。

获取复合型养老用地时，可通过设置竞争壁垒来降低取地难度。具体取地条件的设置主要有以下4种方式（图3.6）。

**图3.6　复合型养老用地取地条件设置的4种方式**

① 养老规模比例设置：可确定养老地块的用地面积或建筑面积。

② 具体建设内容界定：可界定规划总床位、护理床位的数量或比例；规定医疗设施配建的规模比例，以及明确建设的养老机构属于营利或非营利的性质等。

③ 品牌资源引入说明：对可确认的品牌型医疗、运营等合作资源做一定要求与说明，增强竞争力。

④ 整体项目节点控制：明确项目的开发及销售节点，如承诺养老地块与住宅、商业等其他地块同时开发，住宅项目的销售节奏也可与养老地块的开发进度绑定等。

## 案例：泰康之家养老社区开发选址及取地策略分析

截至2020年初，泰康已完成北京、上海、广州、成都、深圳等19个核心城市的医养社区布局。项目全面覆盖东北、华北、华中、华东、华南和西南区域的重点一、二线城市，选址城市的经济发展水平较高，整体高知客群基数较大。

从养老社区的选址区位来看，项目选址以城市风景区和城市近郊为主，布局优先考虑北京、上海、广州等一线城市，后进入苏州、成都、武汉、杭州等二线城市（表3.23）。

**表3.23　泰康之家典型养老社区布局**

| 项目名称 | 所在城市 | 布局时间 | 地块区位 |
| --- | --- | --- | --- |
| 燕园 | 北京 | 2011年12月 | 北京昌平新城核心区域 |
| 申园 | 上海 | 2012年12月 | 上海市松江区，毗邻广富林遗址公园和松江大学城 |
| 粤园 | 广州 | 2013年7月 | 广州市长岭居国际生态居住区内 |
| 三亚海棠湾度假村 | 三亚 | 2013年12月 | 三亚海棠湾林旺片区滨海酒店带 |
| 吴园 | 苏州 | 2014年7月 | 苏州阳澄湖半岛核心区域 |
| 蜀园 | 成都 | 2015年9月 | 成都温江国际医学城内 |
| 楚园 | 武汉 | 2015年9月 | 武汉高新区花山生态新城核心地段 |
| 大清谷 | 杭州 | 2016年1月 | 杭州西湖龙坞风景区 |
| 赣园 | 南昌 | 2017年12月 | 南昌九龙湖新城核心地段 |
| 鹭园 | 厦门 | 2018年1月 | 厦门同安区环东海域新城核心位置 |

续表

| 项目名称 | 所在城市 | 布局时间 | 地块区位 |
|---|---|---|---|
| 沈园 | 沈阳 | 2018年1月 | 沈阳浑南区市政府行政商务区和沈阳自贸区交界区域 |
| 湘园 | 长沙 | 2018年1月 | 长沙湘江新区梅溪湖国际新城二期 |
| 桂园 | 南宁 | 2018年9月 | 南宁兴宁区三塘板块，城市核心区东扩第一站的重点发展方向 |
| 甬园 | 宁波 | 2018年12月 | 宁波东部新城核心区域 |
| 徽园 | 合肥 | 2018年12月 | 安徽省合肥市滨湖新区贵阳路地块 |
| 鹏园 | 深圳 | 2019年12月 | 深圳大鹏新区大鹏龙岐湾一线海岸 |
| 苏园 | 南京 | 2019年12月 | 南京仙林大学城，紫东新区核心区域 |
| 渝园 | 重庆 | 2019年12月 | 重庆市两江新区高尚居住区大竹林板块 |
| 豫园 | 郑州 | 2020年1月 | 郑州市郑东新区白沙园区生命科学园 |

1. 典型项目地块特征

（1）地块规模

泰康之家系列是典型的CCRC项目，大多数项目的建筑面积为15万～20万平方米，单项目基本可容纳居民1000户以上（表3.24）。

表3.24 泰康之家典型养老社区地块规模

| 项目名称 | 项目体量 | 容积率 |
|---|---|---|
| 燕园 | 占地面积14万平方米，建筑面积约31万平方米，可容纳3000户居民 | 约2.2 |
| 申园 | 占地面积9万平方米，建筑面积约22万平方米，可容纳约2100户居民 | 约2.4 |
| 粤园 | 占地面积6万平方米，建筑面积约12万平方米，可容纳约1200户居民 | 约2.0 |
| 三亚海棠湾度假村 | 占地面积约15万平方米，建筑面积约6万平方米，可容纳约400户居民 | 约0.4 |
| 吴园 | 占地面积约31万平方米，建筑面积约18万平方米，可容纳约1400户居民 | 约0.6 |
| 蜀园 | 占地面积约7.7万平方米，地上建筑面积17万平方米 | 约2.2 |
| 楚园 | 占地面积约17.5万平方米，建筑面积约19万平方米，可容纳约2000户居民 | 约1.1 |
| 大清谷 | 占地面积约4.3万平方米，建筑面积约4.6万平方米，可容纳约400户居民 | 约1.1 |
| 赣园 | 占地面积约9.3万平方米，建筑面积约19万平方米，可容纳约2000户居民 | 约2.0 |
| 鹭园 | 占地面积约5万平方米，建筑面积约10万平方米，可容纳约1000户居民 | 约2.0 |
| 沈园 | 占地面积约9.5万平方米，建筑面积约16万平方米，可容纳约1900户居民 | 约1.7 |
| 湘园 | 占地面积约13万平方米，建筑面积约20万平方米，可容纳约2100户居民 | 约1.5 |
| 桂园 | 占地面积约15.2万平方米，地上建筑面积约23.68万平方米 | 约1.5 |
| 徽园 | 占地面积约8万平方米，地上建筑面积约16万平方米 | 约2.0 |

### (2)周边配套

泰康之家养老社区的选址以城市近郊为主,生态环境优越,与市中心的距离一般在1小时车程以内,交通通达性较好。另外,多数项目周边的医疗与生活服务配套较为完善,可以满足长者就医和日常生活需求。

① 泰康之家燕园。燕园距北京市中心约40km,距地铁站仅500m,交通便利。项目紧邻白浮泉湿地公园,区域植被覆盖率高达60.6%,环境条件优越。此外,除内部康复医院配套以外,周边医疗配套也较为丰富,30分钟交通圈内可达北京大学国际医院等。同时,项目周边拥有齐全的百货、超市等生活配套,为长者生活提供便利。

② 泰康之家申园。申园坐落于上海松江区,距上海市中心约45分钟车程,与地铁9号线相距2km。项目紧邻佘山旅游度假区、广富林遗址公园等,空气质量良好。另外,项目距上海市第一人民医院仅5~10分钟车程,具备优质的医疗资源保障,且周边规划万达广场和地中海广场,可以满足居民的采购需求。

③ 泰康之家蜀园

蜀园距成都市中心约30分钟车程,位于成都上风上水的温江国际医学城内,毗邻华西医院温江院区、八一康复中心等医疗机构,医疗资源丰富。同时,蜀园周边规划市政绿地公园,且距离金沙湖湿地公园不到2km,区域植被覆盖率高。

泰康之家典型养老社区交通及配套条件对比如表3.25所示。

**表3.25 泰康之家典型养老社区交通及配套条件对比**

| 项目名称 | 交通条件 | 周边配套 | 景观配套 |
| --- | --- | --- | --- |
| 燕园 | 距市中心约40km,车程1.5小时,距地铁站500m | 3km左右可达三甲医院;周边超市、百货等生活服务配套完善 | 紧邻白浮泉湿地公园(1km) |
| 申园 | 距市区约45分钟车程,与地铁9号线相距2km | 3km范围内配套三甲医院,1km范围内无集中生活类配套 | 佘山国家旅游度假区、广富林郊野公园 |
| 粤园 | 距离市中心约25km,广州都市生活圈40分钟内 | 距离三甲医院10分钟车程;距万达广场10分钟车程 | 植树公园、创业公园 |
| 三亚海棠湾度假村 | 位于三亚市东部,距市中心约30km,50分钟车程 | 1km范围内可达解放军总医院(301医院)海南分院;周边配套国际购物免税店及多家五星级酒店 | 海棠湾林旺片区滨海酒店带 |
| 吴园 | 位于阳澄湖半岛的核心板块,距上海市中心70km | 苏州市九龙医院、浅水湾商业街、奕欧来苏州精品购物村、华谊兄弟电影世界等配套设施 | 阳澄西湖生态休闲公园、莲花湖公园、仙樱湖公园等 |
| 蜀园 | 距市中心约30分钟车程 | 温江国际医学城内,毗邻华西医院温江院区等医院,周边生活配套较弱 | 金沙湖湿地公园(2km)、规划市政绿地公园 |
| 楚园 | 距武汉核心区域约20分钟车程 | 距武汉大学中南医院、光谷同济医院20分钟车程;周边规划五星级酒店、软件新城、高尔夫球场等 | 武汉严西湖 |
| 大清谷 | 位于西湖龙坞风景区,邻近建设中地铁站;距市中心约40分钟车程 | 医疗配套较弱;邻近中国美术学院、浙江音乐学院 | 西湖龙坞风景区大清谷 |
| 赣园 | 距城市中心20分钟车程 | 区域内配套南昌市第一医院、南昌大学第二附属医院等医疗资源,以及万达生态旅游城、奥特莱斯购物中心等生活配套 | — |

2. 典型项目取地策略
（1）土地性质对比
从目前已落地的泰康之家CCRC项目来看，用地性质主要集中于医卫慈善用地、社会福利用地、医疗卫生用地等保障类用地，以及有相对明确养老、医疗设施建设要求的商业类用地（表3.26）。

表3.26　泰康之家典型养老社区土地性质对比

| 项目名称 | 用地性质 | 出让年限 |
| --- | --- | --- |
| 燕园 | F1住宅混合公建用地、R53托幼用地 | 居住70年<br>商业40年<br>综合50年 |
| 申园 | 商业/办公用地 | 40年 |
| 三亚海棠湾度假村 | 其他商服用地 | 40年 |
| 蜀园 | 商业用地（限建设养老服务项目及配套设施） | 40年 |
| 楚园 | 居住用地［兼容养老（疗养）］ | 70年 |
| 赣园 | 二类居住（R2）、其他服务设施用地（B9）、旅馆用地（B14） | 住宅用地70年、旅馆用地等40年 |
| 鹭园 | 社会福利用地（营利性养老设施用地） | 40年 |
| 湘园 | 医疗卫生用地和旅馆用地 | 50年 |
| 桂园 | 旅馆用地（服务型公寓：养老用途及二级康复医院）兼容居住用地 | 城镇住宅用地70年，住宿餐饮用地40年 |
| 徽园 | 商业（旅馆）用地、医疗卫生用地 | 商业用地40年，医疗卫生用地50年 |

（2）取地条件对比
从土地出让条件可以看出，泰康之家系列养老社区在取地条件的设置方面较为详细，也体现了其品牌及运营的优势。如，明确规定项目的用地规模、床位数量等建设内容；对于医疗配套的等级、合作资源等内容做了设置，增加竞争难度；除此之外，部分项目针对开发运营经验与品牌做出了明确界定，如厦门鹭园项目。

① 成都蜀园取地条件。根据温江区养老产业规划要求，将该宗地范围内的国有建设用地应用于养老（疗养）设施建设。竞得人只能建设养老（疗养）服务项目及配套设施，建设的养老（疗养）社区计容建筑面积不得少于15万平方米，竞得人须全部自持项目物业（即计入容积率的总建筑面积全部自持）。

② 武汉楚园取地条件。楚园为收购获取的土地，后期土地规划设计条件调整为：养老（疗养）设施、疗养配套设施总计容面积不大于10万平方米（其中疗养配套设施建筑面积不大于2.2万平方米）。

③ 长沙湘园取地条件。竞得人须在宗地上建设并运营高端医养综合体，按照CCRC模式提供一站式养老服务，建设不少于1000张床位的养老社区。配套建设并运营建筑面积不少于3万平方米、床位数不少于150张的国家二级（含）以上高端医院，须引入美国2015—2017年老年科

排名前三的国际医疗机构。

项目总投资额不低于人民币25亿元，所有物业须由竞得人全部自持运营，不得转让。竞得人在取得土地后（以交地协议时间为准）4年内完成不低于500张床位的养老社区及配套医院建设并投入运营，6年内完成项目整体竣工验收并投入运营。

④ 厦门鹭园取地条件。竞买申请人或其实质控制的关联公司（控股/同一品牌，且须经认可）应具有国内实际投资开发及运营管理2000张以上床位的医养结合养老服务项目的经验，且其已投资开发及运营管理单体医养结合养老机构的床位数达到800张及以上，同时具有运营老年专科医院或二级以上康复医院、护理院、综合性医院等医疗机构的经验。

竞买申请人应符合《厦门市关于社会资本举办高端养老服务机构的指导意见》的要求。竞买申请人包括竞买申请人本身及竞买申请人的控股股东及控股股东的控股子公司（可以是多层次的控股关系）。

⑤ 南昌赣园取地条件。竞买申请人（含其实际控制人及其直接或间接控股的相关企业主体）须是2016年度中国企业500强排名前120位的保险企业（以中国企业联合会、中国企业家协会2016年公布的名单为准），且该宗地不接受联合竞买。

宗地内须建设建筑面积不低于11万平方米的医养社区（非住宅），其中包含不低于100张床位的二级康复医院。宗地受让人须引进一家具有养老社区和二级康复医院运营经验的医养融合专业养老机构对该社区进行运营管理。引进协议在签订土地成交确认书后一个月内交红谷滩新区管委会审查备案。

受让人须自持在商服地块内建设的所有非住宅物业（即本项目除住宅以外的所有非住宅物业），20年内不得对外分割销售（从产权登记后算起）。在宗地内建设的二级康复医院运营前，项目住宅物业不得办理预售。

住宅建筑主体层数不小于5层，其他服务设施用地兼容部分老年公寓，用于建设健康养老、医疗服务业项目及其配套设施。地块公共建筑面积不得低于总建筑面积的60%，公建沿九龙大道沿线布置。

⑥ 南宁桂园取地条件。竞得人须在旅馆用地内建设符合CCRC标准的高品质医养结合养老社区。业态包括独立生活区、协助生活区、专业护理区及记忆障碍照护区等养老单元，以及会所、老年大学、二级康复医院等。医养结合养老社区的总建筑面积不低于12万平方米，养老床位数不少于1800床，二级康复医院床位数不少于100床。

竞买申请人竞得项目用地后，须在南宁市设立具备独立法人资格的全资子公司，对项目用地进行开发建设和持有运营。

宗地内旅馆用地（服务型公寓：养老用途及二级康复医院）的建筑面积须占计容总建筑面积的60%。

宗地内旅馆用地（服务型公寓：养老用途及二级康复医院）的全部建筑产权须由竞得人全部自持，自持时间为40年，期间不得对外分割转让和分割抵押。

宗地内居住用地的全部建筑在10年内不得申请办理商品房预售许可或现房销售备案，期间不得对外分割转让和分割抵押。

医养结合养老社区项目须在土地出让后一年内开工建设。其中，不低于6万平方米的医养结合养老社区，须在开工后36个月内完工并开业。项目总投资额不得低于25亿元。

3. 取地策略小结

综合来看，泰康之家系列CCRC项目的取地策略非常清晰，集中布局国内一、二线城市，保证了一定基数的高端养老客群。地块一般位于城市近郊，与市区的交通联系便捷，且周边生态环境优良；同时地块规模适宜，建筑面积主要集中在15万~20万平方米。项目用地的土地性质基本为医卫慈善用地、社会福利用地、医疗卫生用地,以定向获取为主,通过设置配建医疗配套、约定运营管理品牌等条件设置竞争壁垒,同时也可以合理控制取地价格,为项目后期的销售去化和运营提供了良好的前提条件(图3.7)。

| 地块选址 | ■城市布局<br>√主要位于省会城市与经济强市<br>■区位选择<br>√基本位于城市发展方向,以城市近郊为主,与市中心的距离一般在1小时车程内<br>■周边配套<br>√地块周边生态环境优越,交通通达性较好 |
|---|---|
| 地块属性 | ■项目规模<br>√建筑面积在15万～20万平方米左右,单项目基本可容纳居民1000户以上<br>■取地价格<br>√严格控制地价,远低于周边平均价格<br>■用地性质<br>√主要为医卫慈善用地、社会福利用地、医疗卫生用地等保障类用地<br>■条件/方式<br>√以定向取地方式为主<br>√基本需要配建医疗配套 |

**图3.7　泰康之家取地策略**

# 第四章
# CCRC 的客群策略

基于CCRC客户的相对特殊性,本章客群策略将从老年人群的生理、心理特征变化出发,对养老社区客户从置业动机、产品及服务需求等方面展开介绍。

## 第一节　老年人生理及心理特征变化

### 一、老年人生理特征变化

根据自然规律,在慢慢步入老龄的过程中,人的生理机能会发生较大的变化。尽管个体衰老的程度和进程相差很多,每个人在这个阶段的生理功能和社会行为能力也都不尽相同,但是老年人生理功能方面整体衰退的趋势是自然规律,主要表现在身体形态变化和生理功能衰退等方面。

#### （一）身体形态变化

老年人最容易发觉的生理变化是身体形态的变化。当人进入衰老期,首先从面部就可以发现皱纹增多、加深,局部色素沉淀扩大、增多,出现常见的老年斑;头发变为白色且毛发变得稀疏,牙齿有可能会松动脱落。其次,老年人随着年龄的增长,身高会不断降低;老年人的脊柱还可能会发生弯曲形成老龄性的驼背,体重也会随之减轻。此外,肌肉的力度变弱会使老年人的行动变得迟缓,行走时步伐的幅度和频率都会下降,而皮肤则会变得松弛、缺乏弹性。

外部身体形态的变化归因还是老年人细胞和组织器官的变化。当人进入老年期,细胞总数逐步减少,由细胞所组成的内脏器官和组织势必发生衰退,因此造成了老年人肉眼可见的形态变化。

#### （二）生理功能衰退

内在细胞和器官的衰退还会引发其生理功能的衰退。相对普遍的衰退主要表现在调节机能、运动机能、感官机能和慢性病等方面。

### 1. 调节机能

机体的调节机能是指当外环境因素（如温度、湿度、风、光照、大气污染物等）在一定范围内变化时，机体能够通过自我调节保持相对稳定状态且适应环境的能力。随着年龄的增长，老年人的新陈代谢减慢，内分泌减少，许多器官功能的储备明显不足，身体的调节机能也日趋下降，主要表现为当外部环境因素变化较大时，机体的适应能力降低。例如，老年人对环境温度的变化感觉逐渐迟钝，同时体温调节中枢功能减退，体温调节能力降低；在正常生理条件下，老年人的抗寒和耐热能力要远远低于年轻人，而当环境温度变化较大时，老年人极易感冒和中暑。因此，老年人对自然阳光和通风的需求较为明显，不能忍受空调冷风直吹。

另外，由于生理变化导致的鼻呼吸阻力增加，常迫使老年人经口呼吸，导致鼻腔对气流的过滤功能减退或丧失，大气中的各种污染物不经过滤直接进入人体，容易导致老年人呼吸道炎症和传染性疾病的发生。

### 2. 运动机能

运动机能是指人体在大脑皮质作用下可形成一系列运动行为的能力，它主要反映身体运动的一般特征。随着年龄的增长，老年人的肌肉和骨骼系统逐渐老化，导致肢体灵活性降低，动作幅度减小，肢体伸展（如弯腰、下蹲等动作）困难。因此，老年人在行走时会出现步履缓慢、步距缩短、步频下降等情况，对较远路程和上、下楼梯的接受度较低；甚至是原本司空见惯的行为也变得不易，比如穿鞋、取物等。同时，呼吸急促、腰酸背痛、身体疲惫、扭伤等状况越来越容易出现。许多老年人还会患有各种运动系统疾病，包括颈椎病、腰椎病和各种关节病。针对运动机能变弱，我们可以通过合理的家具尺度与家具形式，提升老年人的使用舒适度与安全性，并积极督促老年人进行适度的体育锻炼，以减缓骨质丧失，防止肌肉萎缩。

### 3. 感官机能

感官机能是指人体的感觉器官在外界环境激发下所产生反射行为和情感体验的能力，主要包括人体的"五感"，即视觉、听觉、味觉、触觉、嗅觉。一般而言，老年人的感官机能大多是按照视觉、听觉、嗅觉、味觉和触觉的顺序下降的。根据资料显示，65岁以后有94%的人群在至少1种感官方面存在缺陷，28%的人群在至少3种感官方面存在缺陷。

（1）视觉感知

随着年龄的增长，当人40岁以后，眼部会出现眼角膜褶皱、暗淡且扁平化，瞳孔变小，晶状体硬化，视网膜变薄等老化现象。这会直接影响到老年人的视觉感知能力，使其逐渐出现视力下降、眼睛易疲劳、明暗感知能力与色差识别能力下降、眩光、眼盲等问题。其中，视力下降包括难以分辨小的物体、在低光照条件或夜间视物困难等。明暗感知能力下降会导致老年人需要较长时间适应光线从亮到暗的变化；色差识别能力的下降会使老年人难以辨识以蓝、紫色为代表的冷色调颜色。另外老年人常见的眼科疾病如散光、青光眼、白内障、老花眼等也会加重其视觉感知能力的下降。

针对老年人的视力衰退，我们可以从物体形状、环境色彩、光照强度、照明方式等方面做出应对。例如，避免使用体积或展示面较小的物品，对标志性、警示性内容进行放大；环境色彩上避免蓝色和绿色的同时出现，背景色与主题色形成鲜明反差；应大大提高光照强度（资料显示，60 岁以上人群需要的光照强度是一般成年人的 2 倍，80 岁以上则是 3 倍）；采用间接照明灯具遮挡直射光线，避免眩光的出现等。

（2）听觉感知

随着年龄的增长，老年人的听觉系统慢慢老化，听力也逐渐衰退。研究表明，一般从 40 岁开始，高频区的听力下降，但中低频区的听力还基本正常，日常交谈不会受到影响；50 岁以后，听力障碍逐渐从高频区向中低频区扩展，开始感到耳背；60 岁以后，有 30% 左右的老年人发生耳聋；在 85 岁以上的人群中，有近 50% 的老年人患有影响交流的听力障碍。

老年人听力衰退的典型症状是对高频音域的反应迟钝，在声音嘈杂的环境中听觉障碍更加严重，对几种声音混到一块感到烦躁，对背景噪声不能忍受，很难确定声音源及辨别相似音等。不过，虽然听力衰退的现象十分普遍，但是失聪和重度听力衰退的比例不高，在 70 岁以上人群中仅占 7.3%。

针对老年人的听力衰退，我们可以考虑在互动交流区利用吸声材料降低混响；居住场所则可采用铺设地毯、使用织物覆盖的软垫家具等方式。老年人最适宜的听觉距离为 3m，最大不超过 7m，因此在与老年人沟通时可以适当靠近，直面他们能够使他们看清唇语，辅助理解谈话内容。

（3）嗅觉感知

随着年龄的增长，嗅细胞的数量逐渐减少，嗅神经及嗅觉中枢的机能逐渐衰退，因此老年人辨别气味的能力也就逐渐降低。气味通常可以帮助人们识别危险，如煤气泄漏、食物变质等。相较于视觉和听觉，嗅觉的衰退对日常生活的影响相对较小，但仍有证据表明，嗅觉衰退会导致抑郁和体重减轻。新兴的芳香疗法经常用于帮助认知症患者寻找回忆。

（4）味觉感知

口腔内感受味觉的主要是味蕾，味蕾数量随年龄的增大而减少，对味道的敏感性也会降低。其中，感受酸味和甜味的味蕾衰退较快，感受苦味和咸味的味蕾衰退较慢，因此老年人常常感到食物发苦、发咸，进而出现厌食现象，或者增加额外的糖和盐调味，进而加重高血压和糖尿病等疾病。

老年人味觉的衰退对日常餐饮形成了挑战。可口的开胃菜可以帮助开启餐饮体验，在食物中加入香料可以弥补味觉感知不足，也可以更加关注食物的口感、温度等。

（5）触觉感知

触觉是指分布于全身皮肤上的神经细胞接受来自外界的温度、疼痛、压力、振动等方面的感觉，是人类的第五感官，也是最复杂的感官。随着人体肌肉反应能力减退，人在30岁左右触觉也会发生退行性变化。痛觉的减退使老年人更容易受到烧伤、冻伤、割伤、擦伤等伤害，因此老年人应多进行手脚按摩，帮助减缓触觉的衰退。

4. 慢性病

随着年龄增长，老年人身体各方面机能大幅下降与罹患疾病是紧密相连的，同时，年轻时积累的很多问题也会在年老时逐渐演变成慢性疾病。常见的慢性病有心脏病、高血压、中风、支气管炎、糖尿病、关节炎等。有数据显示，在65～75岁的人群中，患有5种以上慢性病的人数比例为20%；而在85岁以上的人群中，这一比例达30%。

（1）肌肉减少症

肌肉质量、力量和功能的丧失都可以称为肌肉减少症。30岁以后如果不运动，则每10年肌肉量将减少3%～5%；在60岁以上的人群中，肌肉减少症的发病率为10%；到90岁时，老年人已经失去超过50%的肌肉。

从现实生活来看，肌肉力量丧失会导致行动受限、骨质疏松、易跌倒、易骨折等，使得老年人的运动积极性和可行性降低，从而又会进一步加重肌肉减少症。因此，适当的阻力训练可以增加肌肉力量，逆转部分疾病，同时摄入更多含有蛋白质的高质量餐饮也是非常必要的。

（2）关节炎

关节炎始于关节软骨磨损，具体症状表现为手、颈、后背及较大负重关节的疼痛，最主要的影响是活动困难。常见的关节炎为骨关节炎、类风湿性关节炎和痛风3种，然而实际上存在超过100种不同类型的关节炎。其间歇性疼痛和慢性伤残性疼痛程度不一，对老年人的生活困扰严重。

预防和治疗关节炎的最佳方法是休息、锻炼、健康饮食、冷或热敷和药物治疗。游泳、骑自行车和散步等运动都对关节非常有益。每周锻炼3次可以将罹患关节炎的风险降低一半。众多适老设计也可以减轻关节炎对日常生活的影响，如使用杠杆式门把手代替圆形旋钮，以及带扶手的椅子和沙发、浴室扶手、防滑地板等。

（3）认知症

认知症是一种由记忆力、语言能力和解决问题能力下降而引发的疾病。到70岁左右时，人的脑细胞数量大概会降至年轻时的60%，同时脑组织细胞功能出现衰退现象，脑部血液流通不畅，也容易导致脑血栓等老年常见病。这些大脑的生理老化现象会导致记忆力的衰退。研究表明，在65岁以上人群中有10%罹患认知症，在高龄老年人中则更为普遍。预计到2050年，全球认知症患者数量将增至1.154亿。对于患有认知症的老年人来说，最好是可以选择入住专业的长期护理机构来帮助他们获得更接近正常的晚年生活。

## 二、老年人心理特征变化

随着年龄的增长，日常生活的变化、社会地位的变更等因素都会影响老年人的心理状况。他们孤独、抑郁、失落等消极的心理感受逐步增加，稳定、安全等积极的心理感受逐步下降。总体而言，老年人普遍的心理特征可以大致归纳为以下几个方面。

（1）不安全感

随着身体功能系统的退化，老年人不再能保持身体健康的状态，而且还会经常出现各种疾病，进而更加担心自己的健康问题，对身体功能的衰退越发敏感。并且，由于退休丧失了主要经济来源，从而对经济保障的担忧也渐渐浮现，会考虑以后的生活保障、医疗支出、护理费用等问题。这些变化都会导致老年人出现不安全感。

（2）孤独感

老年人退休后生活习惯和生活节奏大幅改变，生活中自主支配的时间急剧增加，加上子女工作繁忙，老年人的看、听、走、记忆等自身生理机能退化，导致其参与的社交场合往往固定而单调，社交圈也逐步缩小，往往使其感觉空虚、孤单，甚至产生被冷落、被抛弃的感觉。因此，生活有目标、经常参与社会交往的知识型老年人孤独感相对较弱，而参与社会交往较少的闲居型老年人孤独感相对较强。

（3）抑郁感

抑郁感作为现代社会中普遍存在的负面心理感受，在老年群体中也较为多见，主要表现为失眠、伤感、情绪长期低落、焦虑不安等。老年人随着年龄的增长，与社会联系逐渐减弱，心理不安全感、依赖感逐渐加强。最为明显的是患病老年人容易缺乏治疗信心，一旦周围有好友或亲人去世，心情就十分焦虑、低落，甚至对生活失去信心。

（4）失落感

老年人失落感的外在表现为沉默寡言、脾气急躁、易怒、自怨自艾等。职业生活的结束、自身角色由抚养人转变为被抚养人及子女关心不够是老年人产生失落感的三个主要因素。老年人退休后，脱离了自己几十年习惯的工作环境，从紧张忙碌的工作状态转为安逸清闲的休息状态，会产生自己成为社会的负担、无法再为社会做出贡献的失落感。一般来看，这种失落感同老年人退休前从事的职业和教育背景成正相关，从事公务员、教师职业的老年人比从事其他职业的老年人失落感更强。如今，子女和老年人往往分开居住，子女由于工作压力等原因对于老年人的日常生活和心理变化难以顾及，使老年人产生被遗弃、被忽略的心理感受，也会加剧其内心的失落感。

（5）自卑感

由于离开工作岗位，老年人感受到自己在社会地位、人际关系、经济收入等方面同工作时存在巨大落差，这种落差会使老年人有一种每况愈下的自卑感；还有的老年人因发现一些目标，但由于身体条件等因素的制约未能达成时，便将原因归结为自身无用，因而产生自卑感。

（6）眷恋感

眷恋感是指对往昔熟悉的人、生活习惯、社会环境等较为留恋的情感表现。老年人的眷恋感主要表现在对城市风貌留存较好地区的回忆以及同相互熟悉的人之间的情感交流等方面。老年人退休后，闲暇时间大量增加，往往容易感觉孤独、寂寞，因此他们开始对过去的人、地点、生活经历等产生回忆。其中美好的回忆可以使老年人心情舒畅，有益于他们的晚年生活；但其中痛苦的回忆，可能导致老年人负面情绪的积累，影响其身心健康。

老龄群体的心理需求类似于幼儿群体，但又不尽相同。经历了青壮年的人生巅峰，老年时期是有一定落差的，他们自尊心较强、不服老、不愿被另眼相看。由于生理变化，他们的自主行动力也开始下降，这种失去对生活操控性的状态使得他们缺乏安全感，因此需要在情感关怀以及生活环境设施上给予老年人更多的关注。同时，由于空闲时间的增多、社会价值的减弱也会给老年人带来失落感，因此应尽量丰富老年人的生活空间，创造更多与外界接触的机会。

## 第二节 客户类型与客群模型

### 一、客户类型

根据不同的划分依据，养老地产的客户类型也并不单一。从需求角度来说，老年人的健康状况比年龄阶段更能决定其在步入老龄阶段后对于产品与服务的需求。因此，养老地产中的主力客户（即活跃长者、健康长者）可划分为退休改善型、旅居度假型、服务驱动型和投资驱动型。

（1）退休改善型

主要是指康养地产的客户，以50～65岁为主，兼顾居住环境改善与养生、养老的双重需求，核心需求是为退休养老生活提前做准备。多数客户在置业后短期内处于偶居状态，随着年龄增长，逐步转变为长期居住状态。因此对于产品的具体需求不仅局限于良好的居住产品硬件、优美的社区生态环境，也包括较为完善的养老服务与配套。

（2）旅居度假型

主要是指因受到度假目的地的气候、环境、旅游资源的吸引，购买并使用旅居会员卡的消费群体。从实际情况来看，依然以60岁以上的健康长者为主，以阶段性的休闲度假、避寒避暑和社交会友为主要目的。

（3）服务驱动型

此类客户主要是指CCRC的养老客户，多为70岁以上的长者。因生理机能下降带来对于日常生活照料、健康保健、医疗护理、心灵慰藉等需求，他们通常也会选择较长时间稳定地居住在一个养老社区内。与退休改善型客户和旅居度假型客户相比，服务驱动型客户更为关注养老服务本身。

（4）投资驱动型

养老地产领域较少出现纯投资客户，对于康养地产、CCRC、甚至是旅居酒店的客户而言，其投资属性更多体现在提前锁定养老生活的成本门槛，以对抗未来可能大概率出现的价格上涨问题。

另外，由于我国未富先老、未备先老的现实国情，以及传统家族式的养老观念，也使得养老产品出现购买客户与使用客户的差异。

（1）购买客户

养老产品的购买客户可以分为以下两类。

① 老人决策型客户，即以老年人自己支付为主。在这种情况下，老年人拥有对养老产品购买与使用的决策权。这意味着这类老年人具有养老观念开放、思想独立且可以自行决策、经济独立且支付能力较强、追求品质的退休生活等特征，但通常决策周期较长，也会面临多子女决策的现实问题。

② 子女决策型客户，即以子女支付为主。事业有成、经济实力强，多为企业高管或企业家，子女工作繁忙无暇照顾父母或海外定居等是子女型购买客户的普遍特征。在这类客户中，子女是养老产品的支付者与重要决策者，但不是最终的决策者，养老产品的购买一定是子女和老人多维决策的结果。

在购买决策过程中，无论是老人还是子女，除了关注产品硬件、社区环境、医疗配套、服务水平等因素外，资金安全也尤为重要。如，在会员卡模式下押金能否如期、安全地退还；一次性缴纳的会员卡费用是否有银行等权威第三方监管；发展商、运营商的品牌是否值得信任等。

（2）使用客户

根据调研，无论是康养地产还是CCRC，最终可以较长时间居住在社区，并积极参与社区生活、使用各项服务配套的客户都具备相对高龄（70岁及以上）、养老观念开放、高知富裕等基本特征。

## 二、客群模型

通过对众多已运营CCRC的入住客户分析发现，养老观念开放、养老需求迫切度高、家庭关系独立、经济实力强和决策能力强是CCRC长者客群的共性特征。

首先，养老观念开放在一定程度上可以看作是一个决定性因素，也是一个先决因素。从实际情况来看，养老观念开放的老年人往往都是政府机关、事业单位、科教文卫系统的退休职工或干部。退休前的工作经历意味着这部分老年人相较于同龄老年人来说，受教育程度更高、眼界更为开阔、思想更加独立、家庭积蓄与退休收入水平更高、自我决策能力也相对更强，他们更容易接受、也可以负担"高端养老"这种生活方式。同时，这类老年人的兴趣爱好广泛，退休前的生活品质较高，因此，对于退休后的生活也同样充满期待。他们往往是老年大学和各类兴趣团体中的活跃分子甚至是意见领袖。

其次，这类老年人的生活状态也较为独立，一般早已与子女分开居住，部分老年人的子女均在国外居住。尤其是在老年人70岁以后，通常已经协助子女完成了对孙辈的抚养任务，他们在这个阶段的家庭关系就显得更为独立，此时的老年人也才有条件搬离原有的家庭环境，追求属于自己的品质养老生活。70岁之前（年龄仅做参考，以老年人的健康状况为准）的老年人身体机能良好，可以独立应对日常生活，也会自行组织并参与各类休闲娱乐活动。步入70岁以后，独立的生活状态加上身体机能的明显衰退、自理能力的下降，以及心脑血管等慢性疾病的患病风险逐渐增大等，会促使老年人开始深入考虑通过入住养老社区来解决生活照料、健康维护、文娱活动甚至是康复医疗的可行性（图4.1）。

在目前我国养老地产的发展水平与商业模式的现实环境下，CCRC目标客户需同时满足上述模型中的五个条件。因此，虽然目前我国老龄化水平较高且老龄人口基数庞大，但CCRC的目标客户容量仍是相当有限的。从项目分布格局来看，以国内一线城市和省会城市分布为主；从客群来看，除了政府机关、事业单位、科教文卫系统的退休人员以外，也包括少量富裕家庭的父母，主要是指企业高管、高端技术人才、企业家等高收入群体的父母。

若根据月退休收入水平（不含投资理财、自有房产租金等收入）对长者进行细分，则可分为富裕长者、殷实长者和工薪长者。根据调研，富裕长者主要指月退休

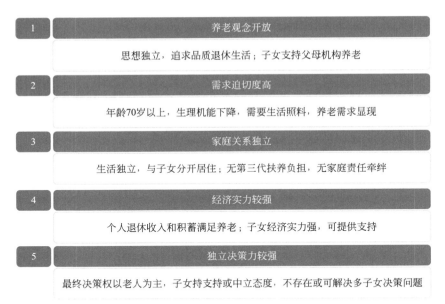

图4.1　CCRC的客群模型

收入在8000～10000元/人及以上的长者，这部分长者一般为大学教授、医生（主治医师及以上）、离退休干部、部队干部和政府机关单位、事业单位的高职称退休人员等，数量相对较少。殷实长者主要指月退休收入为4000～8000元/人的长者，这部分长者一般退休前的职业为中小学教师、大型企业中高层、科教文卫及银行系统的普通职员等。工薪长者主要指月退休收入为2000～4000元/人的长者，这部分长者一般为企业退休职工，数量庞大。总体来看，富裕长者和殷实长者构成其主力客群，即月收入水平6000元/人以上，家庭月收入水平达到10000元以上的这部分长者群体。

目前，我国还处于"未富先老"的阶段，老龄化水平高，但人均收入水平相对于发达国家来说较低，且受传统因素影响，居家养老观念仍然相对主流。但随着未来我国老龄化水平的持续加深、养老市场的逐渐成熟、家庭养老功能的进一步弱化，以及70后中产阶层逐渐步入老年，未来CCRC的客群容量将有明显增多的趋势。

## 第三节　需求特征分析

目前，我们已在国内多个城市开展过CCRC市场研究与客户调研工作，已完成北京、上海、深圳、南京、杭州、西安、郑州等20余个城市、近12000份针对65岁以上长者养老需求的问卷调研，并与约1000位科教文卫系统退休的长者客户进行了深入访谈，了解长者的生活状态、养老观念和产品需求等（表4.1）。

表4.1　CCRC客户调研数量统计

| 城市 | 有效问卷样本量/份 | 客户深访样本量/位 |
| --- | --- | --- |
| 北京 | 610 | 45 |
| 上海 | 769 | 57 |
| 深圳 | 549 | 54 |
| 南京 | 504 | 40 |
| 杭州 | 560 | 62 |
| 青岛 | 608 | 50 |
| 武汉 | 599 | 35 |
| 成都 | 601 | 42 |
| 西安 | 725 | 55 |
| 郑州 | 630 | 49 |
| …… | | |
| 合计 | 约12000 | 约1000 |

## 一、基本情况

调研问卷以65岁以上的健康长者为主要样本，在年龄分布上以65～70岁的长者为主，70～80岁的长者次之，少量80岁以上长者，以此来了解每个年龄段长者的养老需求。

从退休前职业来看，科教文卫系统、政府机关及事业单位的退休长者占比66%，企业中高管、职工退休长者占比23%，其他如个体户、自由职业退休的长者占比较少，仅为11%。而在退休收入上（仅指个人退休工资收入，不含理财、房租等其他收益），以每月退休收入为4000～8000元的长者占比最多，占比约57%，8000元以上月退休收入的长者占比29%。调研样本呈现的数据基本符合现有CCRC的实际入住与成交客户特征，结果具有一定的可参考性（图4.2、图4.3）。

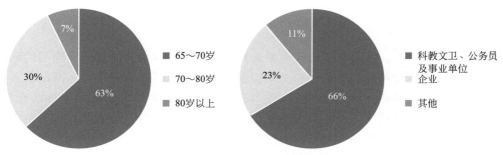

图4.2　长者年龄与职业情况

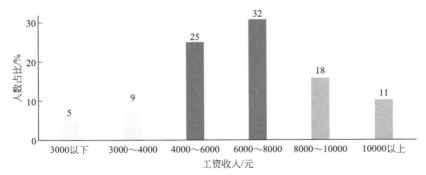

图4.3　长者个人退休工资收入情况

从长者目前的居住状态来看，夫妻两人同住的长者居多，占比高达69%；其次为与子女同住的长者，占比约为26%；独居的长者较少。从居住状态的调研结果可以看出，这部分长者大多生活独立，在生活上对子女的依赖性较低；而且很多老人也是出于照顾孙辈的需要，而与子女阶段性同住。另外，通过对已运营养老社区的调研还发现，实际入住客户中有70%～80%是夫妻型客户。因此，在思考CCRC项目户型设计时，也应以老年人的实际居住状态作为重要参考（图4.4）。

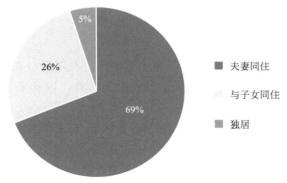

图4.4　长者实际居住状态

## 二、机构养老生活规划

### 1. 对养老生活的顾虑

从对多个典型城市的市场调研结果来看，长者对于目前及未来养老生活的顾虑主要集中在生活便利性、安全性和医疗健康保障方面，其次为文化娱乐活动、自身价值实现及经济基础保障等问题。随着年龄的增长，长者们的身体机能逐渐衰退，独立生活能力也日趋下降，生活中的安全隐患日渐增多，这也导致他们对日常生活照料与医疗的依赖程度显著提高，而文娱活动及自我价值实现作为精神层面的提升需求，与生活便利性和医疗保障相比，长者们对其的担忧度不高（图4.5）。

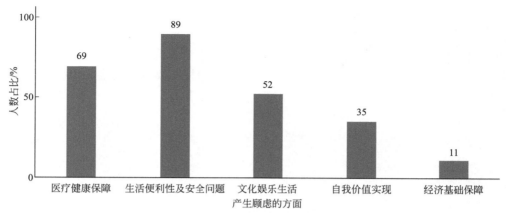

图4.5 长者对养老生活的顾虑

**2. 机构养老意愿度**

整体来看,目前市场上多数长者的养老观念较为开放,50%的长者可以接受机构养老。

整体来看,长者对于机构养老的接受度在地理空间上呈现南高北低的趋势。如图4.6所示,长三角地区的长者对机构养老的接受度比珠三角和环渤海地区更高,如杭州、上海、南京等地机构养老接受度均超过50%;而经济发展同样处于较发达水平的北京和青岛等地,其机构养老接受度仅达到45%左右。

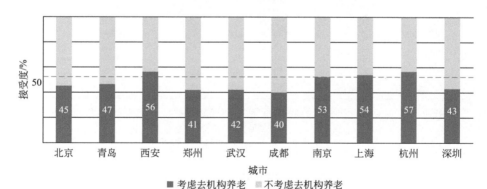

图4.6 典型城市机构养老的接受度

西安作为北方城市,对于机构养老的接受度达到56%,这主要是因为西安的高等院校、科研机构众多,大学老师、科研人员等高知群体的数量高所致。

而深圳长者的养老观念相对保守,主要是因为深圳作为典型的移民城市,目前户籍老龄化水平不高;虽然随迁老人数量众多,但随迁老人大多数尚处于低龄阶段,且还承担着隔代育幼的家庭任务,现阶段并未考虑到未来养老的问题。预计未来5~8年深圳将迎来机构养老需求的高峰。

另外，长者的机构养老意愿度会受到多重因素的影响，如年龄、职业情况、收入水平等因素。如图4.7所示，长者的机构养老意愿度与年龄、收入水平基本呈现正相关态势，年龄越大、个人退休收入越高的长者选择机构养老的意愿度越高。此外，从退休前职业来看，科教文卫系统退休长者的机构养老意愿度高于机关单位的退休长者，企业退休长者的机构养老意愿度相对最低。

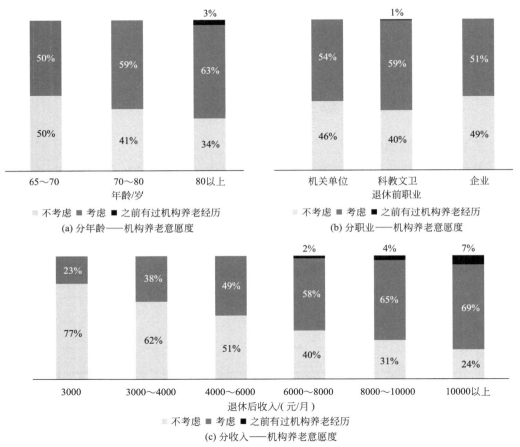

图4.7 典型城市长者的机构养老意愿度汇总分析

3. 选择机构养老的原因

在选择机构养老的原因层面，大多数城市结果相似。生活照料作为刚性需求位列第一，与为子女减负和享受老年生活基本并列，也体现出长者对于退休生活的品质追求（图4.8）。而长者不考虑机构养老主要是受到家庭因素的牵绊，如需要照顾孙辈、不想与子女分开以及居住习惯等因素（图4.9）。需要说明的是，入住养老机构的成本也是长者会重点考虑的因素，只是因为对受访长者做了职业上的筛选，使得这一经济因素的考量结果不是很突出。

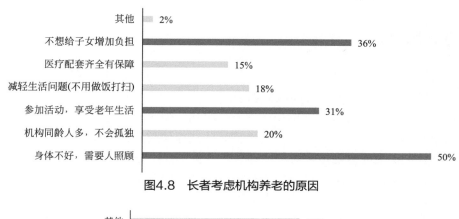

图4.8 长者考虑机构养老的原因

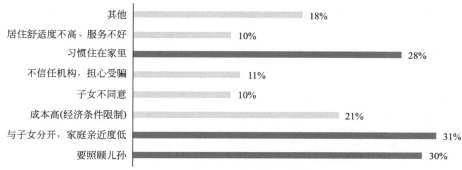

图4.9 长者不考虑机构养老的原因

### 4. 选择入住养老机构的年龄

在年龄方面，大多数长者选择70岁以后入住养老机构，其中选择80岁以上入住养老机构的长者较70～80岁入住的长者占比更高。这也体现出长者对于生活照料和医疗保健的刚性需求。以一线城市北京、上海、深圳为例，80%以上的长者选择70岁以后入住养老机构，其中选择80岁以后入住养老机构的长者普遍比70～80岁入住的长者占比高15%左右（图4.10）。

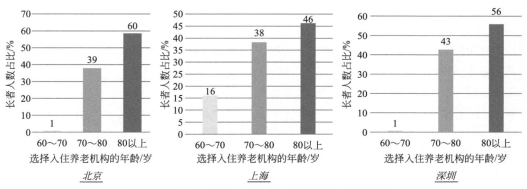

图4.10 一线城市长者考虑入住养老机构的年龄

## 三、关注因素

调研结果显示，长者在选择养老机构时首先关注的是原有生活圈层的保持，其次是养老机构的医疗服务能力和服务水平。

通过调研发现，长者虽然选择入住养老机构，但不希望与社会就此隔绝，仍渴望延续原有的社交关系。因此，他们希望居住在原居住地或子女居住地附近，以便于子女及亲友探望或自己走亲访友，维系亲情和原有社交关系。

长者对养老机构的医疗服务能力也颇为关注。随着年龄的增长，长者基本都有2～3种慢性病，心脑血管等疾病的发病概率也逐渐增加。养老机构是否可以满足他们的日常配药就诊、健康管理和紧急情况下的送医需求成为长者选择养老机构必然会考虑的因素。此外，养老机构的服务水平也是长者普遍的关注点，如餐饮安全、活动组织水平、工作人员素质及服务态度等（图4.11）。

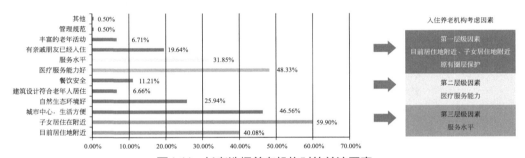

图4.11 长者选择养老机构时的关注因素

## 四、产品需求

### 1. 房间数量及功能需求

通过对北京、上海等20多个城市的市场调研结果统计分析发现，在房间数量需求上，70%的长者表示1个房间即可，28%的长者需要2个房间，极少数长者选择3个房间及以上。而第二个房间的使用功能排序依次为客卧、书房和长者分房睡。如图4.12所示，随着年龄的增长，客卧需求度基本维持不变，但重要性略微攀升。通过调研，我们了解到客卧通常是老人为子女、孙辈来访留宿准备的。这也在一定程度上说明，随着年龄的增加，长者对于子女的情感依赖也日渐加深。而同时，长者对书房的需求逐渐减弱，对保姆房

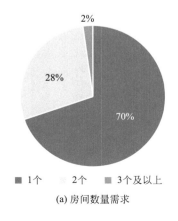

(a) 房间数量需求

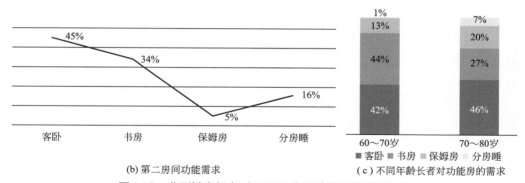

图4.12 典型城市长者对CCRC房间数量及功能的需求

的需求逐渐增加，70岁以后长者分房睡的需求也开始显现。上述这些调研结果也启示我们在老年人居室设计方面，应充分考虑房间功能的兼容性和可变性，以适应随着老人年龄增长导致的对于户型功能需求的变化。

关于房间的其他功能配置，我们可以看到随着长者自理能力的减弱，他们对厨房的需求逐渐弱化，仅36%的长者认为住处必须配有厨房。根据实际运营情况，长者入住社区后通常会优先选择食堂就餐，因此在CCRC户型的设计中，厨房功能可适当弱化。目前市场上多数CCRC项目的自理公寓内仅设置简易厨房操作台，以便于入住长者进行简单的烹煮、加热饭菜等操作。

相较于厨房，阳台的功能则显得重要许多。90%以上的长者认为阳台空间需要保留。随着年龄的增长，老年人户外活动参与度显著下降但又渴望与自然、与外界交流，阳台便是居室中老年人对外的交流窗口。同时阳台也可作为老年人晒太阳、锻炼身体和种植花草的空间，可以为他们简单的生活增添活力和乐趣（图4.13）。在CCRC户型的设计中通常会把阳台适度放大，在条件允许的情况下，建议将阳台进深做到1.8m左右，这样可以满足入住长者的各类休闲需求。

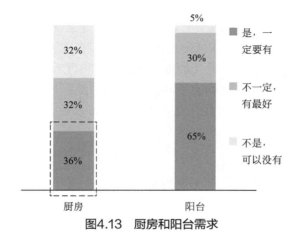

图4.13 厨房和阳台需求

## 2. 室内装修

通过对20余个城市的调研结果统计发现,约63%的长者会主动选择拎包入住,即包括硬装、适老化家具、家电在内的装修配置;27%的长者会选择软装(仅配置适老化家具),仅10%的长者选择硬装。

入住CCRC的长者多数年纪在70岁以上,大多数长者选择拎包入住主要还是出于他们的身体原因考虑,没有足够的精力去选择、配置合适的家具和家电。而选择仅配置适老化家具的长者基本都认为家电无需适老化设计,可以将家庭中原本使用的家电搬至养老公寓,没有必要再重新购买,造成不必要的浪费。我们在实际项目调研过程中,也遇到过少数长者仅选择硬装,他们会考虑把在原有家中已使用习惯的床、沙发、桌椅等家具和家电搬至养老公寓使用。这一方面是长者生活习惯的延续,体现出长者恋旧的情怀;另一方面也体现出中国老人哪怕是富裕老人,仍然质朴、节俭的品质与习惯(图4.14)。

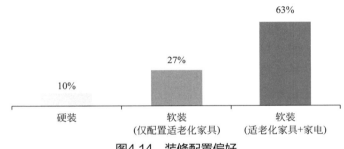

图4.14 装修配置偏好

## 3. 服务配套需求

服务配套是CCRC营造养老生活方式的核心所在。市场调研结果显示,长者们在服务配套上的需求可以分为核心需求、提升需求和低频需求三类(图4.15)。

(1)核心需求

核心需求主要是指包括餐饮食堂、入户保洁、健康管理、配药服务以及三甲医院绿色通道在内的医疗保健与生活照料的需求。随着年龄的增长,老年人对医疗的依赖度显著提升,需要日常血压、血糖等健康监测和日常配药服务,以及紧急情况下的快速就医。同时,身体机能的下降也导致他们没有足够充沛的精力完成做饭、打扫卫生等日常家务活动。因此,在养老社区中,多数长者会选择去老年食堂就餐,仅在室内进行简单的烹饪。

(2)提升需求

在日常生活照料和健康保健有所保障的基础上,老年人会开始追求丰富的业余生活,如打牌、读书看报、运动健身、参加各种各样的兴趣社团等,以充实他们的晚年生活,实现老有所乐、老有所成。这些需求可以统称为提升需求。

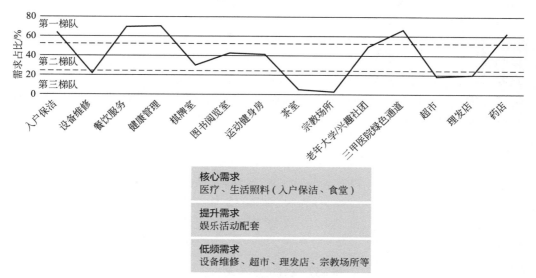

图4.15　服务配套需求层级

### （3）低频需求

低频需求是指理发、超市采购、设备维修、宗教礼拜等日常生活中需求频次较低，但也必不可少的一些活动事项。通常可以通过定期组织、陪同老年人去附近大型超市采购，以预约制的形式定期邀请理发师来社区内提供服务等方式来满足。

另外，不同职业背景的长者对于服务配套的需求略有差异，主要体现在科教文卫系统、公务员及事业单位退休长者对图书阅览室、书画室的需求明显高于企业退休的长者，其余则无明显区别（图4.16）。

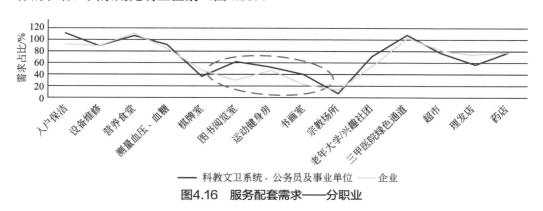

图4.16　服务配套需求——分职业

## 五、需求小结

综上所述，长者普遍需求功能完善但相对紧凑的户型空间，在保证居家氛围的同时也有利于实现产品的总价控制，维持较为合理的价格门槛。在配套与服务需求方面，CCRC应重点解决长者的医疗保健、日常生活照料和社交需求。

概括而言，CCRC长者客户的需求可以总结为"身、心、灵"三个层级，从居家功能满足、健康保障到文娱社交、精神充实，最后实现自我价值，获得成就感与自我认同，层层递进，步步升华（图4.17）。高品质的CCRC可以多维度满足长者的养老需求，是他们实现老有所养、老有所乐、老有所成的有力保障，也是健康、充实晚年生活的重要载体。

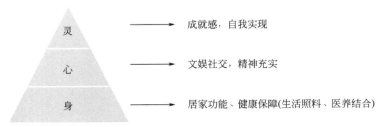

图4.17　长者的养老需求分级

# 第五章
# CCRC 的规划设计

## 第一节 相关设计指导规范

CCRC 项目的用地属性与建筑物自身属性的共同作用从根本上决定了在该地块上建设养老项目所适用设计规范的基本面。例如以 A6 社会福利用地做养老项目的,毫无疑问要以遵循养老建筑相关规范为主;再如以商业用地做养老项目的,常规情况下就需要同时考虑商业建筑与养老建筑的相关规范。但无论什么用地属性,只要在建筑功能上出现"养老"相关字眼的,就要执行我国现行的老年人设施相关设计规范。

虽然我国的老年人设施可以按照民用建筑的分类方式划分为养老服务设施(老年人公共建筑)与老年人居住建筑,各类老年人设施的分类也均有较为明确的定性(图5.1),但自 2018 年 10 月 1 日起实施《老年人照料设施建筑设计标准》(JGJ 450—2018),并废止原国家标准《养老设施建筑设计规范》(GB 50867—2013)和《老年人居住建筑设计规范》(GB 50340—2016)之后,老年人居住建筑暂无对应的新设计规范出台。因此在现行的规范体系下,无论是何种养老产品,但凡与养老相关的,都需执行《老年人照料设施建筑设计标准》(JGJ 450—2018)。需要注意的是,老年人照料设施的建筑

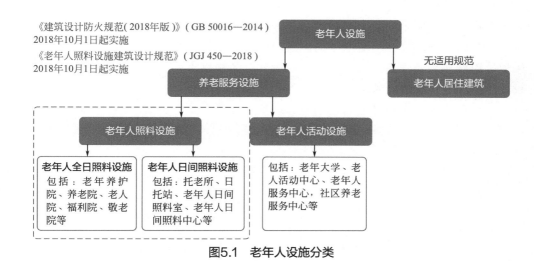

图5.1 老年人设施分类

性质属于公共建筑，因此对于养老社区项目中经常遇到的自理型养老居住套型，无论其产品形态多么接近于住宅，仍会在技术层面上被认定为老年人照料设施中的生活单元，并执行相应的公建设计规范。这一因素会使此类养老社区产品的一、二类高层认定、套型疏散口、消防喷淋系统等方面形成与传统住宅产品设计的显著不同。

除《老年人照料设施建筑设计标准》（JGJ 450—2018）之外，现阶段养老设计最直接相关的规范主要为《建筑设计防火规范（2018年版）》（GB 50016—2014）和《建筑防烟排烟系统技术标准（GB 51251—2017）》。在《建筑设计防火规范（2018年版）》（GB 50016—2014）中，有对养老设计非常明确的执行标准。

此外，在满足相关规范的基础上，在什么阶段以何种报建流程来使用该规范也是养老社区设计中需要进行科学筹划的要点。例如对于非养老用地的项目，如最终确定要按照养老功能使用，则需审慎考虑、提前谋划是在一次土建阶段即使用养老规范还是在二次装修阶段再使用，两者所涉及的土地条件、报规报建流程、工程设计与建设周期、建筑物验收条件等方面均有所差异。再如对于养老项目中遇到的大量扩建、改造与装修穿插混合的情况，以什么形式报规报建、适用于什么规范，都会对设计方案与设计工作流程产生重大、直接的影响。

本章以探讨公建性质的老年人照料设施为主，包括CCRC的规划要点，以及自理公寓、护理单元、养老会所、医疗配套等功能模块的设计要点等内容。

## 第二节　CCRC的规划原则

1. 整体性原则

CCRC是一个多产品线复合的社区，包括自理公寓、护理单元，以及配套型的医疗机构、养老会所等，以满足老年人从自理、介助到介护的完整的服务需求。在规划布局中，应以全局观念来系统规划、全面考虑不同产品功能之间的关系，在满足养老社区服务功能和服务效率的同时，体现建筑群空间的布局艺术性，避免单一呆板的组群布局。建筑形式和空间规划应具有亲切宜人的尺度和风格；居住环境的设计应体现出对于老龄人群的关怀。

同时，在满足不同老龄人群和服务人员的生活、工作需要的同时，还应通过对建筑形态、建筑空间的精心规划设计创造更多积极空间，促进长者之间的相互交往，提升整个社区的睦邻性。

2. 服务配套向心化与分级化原则

（1）服务配套向心化

养老社区与普通住区的本质区别之一即在于养老社区的服务配套，其在社区交付后需要长期运营，是实现入住老人"老有所养、老有所乐"生活方式的物理载体,也是养老社区的"活力发动机"。基于老年人的活动能力,养老社区综合服务配套的规划应在总体规划布局中相对居中布置,以保证较为均衡的服务半径,有效缩短老年人到达服务核心的路径,使其能够较为快捷地享受相应服务。

(2)服务配套分级化

在社区规模较大、综合配套体量也相对可观的情况下,还应注意服务配套分级化的规划原则,即根据服务配套的等级差异合理规划布局,避免集中式的服务配套造成服务半径过长、服务效率低下、服务品质降低等问题。通常来说,一级配套服务半径较大,可服务的对象数量最多,往往需要兼顾社区内外的服务功能;二级配套服务半径适中,以服务社区内部人群为主;三级配套主要服务组团内部人群,服务半径最小,服务强度也最小。

3. 组团化原则

在社区规划尺度层面,诚如养老社区综合配套力图提升老年人的心理归属感与社交性,占据养老社区绝大多数建设体量的居住模块也应通过适当的规划结构来强化这一努力。从老年人自身的需求来看,一方面,老年人的行动能力有限,过大的居住组团不利于其外出活动,也不便于社区提供服务;另一方面,人到老年后记忆力和认知能力有所衰退,对于居住环境和周围人群的辨识力下降,并不能够记忆太多的邻居。

因此,养老社区的组团规模应相对较小。组团空间的和谐尺度有助于老年人更好地熟悉周围的居住者,有利于邻里间的交往与沟通,使老年人精神放松,对社区产生认同感与归属感。对于围合化组团的尺度,以两栋楼围合作为最小的组团单元,可以有机延伸为四栋、六栋等较大尺度的围合。但规划层面的单个围合化组团尺度,最大不宜超出老年人步行 5～10 分钟的范围(图 5.2)。

4. 安全舒适性原则

养老社区的服务对象主要是老年人群,要以老年人群生活环境的安全、舒适为基本目标。随着年龄的增长,老年人身体机能出现不同程度的衰退,在设计中应注意采取充分的安全措施来消除安全隐患,确保老年人日常活动安全。例如,在社区交通环境中尽量采用人车分流的交通组织方式;尽量采用平坦路面,妥善处理空间高差;人行道路尽可能连续,减少老人穿越车行道的频率等,在交通体系中体现安全性与人性化(图 5.3)。

生理机能的衰退也会导致老年人对外界环境变化的适应能力下降,对温度、光线、风等因素的变化极为敏感,因此提高社区的舒适度非常重要。例如,应综合考虑社区日照、通风等气候条件因素,将活动场地布置在微气候宜人的位置;考虑老年人身体状况与步行距离,社区内应尽量多地设置休息设施;为应对老年人视力衰退的情况,应适度提高整个社区环境的光照度,保证照度均匀,消除局部阴影,同时注意避免眩光等。

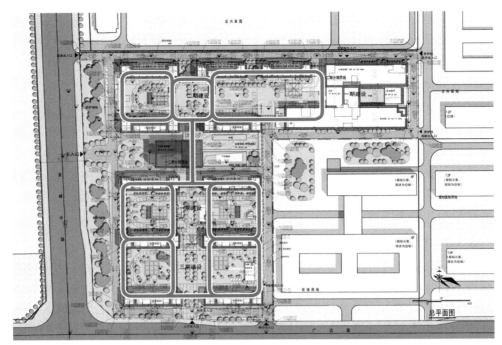

图5.2 以风雨连廊体系打造围合化组团

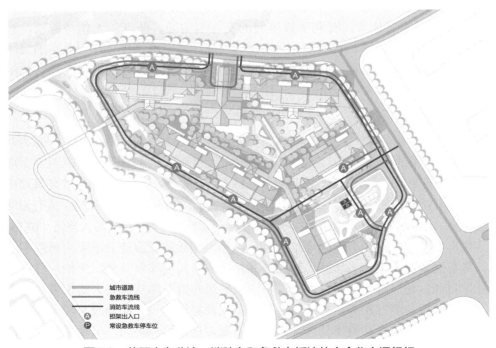

图5.3 兼顾人车分流、消防车和急救车抵达的安全化交通组织

5. 地域文化性原则

养老社区的规划设计在满足社区功能的基础上，还应充分考虑到项目所在地的风土人情、历史文化等特征，注重体现社区的地域性特征，从地域文化的角度出发考虑社区与人的关系，充分满足老年人群的情感需求。

鲜明、适宜的地域文化在养老社区设计中不仅是文化传承的体现，更能提升社区的亲和力和吸引力，具有年代感的地域文化符号也更容易让老年人产生怀旧感和归属感。因此，在养老社区的规划设计中应积极倡导利用地域性的材料、植物、文化元素等，就地取材、因地制宜地营造社区的景观特色和文化记忆符号，形成社区独有的精神文化风貌，营造高品质的养老社区生活环境，同时也加深老年人的情感认同与文化认同（图5.4）。

图5.4　体现地域文化的社区形象

## 第三节　自理型养老公寓单体设计

### 一、设计原则

自理型养老公寓的服务对象是60～80岁的健康状态良好、生活能够自理，同时对社区配套服务有一定要求的健康长者，核心是延续老年人原有温馨舒适的基本生活情境，强化社区配套的公共功能，调整老年人居家功能比例，以达到释放长者更多的时间、增加社交参与、实现自我追求的目的。因此，在设计上除了遵循相关建筑设计规范外，更应强调以下原则。

（1）居家氛围营造

自理型养老公寓是养老产品中与住宅最为相似的，因此居家感的营造具体可以体现在户型尺度与功能、标准层平面选型等方面。如保持公寓的功能完整性、面积相对紧凑性，尽可能以单元式的标准层布局为宜，保证户型南北通透、南向采光等。

（2）适度适老化装修

过度的、随处可见的适老化设计会让老年人产生年华逝去、能力下降的心理暗示。一方面，这对延缓衰老并无益处，反而会加速老年人生活与活动能力的退化；另一方面，无疑也会带来成本的增加。因此，在自理型养老公寓的装修、设计一体化过程中，我们更提倡"轻适老""隐形适老"的做法。

（3）配套功能和居住功能互补

普通住宅是起居、餐厨、卫浴、家政的完整化体系，而自理型养老公寓提供集中餐饮和家政清洁等服务。因此，自理型养老公寓在户型设计上，应在满足基本配置的前提下，实行"重起居、轻餐厨"原则，在有限的居室空间内优先考虑起居功能的满足与侧重。

（4）效率与品质的平衡

自理型养老公寓在设计之初就应以运营的思维去考虑和倒推设计的合理性。在相关设计规范的约束下，养老公寓在消防疏散、喷淋、暖通排烟、避难间、层高等方面与普通住宅均有所不同，得房率普遍较低。因此，很多时候需要在"出房率"与"户型尺度"之间有所取舍，也需要控制合理的服务单位规模与服务动线等。因此，自理型养老公寓设计的核心挑战在于效率和品质之间的平衡。

## 二、典型楼型设计要点

自理型养老公寓的楼型设计根据其地段、老年人的特点和需求有以下几个要点。

1. 城中高层，近郊多层

自理型养老公寓的楼型随着项目所处的城市区位和地段不同，建筑类型上也有着明显的差异。在城市中心区域，由于控规和城市形象的要求，一般地块较小、容积率较高，楼型一般以小高层和高层为主；在城市近郊，地块则相对较大、容积率较低，楼型一般以多层为主。按照相关规范与标准，多层养老公寓与高层养老公寓的主要差别在于建筑消防上对各自不同的要求。

（1）防烟楼梯间

① 建筑高度≤24m 的老年人照料设施，与非敞开式走廊连通的室内疏散楼梯应采用封闭楼梯间。

② 建筑高度＞24m 的老年人照料设施，其室内疏散楼梯应采用防烟楼梯间（图 5.5）。

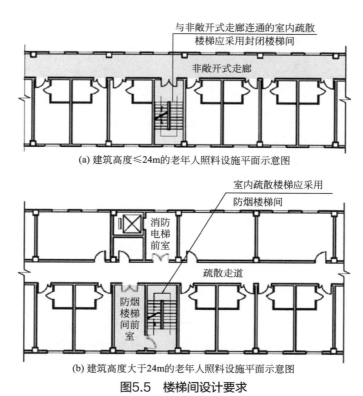

图5.5 楼梯间设计要求

[图片来源于《〈建筑设计防火规范〉图示》(18J811—1)]

（2）消防前室

① 建筑高度≤24m的老年人照料设施，设置挡烟垂壁即可（图5.6）。

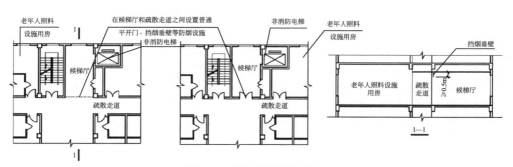

图5.6 挡烟垂壁设计要求

[图片来源于《〈建筑设计防火规范〉图示》(18J811—1)]

② 建筑高度＞24m的老年人照料设施，防烟楼梯间前室的使用面积不应小于6.0m²，短边大于2.4m，当与消防电梯间前室合用时，合用前室的使用面积不应小于10.0m²（图5.7）。

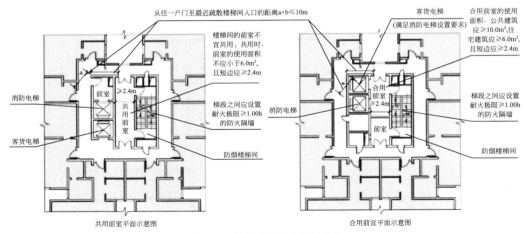

图5.7 防烟楼梯间设计要求

［图片来源于《〈建筑设计防火规范〉图示》（18J811—1）］

（3）避难间

① 3层及3层以上总建筑面积大于3000m²的，应设置避难间；2层及以上各层老年人照料设施部分的每个疏散楼梯间相邻部位设置1处避难间。

② 避难间可利用疏散楼梯间的前室或消防电梯的前室。

③ 避难间内可供避难的净面积不应小于12m²（图5.8）。

（4）消防电梯

5层及以上且总建筑面积大于3000m²（包括设置在其他建筑内）的老年人照料设施应设置消防电梯，且需设置前室。

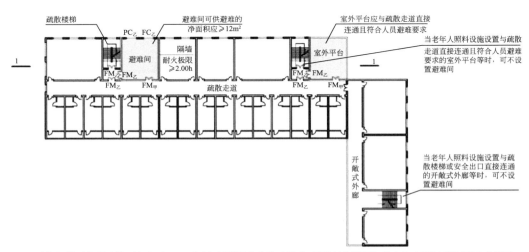

(a) 3层及3层以上总建筑面积大于3000m²（包括设置在其他建筑内3层及以上楼层）的老年人照料设施平面示意图

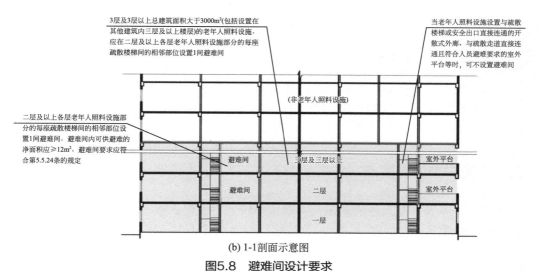

(b) 1-1剖面示意图

**图5.8　避难间设计要求**

［图片来源于《〈建筑设计防火规范〉图示》（18J811—1）］

### 2. 单元式布局，一梯多户

自理型养老公寓设计的核心是延续老年人原有的生活状态、保持其居家的生活氛围。同时出于销售时总价门槛控制的考虑，因此自理型养老公寓的标准层平面采用与住宅类似的单元式布局，一般每层布局6～8户为宜。同时，以套内面积为35～80m²的中小户型为主，既可以满足老年人生活的基本居家功能，又可以达到总价门槛相对较低的目的（图5.9）。

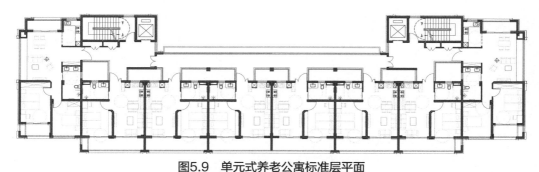

**图5.9　单元式养老公寓标准层平面**

### 3. 运营导向的服务单元规模控制

根据自理型养老公寓的运营管理经验，养老公寓管家与户数比为1∶25～1∶30，因此养老公寓单元的设计最好可以提前考虑未来运营管理的服务效率，以一个服务单元25～30户进行设计为宜，且应尽量避免实际运营过程中管家需要跨单元（跨楼层、跨楼栋）进行服务的情况。这样不仅会降低服务效率，同时也会带来服务团队人员的增加，提升人力成本。

## 4. 交通便捷，考虑社交空间设计

自理型养老公寓的交通体系应清晰明确，电梯设置方便住户，应均衡考虑同一楼层各住户到达楼层候梯厅的时间与距离。同时在条件允许的情况下，建议可适当放大电梯候梯厅、交通连廊与一楼门厅等公共空间部位的尺度。老年人经常停留与发生公共交往的空间（如门厅、候梯厅等）可重点考虑，如增设休闲座椅与沙发、绿植园艺空间等，促进长者社交活动的开展。

## 三、典型户型设计要点

自理型养老公寓入住的老年人家庭结构较为小型化。基于总价和功能需求的综合考虑，最常见的户型以单间、一室一厅、两室一厅为主（图5.10）。自理型养老公寓典型户型的设计要点具体如下。

图5.10　自理型养老公寓典型户型示意

### 1. 巧妙平衡套内面积与户型配置

在遵循建筑设计规范与适老化设计的前提下，自理型养老公寓与同一配置档次的住宅户型相比，套型面积明显较大。通常情况下，典型的单间户型套内面积为 $35\sim40m^2$，一居户型套内面积为 $50\sim55m^2$，两居户型套内面积为 $65\sim75m^2$。

按照《建筑设计防火规范（2018年版）》（GB 50016—2014）中对于公建的要求，自理型养老公寓套内面积超过 $50m^2$ 的，需设置两个疏散门。单间户型原则上不会出现两个疏散门的情况。常规来说，一居户型和两居户型的套内面积往往会超过 $50m^2$，需要通过巧妙的户型设计弱化两个疏散门的不利影响，提升户型的舒适度。对于一居户型，应结合项目实际情况尽可能将套内面积控制在 $50m^2$ 以内（图5.11）。

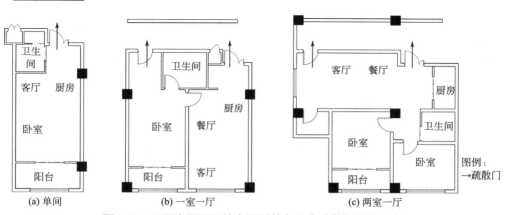

图5.11　不同户型面积的自理型养老公寓疏散门设置示意

### 2. 小而全，重居住，轻餐厨

与普通住宅一样，自理型养老公寓为老年人提供完善的生活起居空间。但因各户型套内面积的限制，难免在户型功能空间上需要有所取舍。通过对老年人生活习惯和生活场景等的研究，我们可以将户型内的功能空间大致划分为基础性空间与提升性空间两大类（表5.1）。

表5.1　自理型养老公寓户型功能空间构成

| 类型 | 具体功能空间 | 配置建议 |
| --- | --- | --- |
| 基础性空间 | 卧室、卫生间、收纳空间 | 标配，必选 |
| 提升性空间 | 餐厨、客厅/起居厅、阳台（晾晒、种植）、书房 | 兼顾 |

可以说，基础性空间是最低限度满足老年人基本生活需求的空间，是必须配置的。需要特别说明的是，基础性空间中除卧室、卫生间以外，还应考虑收纳空间的设置，且单间公寓这类的小户型应尤为注意，这也是在调研过程中很多入住老年人会反馈的情况。而提升性空间的设置可以进一步提升居住品质，涉及餐厨、客厅、

阳台与书房等，可根据实际情况合理分配，或采取一些一体化或替代性的设计手法尽可能地实现相关功能。例如，在考虑自理老年人大多数情况下会选择社区配套的食堂就餐，因此居室内的餐厨功能可相对简化，可采用餐厨一体化设计（图5.12、图5.13）。另外，很多高知老年人有写作、书法、阅读的兴趣爱好，在条件允许的情况下应尽可能设置书房这一功能空间，在中小户型中则可以考虑尝试在卧室内设置小书桌，为老年人创造一个较为独立的阅读空间。

图5.12　自理型养老公寓户型功能示意

图5.13　自理型养老公寓一体化餐厨效果

## 3. 兼顾适度适老与居住舒适度的需求

自理型养老公寓应采用全明户型设计，每个户型原则上尽量减少北向房间的设置，至少满足一个开间朝南，尽可能做到两个开间朝南。

具体到各个户型的尺度，建议单间户型以面宽 4～4.2m，进深 8～9m 为宜；从图5.14可以看出，单间户型面宽3.9m的情况下，在保证玄关空间舒适及侧墙餐厨等功能齐全的前提下，卫生间虽满足无障碍设计要求但尺度过小，导致舒适度欠佳；若单间户型面宽为4.2m，则户内各功能空间的尺度均较为舒适。其他户型的主卧、客厅面宽建议不小于3.6m（最低3.3m），次卧面宽不小于3.3m，且主卧进深需能够并排摆放两张单人床。

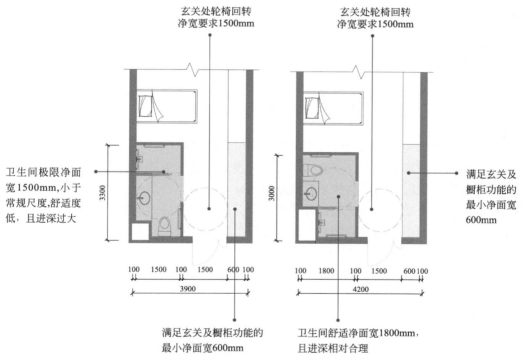

图5.14 自理型养老公寓卫生间尺度要求

## 4. 关注室内适老化精细设计

在户型内部尽量考虑起居、卧室、阳台等区域的开门条件，实现房间内部的洄游性；尽量可以实现双面宽阳台的设计，且阳台进深以1.8m为最佳，尽量不小于1.5m。这样不仅可以形成洄游动线，也可以满足老年人在阳台晾晒、种植花草等需求。同时，在各生活空间尽量实现视线联系，通过矮墙、宽通道、通透隔断及室内窗等划分起居、厨房、餐厅等空间，以创造开敞而丰富的空间感受（图5.15）。

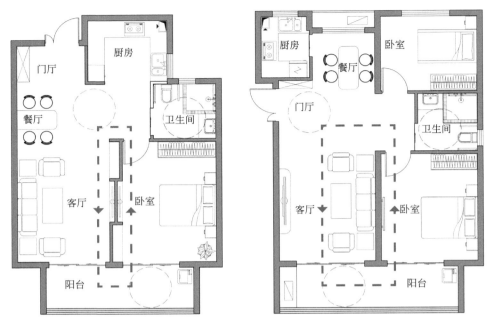

图5.15　具备洄游性路径的户型空间

5. 考虑全生命周期的使用功能变化，预留改造空间

刚入住的低龄老年人自理能力尚可、护理要求低，生活场景感要求高，追求正常的居家生活氛围，对户型的功能要求也与住宅差别不大。一定时间后，老年人的照护需求会显著增长，相应地也会带来夫妻分房和保姆房的需求，因此建筑平面应提前预留合理的改造条件。如图5.16，建筑平面的开间尺度及户型设计考虑了可以实现自理户型内部功能的灵活转化与调整。

图5.16　功能灵活可变的自理型养老公寓户型设计

## 第四节 照料单元设计

照料单元为中、重度失能长者以及失智长者等刚需型养老人群提供康复保健和医疗护理服务，是满足老年人全生命周期服务需求的重要组成部分。对于CCRC来说，照料单元也是重要的辅助功能模块。

### 一、设计原则

照料单元就其实现形式来说，可以是医疗护理机构或养老机构。由于医疗护理机构应遵循相关医疗设计规范，因此本章节聚焦于养老机构设计要点的阐述。

养老机构主要为失能、半失能、失智长者（一般为80岁以上）提供生活照料与医疗护理服务，具有集中护养的特点。这也决定了其设计原则更加强调以下几点。

（1）安全

因其集中护养的特点，养老机构的设计需要最大化保障护理服务安全、医疗服务安全、药品安全、食品安全，防止跌倒摔伤，出现紧急情况时能够及时救援等基本安全需求。

（2）效率

也因其集中护养的特点，养老机构的设计要能够尽量提升其运行效率。只有合理规划服务单元和服务流线，养老机构的运行效率才能提高，实现运营过程中人力、能源、维护、管理等各项成本的合理负担，才能实现可持续运营。

（3）去机构化

养老机构毕竟不是医院，而是以照料老年人长期生活为目标。因此，在满足安全与效率要求的同时，应在设计的各个层面削弱冰冷的机构感受，增强居家生活的归属感，让老年人在其中的生活更有尊严。

### 二、设计要点

1. 以"组团式"原则组织功能序列

照料单元的设计要点以"组团式"原则为核心。"组团"是照料单元概念的进一步深化，是老年人日常生活活动的最基本单位。以"组团式"原则来组织照料单元的空间设计，首先表现为自公共到私密不同属性的空间序列（图5.17）。

① 大厅、多功能厅、洽谈室、餐厅、康复与医疗用房等空间属于公共空间，一

般不仅仅服务机构内的老年人，还兼具一定的服务外溢功能，同时也是机构内老年人与外来人群进行公共交往的主要"窗口"空间。

② 集中助浴室、文娱健身用房、各层电梯厅等主要面向院内公共服务的空间属于半公共空间，老年人在此参与一些较为低频的日常服务和活动。

③ 每个照料单元的公共起居厅属于半私密空间。居住、活动在其中的老年人之间、老年人和服务人员之间都相互熟识，有很强的领域感和归属感，是老年人最为高频使用的公共空间。

④ 老年人的私人卧室属于私密空间，同公共起居厅相似，也是老年人最为高频使用的空间，但更应保障其基本的隐私需求。

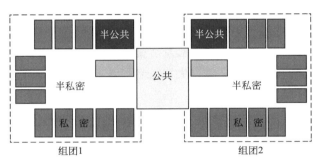

图5.17　机构型标准公共配套组团配置模型

### 2."组团式"原则提升效率

从公共到私密序列组织的组团式空间是提升养老机构运营效率的有效举措。例如，充分学习最小化患者移动流线的精益医疗设计理念，按照公共与私密功能的使用频度不同，将养老机构的各层业态辐射化布局，减少老年人不必要的交通流线，有序组织外来人群的交通流线，减少不同人群流线繁复混杂所引发的潜在安全风险与管理成本。

在典型照料单元内部，组团式空间也能够最大化提升服务效率。以最典型的组团服务岛为例，其位置选择需要在精简服务岗位与最大化服务视线之间取得均衡，保证各层组团公区服务的及时性、安全性、高效性和可达性。通常来说，服务岛选点需要能够尽可能多地实现对电梯厅、走廊、组团公共起居厅、居室房门的视线覆盖（图5.18）。因此，电梯厅（或电梯厅出入口）、组团公共起居厅、服务岛这几个功能通常贴邻布置，实现以尽可能少的岗位配置兼顾到尽量多的组团空间的目的。而强调起居厅的组团公共活动核心功能，也有助于同一组团内的老年人之间、老年人与护理人员之间形成稳定、温馨的生活归属感，进而改善老年人的生理心理状况。

高效组织组团内的后勤服务模块也是提升养老机构运营效率的关键。在一个典型的照料单元内部，后勤服务可以归纳为典型的三大模块。

图5.18 照料单元组团功能模块与服务视线的关系

① 组团办公模块。需要整合服务岛办公人员、服务人员临时休息、夜班值班、档案（可选）、药柜（可选）、服务人员更衣及卫生间（可选）等细分功能。

② 餐饮模块。根据不同的分餐与送餐模式，需要整合取餐、餐车与餐具储存、分餐、送餐等细分功能。

③ 助浴污洗模块。需要整合更衣、干发、洗浴等助浴功能，以及卫生间、污物间、清洁间、库房等。

后勤服务模块的布置，应尽可能以通畅连续的流线来减少护理人员的服务距离，例如组团办公模块紧邻公共起居厅设置，助浴污洗模块与污梯、货梯相邻设置等。同时，在各个后勤服务模块内部，也应尽量减少服务人员的移动距离。

3. 优化组团资源分布

一个典型的照料单元几乎要满足老年人日常生活的所有需求。因此，在一个规模有限的组团内如何分配环境资源也是设计方案中需要重点权衡的内容。

首先，需要高度契合客群定位及养老运营服务理念。例如对于日照和景观资源的分布，是优先给居室，还是优先给公共起居厅，需要结合日照设计相关规范、老年人护理程度、主要客运电梯位置、后勤服务模块位置、护理方式等综合权衡，提升整体价值。

其次，在组团内资源欠佳的区域，设计方案需要能够扬长避短，同经营策略进行良好衔接。例如在养老机构中常见的通廊式房间，北侧房间普遍缺乏良好日照且容易同各类后勤、设备与交通模块相邻。在此情况下，可以通过差异化南北侧房间进深，差异化南北侧居室阳台配置，将北侧居室房型灵活地调整为多人间、单人间或标准间组合等方式，以尽量提升北侧居室的价值，或者通过提升床位服务效率来提升经营价值（图5.19）。

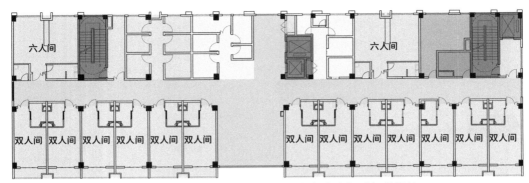

图5.19 通过提升北侧居室床位服务效率来提升经营价值

4. 其他通用性设计要点

除"组团式"原则之外，照料单元还有其他通用性设计要点，具体如下。

（1）尽量实现老年人活动的洄游性动线

照料单元组团是老年人最主要的日常生活空间，因此需要拓展老年人的活动路径及空间感受。例如在有条件时，利用公共起居厅、阳台、露台、电梯厅等空间实现洄游性动线，在老年人的活动路径中尽量减少尽端式单向空间。

（2）主动规避消极空间

例如，老年人居室和公共起居厅不应与电梯井道和有噪声振动的设备机房等相邻布置；老年人的主要活动路线上应有意识地规避污物间、清洁间、设备房、分餐间等应由服务人员管理和使用的空间，或在流线交叉时能通过软硬装的设计处理避免老年人误入。

（3）要有体系化的收纳空间

首先，收纳空间应该充足，大至专门的储藏间，中至各类储藏柜，小至结合适老化家具设置的储物袋，都应该在建筑与室内尺度等方面精细化挖掘各类储藏的可能性。

其次，收纳空间应根据使用人群与收纳物品的不同有所区分。例如，后勤服务模块中的收纳空间应专供服务人员使用；公共起居厅的收纳空间应优先供老年人使用，使老年人可以便利地拿取物品，也使空间随时保持整洁；档案、药品和具有一定危险性的清洁用品等，需要有专门的封闭空间储藏。

（4）交通空间注重无障碍通行与流线简洁

设计应注意保证轮椅使用者的通行，放宽通行宽度，注意老年人主要动线的近便，也需注意利用电梯形成简洁的流线。在居室入户门、电梯厅等区域应有意识地放大处理，除了增加空间的变化趣味，满足轮椅日常使用，还需严格按照护理床的行进转弯路径进行复核，以备紧急情况下的迅速处理。

## 第五节　失智型组团的典型设计要点

一般来说，失智人群是养老机构中最难护理，但又容易被忽视的对象。失智人群在老年群体中的绝对占比已非常可观，且随着医疗水平、意识观念的发展，社会各界对失智人群的关注也日益增加。对于有条件的养老机构，设立专门的失智型护理组团是很有必要的。

失智型组团的设计需要了解失智老年人的基本特点。首先，各年龄段的老年人都有可能出现失智症状。其次，失智并不意味着老年人身体活动能力的丧失，有些老年人失智与失能同时存在，而有些老年人身体活动能力很强但失智程度很高。再次，由于生活经历、脑部病变症灶和发病原因的不同，失智的表现症状具有很大的差异性，有些失智老年人安静失忆，而有些则狂躁且有攻击性，还有些失智老年人对某些生活片段有明显反应。这些都决定了失智型组团在设计上的一些特殊要点，具体如下。

① 专门服务失智老年人的照料单元原则上应单独设置，且每个照料单元的设计床位数不宜大于20床。

② 失智型组团的居室原则上应以单人间为宜，且内部家具可以简单配置，避免狂躁型老人带来的风险；也可鼓励长者自带家具，自然延续长者的原有生活氛围，避免长者心理大幅波动对失智症状的刺激。同时，即便在失智型组团中，仍可酌情设置部分夫妻双床间，这样也能够尽可能平缓地延续失智型老年人的生活氛围（图5.20）。

③ 根据不同的失智护理要求，可以考虑部分居室的卫生间于居室外独立设置，2～3位老年人共用一间。此举较为适用于部分狂躁型失智老年人，在护理员的陪伴下完成如厕、洗浴等动作，可以避免风险。此类独立式卫生间内也应尽量设置带有提醒功能的色彩鲜明的马桶盖和扶手等。

④ 失智型组团相对普通护理组团来说更强调洄游性，应该尽可能减少尽端式走道，通过洄游性路径增加趣味性，有利于失智长者对室内空间的感受。

⑤ 失智型组团适合融入一些主题设计元素。例如记忆墙的设计，不仅具有展示性功能，更能通过老照片、老物件等勾勒出时代面貌，与入住长者产生共情，利于长者对旧时光的回忆，锻炼思维。

⑥ 失智型组团尤其需要考虑色彩运用，可以通过主题性的色彩增强失智组团的情景感与可识别性，同时也应避免对比度过强的色彩搭配，以减少压力和焦虑感。

⑦ 失智型组团需要有专门的防走失措施。例如有与服务岛护理员配合的专用门禁；在电梯厅、电梯轿厢、楼梯间等区域设置专用的防走失按钮组合等。

⑧ 有条件的话，可以酌情考虑利用屋顶花园等较为封闭式的室外场地打造失智疗愈花园。

164 | 中国式持续照料养老社区开发全流程解析：CCRC 的中国本土化实践经验

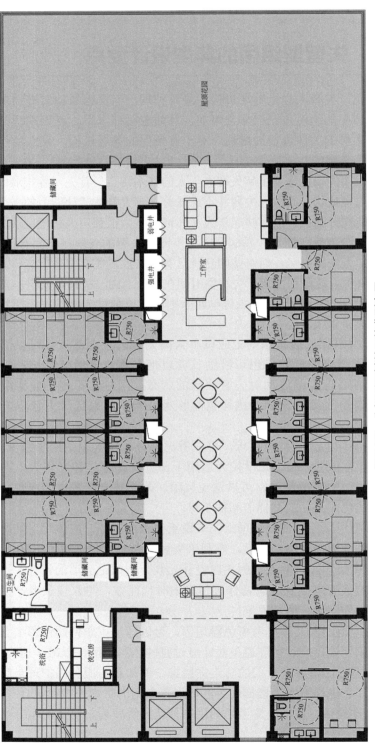

图5.20 失智型照料单元的典型布局

## 第六节　养老综合配套设计

### 一、配套规模与内容

养老社区的服务配套是实现养老生活的重要空间载体，对于品质退休生活的营造起到至关重要的作用。一般来说，养老项目的档次越高，其配套的规模就越大。但更大的配套规模意味着更多的成本投入和远期运营压力，且容易直接侵占居住产品的规模。因此，配套规模从根本上来说，是一个综合考虑项目定位、客户属性、商业模式、运营方案、规划设计的平衡取舍过程。综合来看，CCRC的服务配套可以分为基础生活、休闲文娱和健康医疗三种类型（表5.2）。

表5.2　CCRC服务配套类型

| 类别 | 配套内容 |
| --- | --- |
| 基础生活 | 餐厅、便利店、美容美发店、按摩室（SPA）等 |
| 休闲文娱 | 老年大学、棋牌室、阅览室、多功能厅、影音室、泳池、台球室、茶艺吧、禅修室、卡拉OK厅、乒乓球室、门球场、健身房等 |
| 健康医疗 | 门诊室、医务室、健康管理中心、护理院、康复医院等 |

通过调研典型CCRC的配套情况，我们发现中高端CCRC的文娱生活配套面积占项目规模的比例为6%～12%左右，户均配套面积约为7～10m$^2$（表5.3）。

表5.3　典型CCRC文娱生活配套情况（不含医疗机构）

| 项目 | 项目规模/m$^2$ | 配套规模/m$^2$ | 户均配套面积/m$^2$ | 配套占比/% |
| --- | --- | --- | --- | --- |
| 泰康之家燕园 | 310000 | 13000 | 4.3 | 4 |
| 万科随园嘉树 | 64000 | 4500 | 7.8 | 7 |
| 天地健康城 | 150000 | 8000 | 6.5 | 5 |
| 泰康之家申园 | 220000 | 24000 | 10 | 11 |
| 泰康之家蜀园 | 220000 | 19000 | 10.7 | 8 |

从配套的具体功能来看，CCRC中必不可少的功能包括老年大学、营养餐厅、健身房、棋牌室、阅览室、多功能厅、理发店、健康管理中心或其他医疗配套（如泰康的康复医院）等。上述这些功能直接关系到老年人的日常就餐、健康管理、休闲娱乐等基础生活需求。而其他诸如游泳池、SPA按摩室、佛堂/礼拜堂、儿童活动中心、便利店等一定程度上非刚性的需求则可根据项目定位、档次与实际可分配的配套面积予以酌情考虑。

## 二、设计原则

### 1. 配套分级原则

配套分级原则从运营逻辑方面来说，主要是将相对最公共的配套功能集中、核心化布局，缩短服务半径，提升使用率和服务能效；从客户维度方面来说，是在兼顾运营效率的前提下，增强短距离近家范围的公共服务设施配置，加强老年人使用公共配套的便利性，也能够更加鼓励老年人参与到各类公共活动中。

配套分级原则是与老年人的行动能力息息相关的，在大规模的养老社区中尤其需要注意。一般来说，公共配套分为城市级、区域级、社区级和组团级，对于社区级和组团级的配套更应尽量中心化布置并保证其均好性。以上海天地健康城项目为例，一级配套为德颐护理院，是具有对外医疗服务功能的城市级配套；二级配套为社区级配套，服务半径主要为500m范围内，步行10分钟可达，包括会所、生活超市等；三级配套为组团级配套，服务半径主要为200m范围内，步行5分钟可达，主要为邻里中心。以上形成了层级分明的三级配套体系（图5.21）。此外，天地健康城还配置有养生公园、球场、室外健身区等室外休闲娱乐配套，在社区内均质分布，以适配老年人短距离、目的性弱、更多自由选择的行为方式。

图5.21　上海天地健康城的分级化配套服务体系

### 2. 社交性原则

要让入住长者在养老社区中感受到原有生活状态的延续，产生情感共鸣，拥有精彩纷呈的社交活动就显得尤为重要。因此，养老社区综合配套的设计需要采用各种手法来增加和激发社交活动的空间。例如针对老年人日常生活中经常上街购物的特点，可以在综合配套中引入"老年生活Mall"的理念，将各个公共配套模块通过"回"字形流线串联，沿街设置餐饮、集会、接待、售卖、休闲、医疗、康体等一系列功能空间，并在室内外的立面效果上增加体现逛街氛围的设计元素（图5.22）。若养老社区的配套功能体现为一个相对集中的养老会所，"回"字形的布局手法也同样适用。此举不仅适合老年人行动的洄游性特征，也促使老年人像逛街一样使用活动配套，自发地产生参与活动和彼此交往的冲动，提升社区公共生活的活力。

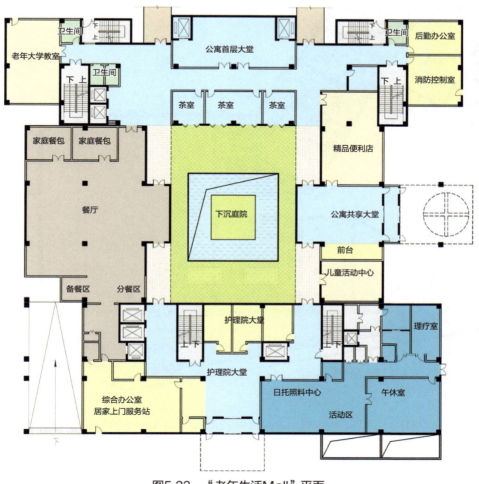

图5.22 "老年生活Mall"平面

3. 兼容性原则

老年人入住养老社区后的居住周期短则三五年，长则数十年，对于大多数老年人来说，养老社区会是晚年生活中最稳定的居住场所。而老年人自60～70岁的低龄时期至80～90岁的高龄时期会逐渐经历自理、介护、介助等需求差异的各个阶段。因此，养老社区的综合配套应尽可能地考虑全生命周期的变化余地，同时也能够更加积极地应对未来十几年或几十年的社会发展。

为了能够尽可能适配全生命周期的发展变化，养老综合配套尤其是文娱生活配

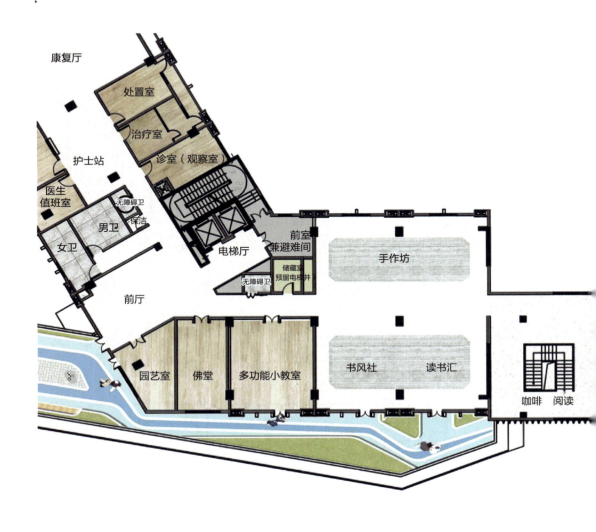

**图5.23　削弱专业化属性的文娱生活配套平面**

套模块在规划设计中,应适当降低各空间的专业化属性,避免某一空间只能做某一特定活动,也避免盲目追求业态细分后所导致的功能房间过多过碎的窘境。例如,与其设置多个卡拉OK厅、舞蹈室、曲艺室,不如将这些功能面积整合为一个多功能厅,在其内部设置软质隔断以保留灵活分隔的潜力,便于根据使用人数和兴趣目的自由调整(图5.23)。再如,考虑到大型活动举办频率低、场地日常闲置严重的情况,不建议盲目设置超大型的专业宴会厅或表演厅等,而应考虑融入餐厅、内院等

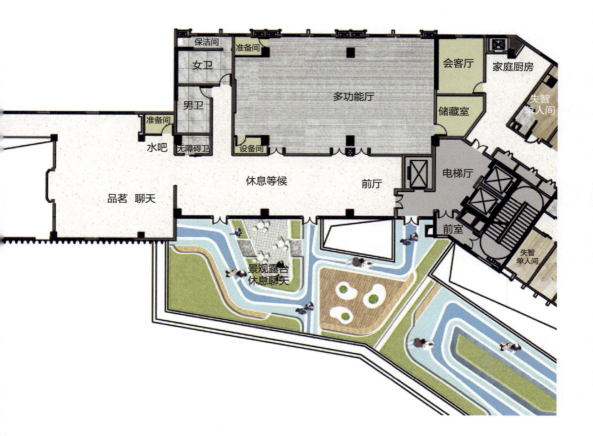

空间，采用落地门窗、活动软质隔断等做法，使得餐厅、内院、前厅等空间可以灵活连通以便于开展大型集体活动。

需要注意的是，空间的全生命周期发展意味着水电及智能化系统的精细化考虑与预留。这类设备系统的配置原则也应是在满足相关规范与基本使用要求的情况下，降低设备系统的过度专业化属性（如与表演相关的声、光、电设施），以及适度提升水电容量的预留。

## 三、设计要点

养老综合配套中的健康医疗配套涉及到医疗机构，相对独立且专业性强，遵循相关医疗体系设计规范即可。相对来说，基础生活配套和休闲文娱配套在设计时灵活度较大，且因不同项目各具差异性的区位环境、用地规模、地形特点、客户定位等因素，并无放之四海而皆准的设计模式。本节仅就较为通用的设计要点进行梳理。

### 1. 基础生活配套

"民以食为天"，餐饮配套是养老社区内日常需求最旺盛、使用最频繁、受众最全面的配套模块。因此，在基础生活配套中需重点关注餐饮配套的设计要点。餐饮配套需要满足自理型、介助型及介护型老人的不同餐饮需求，也要考虑独自就餐、社交活动就餐、家庭聚餐等不同就餐场合，还要根据客群细分提供堂食和送餐的不同服务方式，以及妥善设置员工用餐空间。上述每种需求的背后都意味着要有相应的餐饮团队、服务人员和商业模式来进行支撑。餐饮配套能否成功设计，会显著影响老年客户的满意度与开发主体的长期运营效益。因此，餐厅的位置选择、规模配置、各类流线的规划、空间环境的打造等都是在餐饮配套设计中需要仔细论证和推敲的问题。

而对于养老社区中餐饮配套的规模，《老年人照料设施建筑设计标准》（JGJ 450—2018）中有相应的条文给予规定：护理型床位餐厅座位数不低于所服务床位的40%，且每座使用面积不低于4m²；非护理型床位餐厅座位数不低于所服务床位的70%，且每座使用面积不低于2m²。但需要注意的是，上述规范中规定的餐厅规模仅是底线规模，并未对餐厅在建筑水平和垂直方向上的分布有所指引。因此除了满足规范底线要求之外，养老社区餐饮配套的规模及分布更应根据不同养老运营方的餐饮服务方式及要求来制定。

（1）集中式餐厅选址要点

集中式餐厅在养老社区中的选址是以下几大重点因素平衡的结果。

① 应考虑总体规划的均好性，参考老年人常规5～15分钟的步行距离，尽量中心化布置。

② 应适合运营方的运营模式，酌情毗邻社区主入口或城市主路，使餐厅兼具错峰对外营业的功能。

③ 应靠近需送餐的护理型楼栋，减少送餐距离（图5.24）。

④ 应重点考虑厨房的规模与位置选择，保证便利的后勤动线，且尽量设置在独立楼栋或裙房附楼，避免厨房楼上还有大量居住单元的情况，以减少排烟、卫生间等因素对楼上各层住户的影响。

（2）集中式餐厅设计要点

集中式餐厅的设计应注意以下要点。

第五章　CCRC 的规划设计 | 171

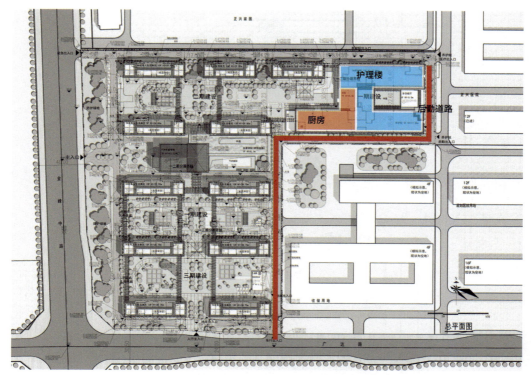

**图5.24　集中式厨房及餐厅设置便于服务护理型楼栋**

① 集中式餐厅每天均有显著的货物、污物及服务人员的人车流，因此应有便捷的后勤车道能够服务，且最大化避免对社区内部步行环境的干扰。当把厨房设置在地下时，需使地下室净高能够满足厨房日常货运车辆的通行。

② 自理型老年人以集中用餐为主，一般将餐厅与公共活动区域结合设置；护理型老年人以送餐上楼、分护理组团集中或入户用餐为主，一般将餐厅与各护理标准层的公共活动区结合设置。

③ 对于自理型老年人的集中餐厅，由于老年人用餐呈现短时集中的特点，翻台率低，因此条件允许的话宜设置得大一些。同时，可以优先考虑设置多个餐厅，或将一个集中大餐厅分解为一个较大餐厅配套若干个小餐厅。此举能够提升就餐空间的品质感，让老年人有更大选择权以提升其心理满足感。但需注意的是，对于非超大规模的大多数项目而言，即便按照多个餐厅设置，也应能够由同一个厨房后勤系统服务，以节约厨房设备投资和运营成本。

④ 集中式餐厅需要设置若干个餐饮包间，以满足各类较私密的聚餐使用。

⑤ 集中式餐厅附近可以考虑有机设置若干个兼具临时餐厅功能的多功能空间，或结合架空层、连廊放大区等半室外灰空间，预留餐位临时延展的可能，以适应不同季节和场合下的各类餐饮场景，如春节年夜饭、节庆日的宴会聚餐等（图5.25）。

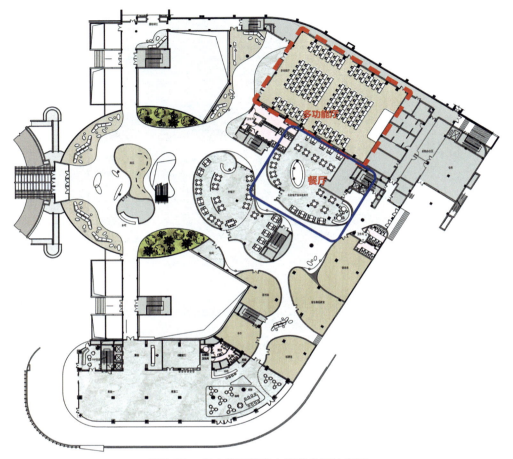

图5.25 多功能厅兼容大型宴会厅的布局

2. 休闲文娱配套

休闲文娱配套是养老社区三大配套模块（基础生活配套、休闲文娱配套、健康医疗配套）中较为弹性的部分，但它对切实丰富老年人的日常生活，提高社区活力品质，提升客户满意度而言是不可或缺的。对于休闲文娱配套模块来说，其核心挑战在于精准制定配套规模，突出全生命周期的多功能使用潜力，同时挖掘其经营效率与价值。

从设计规范来说，休闲文娱配套模块的规模仅需满足使用面积不小于$2m^2$/床（人）的底线要求❶。但从项目实操角度来说，这一底线要求往往难以满足实际使用和项目品质的需求。休闲文娱配套模块涉及的具体功能业态细项繁多，包括生活类（如餐厅、便利店、美容美发店等），文化类（如老年大学、图书阅览室、多功能厅、茶艺室、花艺室、禅修室等），娱乐类（如棋牌室、影音室、卡拉OK室、儿童中心等），体育健身类（如按摩室、泳池、台球室、乒乓球室、门球场、健身房等）。

---

❶ 参考《老年人照料设施建筑设计标准》（JGJ 450—2018）。

从设计要点来说，首先，休闲文娱配套不宜一味追求专业化的细分功能，应考虑全生命周期的功能可变性与可拓展性（图5.26）。

图5.26　适配销售体验时期与运营使用时期的文娱生活配套单体布局

其次，休闲文娱配套应充分和各类建筑灰空间结合，预留运营期的可扩展性。例如，在南方的项目中利用架空层，在合法、合规的前提下预留地下、半地下区域的改造空间等。

另外，休闲文娱配套是最有潜力也最应当贯彻公共性原则的。休闲文娱配套的各类空间节点中均应当采用适当的设计手法来促进公共交往。但需要注意的是，空间节点的丰富并不能过于牺牲运营的安全性和高效性，应注意避免视觉盲区空间或针对可预见的风险点进行有效防控，取得良好平衡。一些常用的促进社交活动的设计手法如下。

① 对于休闲文娱配套的主路径，应尽量实现路径的洄游性，且有意识地进行局部的放大或转折，尽量避免笔直同宽的走廊空间（图5.27）。

② 结合主入口等主要人群集散位置设置架空层、雨棚、室外风雨连廊等灰空间。

③ 注重室外景观的融入，也可以考虑灵活布置种植台、垂钓池、花鸟鱼虫等景观小品。

④ 在首层酌情设置一些可以全部打开的落地窗，促进适宜气候条件下的室内外互动；但需注意室内外交接界面的无障碍及遮雨防滑处理。

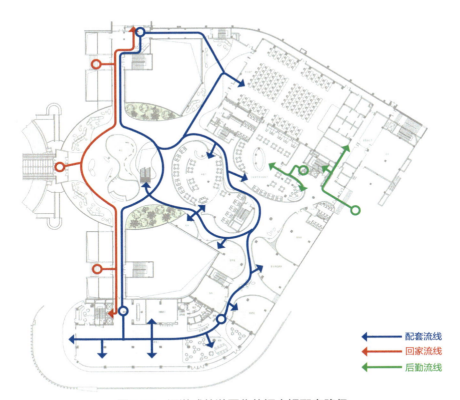

图5.27　洄游式的游园化休闲文娱配套路径

⑤ 多创造一些主动、被动的看与被看的视线交流机会。

⑥ 有意识地在健身区域、社区广场等常规人员密集空间布置一些附属的小型休憩设施。

⑦ 可在有条件的区域零星设置三五个一组的非正式茶座。

### 3. 健康医疗配套

首先需要说明的是,养老社区中的养老机构或医疗护理机构作为养老产品线之一,不作为配套考虑。本节所指的健康医疗配套是指健康管理中心与门诊部、专科医院、综合医院等医疗机构。通常情况下,养老社区健康医疗配套的具体内容是根据养老社区定位、周边医疗资源集聚程度、区位属性、开发者自身资源属性等多方面因素的综合评估确定的。

与养老社区最常结合的医疗机构分类,按照医疗属性由轻到重、医疗门槛由低到高排序,可以包括健康管理中心、门诊部、专科医院、综合医院等(图5.28)。

（1）健康管理中心

在很多情况下,健康管理中心可以不需要申领专门的医疗证照,其具体功能空间包括放置健康检测设备的检测大厅和2～3个常规诊室即可。老年客户对健康管

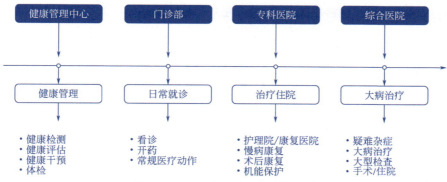

图5.28　健康医疗配套的分类分析

理中心的心理期待更多的是保健调理与健康监测，治病、治疗的诉求较弱。因此，健康管理中心在养老社区中的规划选址也最为灵活，可独立也可合用，经常与社区的休闲文娱配套结合设置，或在社区养老会所中设置。

（2）门诊部

门诊部及更高级别的医疗机构则必须获取对应的医疗证照。门诊部的呈现形式包括独立的综合门诊、社区卫生服务站、养老机构内设医务室等。老年客户对门诊部的心理期待是满足非紧急情况下的日常检查、开药、门诊、治疗、理疗等医疗健康需求，一般不要求提供住院床位。因此，门诊部的规划选址也相对灵活，可以同养老照护机构、社区街道用房、裙房商业配套等结合设置。

（3）专科医院

专科医院在养老社区中出现时一般呈现为康复医院、老年病医院、骨科医院、中西医结合医院等二级医院或医疗机构序列中的护理院。养老社区中的专科医院应能够满足大多数老年人非急病期的各类常规医疗需求，也包括短期的住院服务。常规来说，专科医院的规划选址需要独立用地、独立楼栋。

（4）综合医院

综合医院一般都会以达到三级医院等级为设立目标，各科室设置综合门诊、医技、住院等功能完备，原则上应能够满足老年人的各类医疗需求。如果养老社区项目中要设立综合医院，则除了独立楼栋之外，有条件时更应该争取红线独立、用地属性独立的专门用地，且必须能够有直接接入至少一条城市干道的条件。

自门诊部及以上级别的医疗机构在规划设计标准上均有较为健全的政策指引，均需执行医疗设计相关规范。一旦确定了养老社区中医疗机构的定级定性，规划设计工作的开展也就有了可执行的抓手。但同科学的养老设计一样，医疗机构的设计也应围绕医疗运营方的具体要求和运营特色来制定针对性的设计方案。因此，医疗机构运营方的尽早介入也是需要养老社区开发者重视的。

需要注意的是，医疗机构具有典型的"双刃剑"效应，即大部分老年客户虽然都希望自己的日常生活能够方便地获得医疗服务，但又在心理上较为避讳或抵触在日常生活中同医疗机构发生过多的直接交集。因此，养老社区规划设计需要注意对较高等级的医疗机构进行精细化的设计处理。一些较为通用的设计要点如下。

① 保证医疗机构的独立用地、独立交通、独立管理。

② 对病患、污物、逝者等消极流线进行分时段的精细化管理，并在总图流线规划层面以最快的方式疏解。

③ 结合医疗机构的运营需求，酌情考虑"小综合大专科"的科室设置策略，加强与养老社区互动密切的特色科室建设。

④ 对于医疗机构中最经常服务老年人的功能（如康复大厅、理疗区等），要增强此类空间的公共属性，降低医疗感。

⑤ 在室内环境设计中推行"去医疗化"理念。

另外，当用地紧张或在改扩建项目中受到楼栋条件制约时，医疗业态和养老业态也可以在垂直方向整合以实现集约使用的目的，提升服务效率（如图5.29）。在此情况下，原则上同一栋楼内的医疗和养老业态应分别遵循各自的设计规范，消防

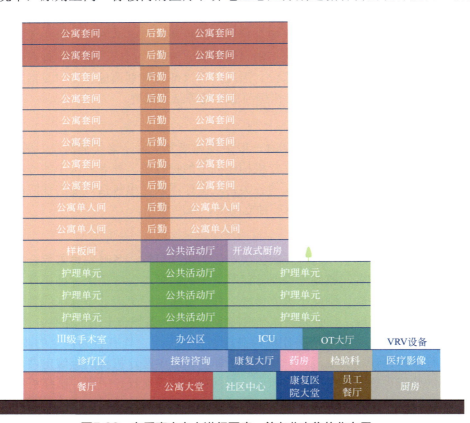

图5.29 在垂直方向上进行医疗、养老业态集约化布局

疏散系统、垂直交通系统的设计组织仍应相对独立。同时，应根据服务人群的公共属性变化精细化地考虑医疗及养老业态的细分功能在垂直方向上的分布与组合。最后，也应注意54m以上的楼层不应设置养老业态。

## 第七节　室内设计

如果将养老建筑比喻为一个人，那么合理的规划与建筑设计就是为人体健康奠定良好基础的骨骼与脏器，而室内设计则如同五官和皮肤，给人带来与众不同的外貌和气质。因此，养老建筑只有通过高完成度的室内设计才能完美呈现出各个适老化细节，体现养老建筑独特的人文关怀。以自理型养老公寓为例，绝大多数情况下养老建筑所面对的客户都有精装交付的需求，因此适老化的室内软硬装设计体系不仅必须而且也是具有打击力的客户触点，是可以有效提升项目价值与运营效率的手段。

### 一、设计原则

1. 以人为本

人性化是适老化设计的首要原则，这是由我们面对的客群所决定的。进入老龄阶段后，人们的身心均存在显著的退化或波动。因此，CCRC室内设计只有深刻理解老年人的身心特点，才能使设计方案如有源之水般呈现出持续的生命力。

另外，虽然CCRC室内设计有其特殊性，但在具体设计中也不应过度强调其特异性，尤其不应该在设计中"异化"老年人群，要摘掉无意中戴上的"有色眼镜"。适老化设计的核心即为理解其本质并不是为"老"设计，而是为"人"设计。

2. 隐形适老化

"隐形适老化"也是人性化的进一步考虑，是指在满足老年人需求的同时，不对老年人心理造成过多的老化暗示。在CCRC室内设计过程中，应该注意"隐形的设计细节"，而不是以直接、显性的设计为老年人贴上标签。例如，在开关高度、室内照明、家具的坐深与高度、室内支撑体系等方面均可做隐形适老化设计。

以室内支撑体系为例，可以避免采用直观的扶手，而是将其设计成为高度800mm的层板，不仅可以作为装饰面板，在上面放置一些照片或摆件，同时还可以兼具扶手的支撑功能；同样，在家具柜体的合理部位设置凹槽也可以作为扶手使用（图5.30）。

图5.30　柜体层板高度设置实现扶手的支撑功能

3. 成本控制

CCRC项目不能盲目堆砌适老化细节，尤其是在养老项目本身容易高度同质化且成本普遍敏感的背景下，如何严格控制成本，实现较高的产品性价比是养老设计在功能与审美之外的关键挑战。因此，对于成本弹性本身较大的CCRC室内设计，成本控制策略主要包括以下方面。

（1）轻硬装，重软装

首先，养老项目本身普遍都具有持有型的长期运营属性，对成本高度敏感，大投资的初始硬装成本很容易给后期的日常运营带来压力。

其次，软装相对硬装而言更具有变化的弹性。硬装一旦完工，至少会持续使用5～8年，而软装在任何时点都还有较为灵活的调整空间。随着市场形势、客户定位、运营方案的变化，即便硬装不变或少变，也有机会通过软装的调整给养老项目带来明显的变化。这一特点在正常运营的既有养老项目升级改造中尤其适用。

再次，软装相对硬装而言是客户感知更为直接的触点，能够很自然地传达整体设计主题，增加带入感与情景感。

（2）轻房间，重公区

这一策略是同养老项目组团化设计原则一脉相承的。无论是自理型养老公寓还是护理型照料机构，提升老年人生活归属感与品质感的关键举措都是通过各种设计手法鼓励老年人在各类公共空间中参与社交活动。在满足基本尺度需求的基础上控制居室面积，简化居室内部装饰，着力提升公区的空间品质并营造宜人的公区氛围，是鼓励老年人从居室中出来参与公共活动的设计举措。同时，对于老年人居室尤其是护理型照料机构的老年人居室，应避免过度设计，在软硬装设计配置上寻找各类老年人的"最大公约数"，甚至可以适当留白，鼓励长者携带自己惯用的家具，在延续老年人的生活记忆、增加家庭氛围的同时，也巧妙地削减了部分硬件采购的成本。

（3）轻设备，重服务

在设计方案中弱化大成本投入的特殊设备，重点关注如何通过设计创造提升服务效率和提供特色化服务的可能性。

（4）提倡集约化的适老化设计

例如在室内设计中尽可能实现模数的标准化，节约用材、用料；提倡使用集成吊顶、集成开关等，以智能化模式集成的方式控制灯光、空调、排气、窗帘等，不仅能够简化老年人的操作，而且在某些情况下也可以相应节省电线回路成本等。

（5）考虑项目运营的全生命周期

例如，根据长者不同时期的居住需求，具备灵活调整为单人间、双人间、多人间或套间的可能性。这就要求室内设计至少在设备点位等方面应有更综合的考虑，以满足长者全生命周期对户型的需求。又如，在照护机构单人间的装饰与机电设计中，也应酌情考虑未来运营中转换为双人间的可能性，无需二次装修，以达到节约成本的目的。

## 二、适老化设计要点

适老化室内设计的完美呈现是一个将室内设计理念之"道"与适老化设计手法之"术"有机结合的过程。这个过程需要妥善处理繁多的设计细节。以养老社区中规模占比最大的自理型养老公寓户型为例，一些常用的适老化室内设计手法如下。

1. 玄关

玄关空间的典型适老化室内设计细节如图5.31所示。

① 扩大玄关空间，满足轮椅回转。

② 酌情扩大入户门尺寸，考虑子母门的设置以方便老年人尤其是轮椅老年人的使用（图5.32）。

③ 设置适老化换鞋凳，可采用折叠式成品家具或同玄关柜结合（图5.33），并结合墙面可视对讲等智能化设备设置拉绳式报警器。

④ 设置组合式玄关柜，满足不同场景下的使用。

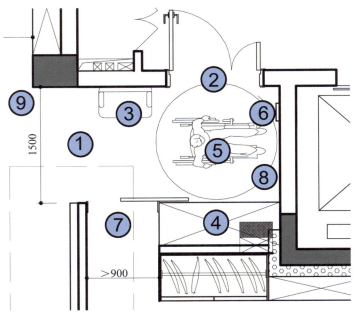

图5.31 玄关空间的典型适老化室内设计细节

图5.32 子母门设计

图5.33 换鞋凳和玄关柜组合设计

⑤ 天花设置感应式灯具,提升入户品质感和安全性,有条件的话可以增设运动探测器。

⑥ 采用适老化智能终端,如控制面板集成智能开关、报警呼叫、可视对讲等。

⑦ 室内主通道净宽大于1200mm,普通房间通道净宽大于900mm,以满足轮椅老年人的自然通行。

⑧ 采用防撞踢脚,墙面设置全身镜,减少镜子被轮椅撞碎的风险,且更方便轮椅老年人使用。

⑨ 设置阳角线,避免轮椅对墙面硬装造成不可修复的损伤。

2. 厨房

厨房空间的典型适老化室内设计细节如图5.34所示。

① 尽量设置视觉通达、方便观察的上悬式缓冲推拉门。

② 橱柜下方设置照明灯带。

③ 选用适老化的柜体五金组合,如下拉式储物柜等,减少老年人弯腰或过度拉伸的风险。

④ 厨房台面采用防跌落的边缘上翻处理。

⑤ 橱柜柜体酌情设置80～100mm高的内凹式金属踢脚,方便老年人操作时脚部的放置,也避免长时间倾斜站立产生的身体不适(图5.35)。

⑥ 采用可抽拉的长把手水龙头及洗菜盆组合。

⑦ 配置拉绳式报警器等。

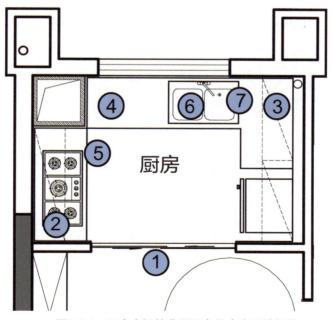

图5.34 厨房空间的典型适老化室内设计细节

图5.35　橱柜柜体凹式金属踢脚设计细节

3. 餐厅

餐厅空间的典型适老化室内设计细节如图5.36所示。

① 采用适老化餐桌，满足轮椅的推进，便于轮椅老年人靠近餐桌用餐。

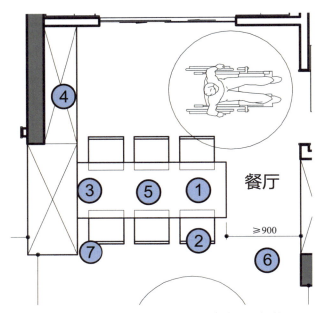

图5.36　餐厅空间的典型适老化室内设计细节

② 采用适老化餐椅，餐椅防滑动且配置拐杖架等。

③ 可酌情考虑具备伸缩功能的餐桌台面，在最大化日常使用的同时还能够适应不同的使用情景。

④ 就近设置一体化收纳柜等储藏空间，并尽量融入隐形扶手等使用功能。

⑤ 采用适老化餐具，尤其是在展示软装陈设时。

⑥ 通行空间不小于900mm，以满足轮椅通行需求。

⑦ 配置拉绳式报警器等。

4. 起居厅

起居厅空间的典型适老化室内设计细节如图5.37所示。

① 采用适老化家具，包括圆角处理、防跌落的上翻边缘台面、融合隐形扶手功能等产品属性，如图5.38所示。

② 沙发等坐垫加硬处理，防止老年人起身困难，如图5.39所示。

③ 配置拉绳式报警器。

④ 与卧室、阳台等空间联动，实现洄游性路径。

⑤ 天花采用节律照明，有条件时设置运动感应器，长时间探测不到老年人活动时会连通报警至服务中心。

⑥ 设置过道夜灯，并与老年人晚上起夜时的床头感应夜灯连通，使过道和卫生间的灯具能够相继亮起。

⑦ 设置阳角线，避免轮椅对居室内墙面造成不可修复的磕碰。

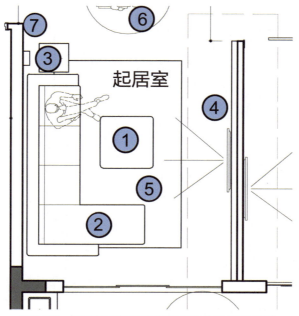

图5.37　起居厅空间的典型适老化室内设计细节

图5.38　采用圆角及防跌落处理的起居厅家具

图5.39　沙发等坐垫加硬处理

5. 卧室

卧室空间的典型适老化室内设计细节如图5.40所示。

① 床头设置呼叫面板、拉绳报警器、柜下感应式夜灯（图5.41）。

② 有条件时可配置适老化床垫、防褥疮充气床垫，融合睡眠、心跳、运动监测等功能。

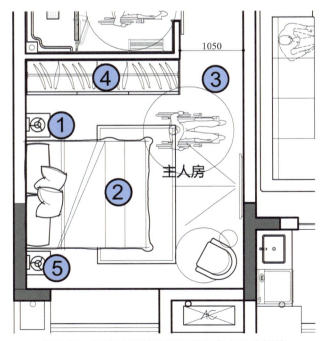
图5.40　卧室空间的典型适老化室内设计细节

③ 设置天花连通式感应灯具且采用节律照明，有条件时可集合设置运动感应装置，长时间探测不到老年人活动时可连通报警至服务中心。

④ 充分考虑适老化的柜体组合及五金设备，包括下拉式挂衣杆、防撞暗扣手（如图5.42）、伸缩式双导轨挂衣器、多功能推拉裤架等。

⑤ 采用适老化智能终端，控制面板集成智能开关、报警呼叫、可视对讲等。

图5.41　感应式夜灯设计

图5.42　柜体暗扣手设计

6. 卫生间

卫生间空间的典型适老化室内设计细节如图5.43所示。

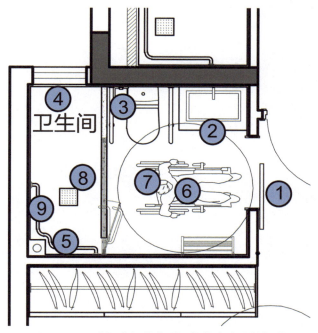
图5.43　卫生间空间的典型适老化室内设计细节

① 优先使用带阻尼缓冲的上悬式适老化推拉门。

② 采用适老化镜柜，带镜前灯且角度可调节；采用适老化台盆组合，配置一体化拉手、可抽拉的长把手水龙头，以及台盆下储物柜等。

③ 采用适老化马桶组合，包括配置安全扶手（最好在马桶一侧有落地式墙面安装安全扶手）、结合置物台的纸巾架、配备具有座圈加热功能的智能马桶盖等。

④ 设置大排量地漏，可考虑双地漏排水，或采用地沟嵌入式长条形地漏，但应注意防臭、防污处理。

⑤ 采用嵌入式恒温花洒，配合"T"形安全扶手及拉绳报警器。

⑥ 优先配置感应式灯具，与床头夜灯联动设置为宜。

⑦ 优先考虑满足无障碍轮椅回转的需求，确无条件时，要能够满足轮椅顺畅地倒行离开。

⑧ 优先选用暖风机。

⑨ 淋浴区应有设置助浴凳的条件（图5.44）。

图5.44 适老化卫生间

## 7. 阳台

阳台空间的典型适老化室内设计细节如图5.45所示。

① 优先考虑与客厅、主卧区域实现洄游性路径。
② 采用电动晾衣杆，防止老年人因过多弯腰而导致损伤风险。
③ 阳台工作区设置水盆，采用抽拉式龙头。
④ 主动考虑绿植种植条件，与园艺疗法等相结合。
⑤ 适当通过软装部品打造具有风情化的生活场景。
⑥ 设置上翻式洗衣机。
⑦ 优先采用上悬式推拉门，注意阳台推拉门的地面处理，应尽量避免或减少地面凹凸，以便于轮椅老年人行进。

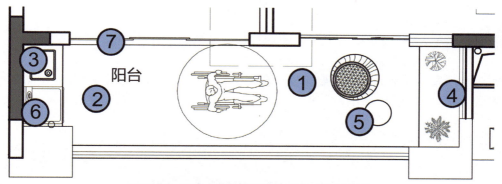

图5.45 阳台空间的典型适老化室内设计细节

## 三、软装设计要点

优秀的软装设计可以为项目带来画龙点睛般的提升效果。养老社区及养老机构的软装重点集中在会所、活动中心等公共区域，以及楼栋大堂、电梯厅、走廊等半公共区域。总体来讲，养老软装设计需要在具体功能、材质、使用方式等层面考虑清洁性、便利性、适老化等因素，方便老年人、服务人员的使用。但同时在视觉上又不宜片面强调清洁便利性等功能要求，避免如同传统医院、银行等公共设施冰冷的感觉，应尽可能地提升项目的品质感。针对软装设计中的主要大项，一些较为普适的设计要点如下。

### 1. 家具和窗帘

① 保证必要的功能尺度，例如四人餐桌最小尺寸为900mm×900mm，双人餐桌最小尺寸为700mm×750mm等。
② 家具布置的点位设置方面要考虑使用的灵活性，例如桌椅的组合形式可以满足多种活动的需求等。

③ 前台接待、电梯厅、门厅、候诊区等老年人停留时间较长的区域，需要设置座椅。对于老年人停留时间较长的单人休闲座椅，可考虑做防水、防污、可拆洗处理。

④ 优先结合座椅设置边几，用于置物。

⑤ 老年人会停留使用的家具，需要考虑助行器、拐杖、轮椅等的收纳和暂存。例如，结合前台设置轮椅柜、座椅及沙发结合拐杖扣等，如图5.46。

⑥ 座椅尽可能设置扶手，但考虑到转身方便，扶手不一定要做到座椅最前沿。

⑦ 餐厅要重点考虑清洁性，桌椅建议采用"可掉落"的设计思路，即尽量避免食物残渣可以藏身的死角，例如桌面平整、没有过多凹槽；椅子的扶手、靠背与座面脱开等。

⑧ 餐厅、多功能厅等功能变化比较频繁的区域，需要考虑椅子挪动、收纳时的便利性，尽量做到轻便、可堆叠。

⑨ 老年人频繁使用区域的家具桌腿设计需要考虑轮椅的使用。

⑩ 桌椅均需考虑稳定性，避免设置摇椅。

⑪ 沙发坐面的海绵硬度要较硬（宜用中密度海绵包裹高密度海绵），靠面则可以适当软一些，便于老年人在起身过程中发力。同时，沙发的深度尺寸不能过大、

图5.46　前台考虑轮椅使用的设计细节

靠面不能过度倾斜，否则不利于老年人起身。尽量不要设置太大的多人沙发，否则中间没有扶手，老年人不易起身。

⑫ 材质方面，皮革、PU的清洁性较好，可以优先选用。

⑬ 皮革、布艺等织物的交接处，要避免过长暴露的线缝。

⑭ 可接触到的不锈钢材质需进行防指纹处理。

⑮ 公共区可使用单层窗帘，不需要遮光帘。

⑯ 空间较高的区域尽量采用电动窗帘。罗马帘更有利于控制眩光和亮度，适合老年人停留时间较长的区域。

2. 照明系统设计要点

在养老项目设计中，照明设计是很容易被忽视的专项。同样的室内精装设计，优秀的照明设计可以在满足照度等基本功能需求之外，为室内设计带来画龙点睛的效果，无形中显著提升项目品质。

随着年龄的增长，人眼对光的敏感度逐渐下降。蛋白质变性导致的白内障，视细胞和色素上皮细胞严重退化引起的老年黄斑变性，眼调节能力下降导致的老花眼等各种眼科疾病在老年群体中多发，更是给老年人的视功能带来沉重的负担。为了能够看清物体，老年人对照明设计的需求要比正常人高得多，室内各个空间的具体照度水平可参考表5.4。

表5.4 室内适老化照度水平参考

| 老年人所需照度的提高范围 | 区域 | 照度标准值/lx | 老年人推荐照度值/lx |
| --- | --- | --- | --- |
| 深夜照明5倍 | 卫生间 | 2~4 | 10~20 |
| 交通区域3倍 | 门厅、走廊 | 1~10 | 3~30 |
| 一般照明1.5倍 | 餐厅、厨房 | 20~50 | 30~75 |
| | 卫生间 | 10~20 | 15~30 |
| 局部照明2倍 | 书写、阅读 | 150~300 | 300~600 |
| | 床头阅读 | 75~150 | 150~300 |
| | 精细作业 | 200~500 | 400~1000 |

此外，相关科学研究显示，住宅环境的色温为2700~3500K最为合适。而一般养老社区中最常见的三种照明光源的颜色分别是暖黄色、暖白色和冷白色。其中暖黄色的色温为2500~3000K，暖白色的色温为3000K左右，冷白色的色温为4000K左右（图5.47）。在室内大面积使用暖色光时，能营造出温馨祥和的环境氛围，可达到舒缓老年人情绪的作用。冷色光的光感清爽干净，但同时也很容易让老年人产生孤独感和不安全感。但需要注意的是，光源色温对人的影响也并非绝对，它和照度之间是相互影响、共同作用的。

图5.47　色温图

除了满足合理的照度水平外，室内照明设计中的普适性要点如下。

① 老年人使用的空间更注重功能的复合和人气的聚集，功能的专业性较为次要。因此，照明设计需要反映这一诉求。例如，进行设计时要考虑整体空间的照度、色温等因素，而不是单纯某一个工作面的照度。

② 老年人停留时间较长的区域，如起居厅、卧室等，要优先考虑节律照明。

③ 卫生间台盆位置为养老公寓的主要化妆区，考虑到老年人的脸色不如年轻人那么红润，所以镜前灯和顶灯的色温应选择小于2700K的暖色灯光，且照度略大于普通住宅的照度。

④ 多采用面光源和线光源，尤其应避免容易给老年人带来紧张焦虑感的大功率点光源。

⑤ 室内外过渡处需要考虑不同光环境的自然衔接。

⑥ 严格控制灯具的眩光值。

⑦ 公共区域的色温尽量控制在3000～4500K左右，不宜过高。

⑧ 合理规划照明回路。例如，在白天或深夜可关闭部分灯具；再如，起夜如厕路径上的灯具可以联动控制等。

⑨ 成本允许时，可考虑智能控制。

3. 标识系统设计要点

由于视力和记忆力衰退，生活在养老社区中的老年人对信息准确、易于识别和记忆的标识系统有较强的依赖性。2017年民政部发布的《养老服务图形符号标识（征求意见稿）》中规定了养老服务图形的符号标识，具有非常大的使用参考价值。因此，为了方便老年人识别和理解标识，室内标识系统的设计应注意以下要点。

① 内容应精练、准确，不宜采用大段的复杂文字，可使用简明、形象的符号和

图示作为文字标识的补充。

② 使用统一的字体、色彩和图案，使之易于理解。

③ 图文和背景应采用对比强烈的色彩，以尽可能突出标识上的信息，提高易识别性。

④ 在导视或提示中的色彩需要选择纯度较高的色彩，以便于老年人识别。

⑤ 用于警示的图标宜选用对老年人视觉反应较强烈的颜色（图5.48）。

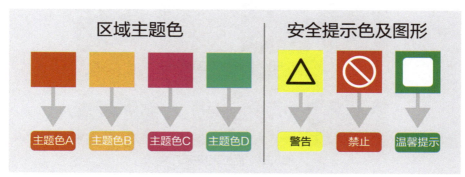

图5.48　标识系统提示色彩设计

⑥ 字体应清晰、简洁，并带有一定的柔和度。

⑦ 宜采用没有装饰的加粗字体，文字不宜过度拉伸或压缩，字符间要留有空隙。

⑧ 图标的设计应尽量用面来表达，成块面的图标色彩占比大，比线性图标更易被老年人识别（图5.49）。

图5.49　标识系统图标设计

⑨ 标识应尽量避免锐利的棱角，可采用圆角设计，增强图形的柔和度。

⑩ 标识系统不应使用玻璃、不锈钢等容易产生镜面反射的材料，应尽量采用漫反射材料。

⑪ 为方便存在视力障碍的老年人了解相关信息，可在易于触摸的位置（如扶手处）设置盲文标识条，或突出的文字、图案、符号标识，或使用声光提示等辅助设备。

⑫ 标识的高度应考虑全龄需求，包括正常成年人、轮椅使用者、儿童等。

⑬ 后勤用房的标识（如设备井、机房等）设计与长者使用的区域要有区别，应更接近周围环境，低调处理，如图5.50和图5.51所示。

图5.50　长者使用区域标识

图5.51　后勤用房标识

#### 4. 室内空间色彩设计要点

老年期是人生中一个特殊的时期，老年人在这个阶段的生理和心理都经受着变化，生理机能下降带来认知变化，心理感受和需求也更加敏感。因此，在养老社区中应充分注重设计适合老年人生活的住宅环境色彩，让老年人感受到色彩带来的舒适感、安全感和归属感。

研究表明，老年人对七色光谱中的红色、橙色、黄色、绿色的识别度高，对蓝色、靛色、紫色的识别度低。其中对蓝色、紫色尤为明显，在老年人眼中就相当于黑色。而不同的色彩对于人的大脑刺激与随之产生的情感和感触大有不同，应用之处也有所差异（表5.5）。

表5.5　不同颜色的作用与应用方式建议

| 颜色 | 作用与应用方式 |
| --- | --- |
| 红色 | 作用：象征生命力，有助于提高精神状态，改善精神不振<br>应用：软装、摆件等小尺度元素 |
| 橙色 | 作用：激发活力，诱发食欲，驱赶抑郁<br>应用：主题墙面、家具、抱枕、软包等小尺度元素 |
| 黄色 | 作用：激发能量、提高专注力、调节易怒情绪<br>应用：部分硬装墙面、家具、软包等元素 |
| 咖色 | 作用：温馨厚重、减轻孤独感<br>应用：硬装墙面、地面、家具木饰面 |
| 绿色 | 作用：象征自然、消除疲劳，有助于降血压<br>应用：绿植、软包等小尺度元素 |
| 蓝色 | 作用：有助于进入安逸状态，改善睡眠<br>应用：床品、软包、挂画等元素 |

空间环境色彩的使用有时能够使整个空间内部具有独特的生命力和感染力。因此，在室内空间色彩设计中应注意不同功能空间的色彩匹配，具体分析如下。

（1）居室空间

居室对于老年人而言是一个相对私密的空间，在这里需要感受到家的温暖，而不是冰冷的陌生感。在色彩使用时应尽量避免过于刺激和强烈的色彩，避免大面积使用黑色、深色，宜采用低纯度柔和的色彩，体现淡雅、古朴的氛围（图5.52）。

家具的色彩要与环境色有一定的区分，但前提是与整体相协调，选择适当的材质和色彩使老年人能够明确分辨各个物体，营造良好的休息睡眠氛围。

绿植在居室环境中的作用极大，适当地点缀绿植可以调节整个环境空间的氛围，既能美化环境又能增添亮丽的色彩。

图5.52　居室空间色彩设计

（2）就餐空间

黄色是公认的最容易引起食欲的颜色。暖黄色的灯光加上暖色系的墙纸不仅可以营造一个舒适的就餐氛围，同样也会引起食物色彩的变化，刺激老年人的食欲。

装饰色彩的设计同样需要人性化，明度中等的暖色系，比如暖红色、橙黄色、浅绿色等能够使长者就餐时放松心情，不会因为食速过快而引起消化问题（图5.53）。

（3）休闲空间

休闲空间是老年人集体活动的场所，包括棋牌室、书画室等，以促进长者之间进行良好的沟通和社交为主要目的。休闲空间宜采用明亮的主色调，但在不同功能空间的色彩设计上也要进行区分（图5.54）。

图5.53　就餐空间色彩设计

图5.54　休闲空间色彩设计

①棋牌室需要更加柔和的色彩而非明度高的红色等色彩，避免产生强烈对比，造成老年人的心理不适。

②对于电子阅览室来说，简单的白色或者蓝色等浅色系能够使老年人在这一空间中全身心地感受科技的魅力，不会给老年人的视觉带来压力，也更加符合老年人的生理和心理状态。

③怀旧博物馆主要存放一些有关老年人年代记忆的物件，能够唤醒老年人的情感体验。在这一复古的环境中，适合的色调尤为重要，宜选择暖黄色的灯光，搭配深色的木材营造复古感。

### （4）公共空间

公共空间是老年人日常通行和社交的场所，对照明的需求较高，环境色彩也同等重要。这一空间可以以低纯度色调为主，局部选用浓重醒目的色彩。电梯厅和过厅要注意与其他空间衔接地更加柔和，使其既能突出主体又能形成连接各个空间的纽带。

在进行色彩运用时要考虑到功能性，可以给一些安全扶手更换材质、换上亮丽的色彩，使老年人能够准确地感知扶手的位置。地面也可以采用彩色的标识设计，更好地引导老年人到达所要去的地方。

公共空间内部经常会摆放雕塑、摆件、挂画等艺术品，不仅可以增强空间的文化氛围，还可以让长者更为容易地识别空间。因此，建议艺术品主题化、系列化，一定区域内的艺术品可采用同类的主题或色彩方案，同时避免使用重复的艺术品，以帮助长者快速识别空间。另外，在使用艺术品时要考虑其摆放的稳定性和相关版权问题。

对公共空间进行设计时也可以加入一些能够反映地域文化和特色的色彩或实物。选择认知度高的色彩一方面可以提高安全性，另一方面也能使老年人在环境中获得强烈的归属感和熟悉感（图5.55）。

图5.55　公共空间色彩设计

### （5）医护空间

医护空间与其他空间相比较为特殊，更应该运用色彩的力量来调节老年人心理上的不适。医护空间的色彩基调应以简单明快的色彩为主，如淡粉色、淡绿色和淡蓝色等较低纯度的色彩，不会给人以压迫感和刺激感，加上明亮的采光环境，可以很好地缓解老年人的紧张感。

而医护空间的康复室可以增加一些明亮的色彩，不会使整个空间过于压抑，同时也能够促进老年人积极锻炼，提升训练意识和积极性（图5.56）。

图5.56　医护空间色彩设计

# 第六章
# CCRC 的商业模式设计

本章关于 CCRC 商业模式设计的论述分为融资渠道、交易模式与法律文本的订立三部分。其中，融资渠道旨在从源头层面解决 CCRC 项目资金投入的问题；交易模式将就目前市场上出现的主流模式从投资回收、可持续运营和资产退出等角度进行分析。

## 第一节 融资渠道

我国的养老产业还处于起步阶段，在开发、建设、运营等方面还存在很多问题。CCRC 项目一般具有投资规模大、回收周期长、投资风险高等特点，因此，资金问题成为 CCRC 项目发展的关键因素。养老地产最早的融资方式仍以自有资金和银行贷款为主，在这种模式下很多大型企业占据了绝对优势，把握了养老地产开发建设的先机，多数小型企业不具备资金优势条件。但随着养老产业逐渐受到政府的大力关注和支持以及行业的快速发展，更多的创新融资模式已经形成，推动 CCRC 项目快速落地。目前 CCRC 项目的融资渠道主要可以分为以下几类。

### 一、银行贷款

1. 政策性银行贷款

2015 年民政部与国家开发银行联合发布了《关于开发性金融支持社会养老服务体系建设的实施意见》，明确了养老项目申请国家开发银行贷款的条件和操作流程。两部门建立合作机制，加大对社会养老服务体系建设的支持。

政策指出，申请国家开发银行贷款支持的养老项目，应通过民政部门推荐或认可。重点支持下列五个方面。

（1）社区居家养老服务设施建设项目

主要包括城市社区日间照料中心、老年食堂、老年活动中心和养老服务信息平台；其他为改善老年人居住条件和生活环境的便利化社区养老服务设施。此类项目以市、县（区）为单位，实施整体融资支持。

（2）居家养老服务网络建设项目

主要包括支持为老年人上门提供助餐、助浴、助洁、助急、助医等涵盖生活照料、健康服务、文化娱乐、精神慰藉、法律咨询等服务的居家养老服务型小微企业以及各类规模化、连锁化、品牌化的组织发展，对于此类项目通过统贷方式批量化支持。

（3）养老机构建设项目

主要包括养老院、社会福利院、老年养护院、敬老院、养老社区等各类为老年人提供集中居住和照料等综合性服务的建筑及设施。

（4）养老服务人才培训基地建设项目

主要包括支持高等院校和职业院校增加养老服务相关专业和学科建设，培养相关专门人才；支持依托职业院校和养老机构开展养老服务培训实训基地建设，加强对相关人员的专业培训。

（5）养老产业相关项目

主要包括支持直接为老年人提供生活照料、健康服务、产品用品的企业。

据民政部官方网站公开，截止到2019年11月，国家开发银行已累计向养老行业投放融资总额360亿元。

对于养老项目的贷款申请考评条件主要有以下几点。

① 民政部门推荐。项目未获得民政部门推荐则一票否决。

② 支持经营性项目。项目建设内容非养老服务设施，以及圈地卖房的项目不予支持。

③ 获得相关行政许可。项目四证❶齐全，土地符合养老项目需求。

④ 自有资金要求不低于总投资的20%。借款客户或其控股股东具备项目开发的资金实力，项目资本金至少20%。

⑤ 有抵押物。需要担保抵押，包括土地使用权、房产抵押或股东担保等。

⑥ 具备养老社区建设及运营经验。借款人需要具备建设和运营养老社区的相关经验。

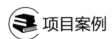 项目案例

### 洛阳逸康老年服务中心逸乐苑项目

2015年4月，国家开发银行河南分行对洛阳市首个实现医养结合的综合养老机构——逸乐苑予以6000万元信贷支持。逸乐苑项目总投资1.2亿元，可提供养老床位600余张，项目内包含一个医疗机构——洛阳逸康老年护理院，总建筑面积8500$m^2$。

---

❶ 四证指国有土地使用证、建设用地规划许可证、建设工程规划许可证、建筑工程施工许可证。

### 山东滨州社会养老服务中心项目

2015年8月,滨州养老产业投资经营有限公司与国家开发银行山东分行签订《滨州市社会养老服务中心项目基本建设贷款合同》。这是国家开发银行在全国发放的首例政府购买服务项目贷款。该项目以滨州市民政局为政府购买服务主体,经市政府批准列入年度采购预算后,通过公开招投标方式择优选定了滨州养老产业投资经营有限公司作为项目承接主体。滨州养老产业投资经营有限公司与滨州市民政局签订政府采购合同,以政府采购合同中确定的付款年限、付款金额等应收款作为质押;国开行发放额度7亿元、期限15年的基准利率贷款。滨州社会养老服务中心项目,是2015年市政府工作报告中确定的十件民生实事重点建设项目之一,项目总投资10.1亿元,总占地面积201282m²,总建筑面积198924m²。项目建成后,养老床位可达3000张。

### 长春"幸福里"居家养老试点项目

2016年1月,国家开发银行联合吉林省民政厅以政府采购模式实施了"幸福里"居家养老试点项目。国家开发银行已投入1400万元专项建设基金和480万元贷款资金,并将持续加大对该项目的资金投放。项目建成后能覆盖220个城镇社区,日服务能力20余万人次。让老年人足不出户就能享受助餐、助医、助浴等社会服务功能的居家养老。

### 南宁市第二社会福利院项目

2016年11月国家开发银行广西分行完成南宁市第二社会福利院项目授信2.3亿元。该项目是财政部PPP示范项目之一,也是广西首例大型养老服务PPP示范项目。南宁市第二社会福利院项目位于南宁市龙岗片区,总用地面积243.63亩,总投资3.74亿元,设计床位数2000张,建设内容包括医疗康复综合楼、培训综合楼、社工楼及后勤保障房等。

2. 商业银行贷款

大多数养老项目的主要融资渠道仍为商业银行贷款,贷款种类主要分为项目贷款、流动资金贷款和经营性贷款。商业贷款的优点是融资成本低、操作简单且商业银行逐渐开始重视,但缺点是要求比较严格,需要有抵押物,且还本付息压力和财务风险较大。目前,商业银行针对养老项目推出的信贷产品不多。

### 📚 项目案例

2018年中国农业银行出台了《养老服务行业信贷政策(2018年制定)》,不仅规定可向养老服务机构发放用于日常经营周转的流动资金贷款,满足其中短期资金需求,还明确允许向符合一定准入标准的专业化养老和养老地产项目发放长期固定资产贷款,支持相关养老服务机构进行基础设施建设。2018年农行累计投放贷款逾20亿元,并成为泰康集团西南地区第一个养老项目"泰康之家蜀园"的独家金融全面合作伙伴。

2019年中国银行北京分行创新推出"中银惠老通宝"(也称"床位贷"),以"床位贷"的形式向符合准入标准的养老服务机构提供普惠金融授信产品。具体是指中国银行可根据养老服务机构(包括公办公营、公办民营、公建民营等公办养老机构及社会办养老机构)与入住人员签订的合同，发放贷款用于支持养老服务机构日常经营、购买设备等支出，单笔贷款期限最长可达3年。目前，中国银行北京分行已成功向北京市房山区的一家养老机构发放了贷款。

### 3. 世界银行和亚洲开发银行贷款

我国养老产业的发展，不仅得到了国家的重视，也受到了国际金融机构的关注。目前，世界银行和亚洲开发银行等机构已经开始对国内多个省份的养老产业发展提供贷款。世界银行和亚洲开发银行的支持贷款具有贷款周期长、利率超低的特点，对于解决地方养老服务体系建设资金不足的问题起到非常重要的支持作用（表6.1）。

表6.1　世界银行和亚洲开发银行贷款项目

| 银行 | 时间 | 支持地区 | 贷款 | 投向 |
|---|---|---|---|---|
| 世界银行、法国开发署 | 2018年 | 贵州 | 3.5亿美元，1.5%年利率，30年，含5年宽限期；1亿欧元，1.5%年利率，30年，含5年宽限期 | ① 居家养老服务综合支援工程<br>② 失能失智老年人关爱工程<br>③ 养老服务人才队伍建设工程<br>④ 智慧养老服务云平台工程 |
| 亚洲开发银行 | 2017年 | 河北 | 1亿美元，20年，1.8%年利率 | ① 养老服务中心<br>② 人才培训中心<br>③ 医疗康复中心<br>④ 信息服务系统 |
| | | 湖北 | 2亿美元 | 宜昌养老综合服务示范项目 |
| | 2019年 | 广西 | 1亿美元 | ① 社会福利院提升改造<br>② 养护院<br>③ 门诊综合楼 |

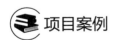

## 项目案例

### 世界银行联合法国开发署支持贵州养老服务体系建设

2018年1月，贵州养老服务体系建设项目获得世界银行贷款3.5亿美元、法国开发署贷款1亿欧元的联合融资贷款，被国家发改委、财政部作为养老示范项目列入《世界银行贷款2018财年计划谈判项目清单》。该项目是世界银行在我国首次采用与法国开发署联合融资的方式支持建设，采用结果导向新型贷款工具，年利率1.5%左右，贷款期限30年，含5年宽限期。同时，法国开发署与世界银行贷款条件相同。

### 亚洲开发银行贷款支持合作河北省养老服务体系建设

河北省养老服务体系建设项目是全国首个利用亚洲开发银行贷款实施的养老项目，预估总投资11.3亿元人民币，获得亚洲开发银行贷款1亿美元，其余为社会资本注入或财政配套。亚洲开发银行贷款期限为20年，含5年宽限期；贷款利率为6个月伦敦同业银行拆借利率加亚洲开发银行融资成本，年利率为1.8%左右（2017年）。亚洲开发银行贷款河北省养老服务体系建设项目重点围绕四项结果指标开展：

① 改善社区、居家养老服务水平；

② 强化机构服务能力，提高服务质量；

③ 加强人力资源开发和养老行业能力建设；
④ 改善养老行业组织能力。

该项目于2017年10月26日生效，实施期5年。河北省将利用此次贷款支持新建1个省级培训中心、5个养老机构、2个医疗康复中心、5套信息服务系统，新建或改建50个日间照料中心和乡镇敬老院。此养老服务体系建设项目涉及建筑面积18.21万平方米，新增床位3146张，其中机构床位2056张，社区床位1090张。

## 二、债券融资

### 1. 养老专项债

2015年4月，国家发改委办公厅发布《养老产业专项债券发行指引》（发改办财金〔2015〕817号）文件。文件指出营利性和非营利性养老项目均可发行债券，企业可以使用发行债券募集的资金新建、改建、收购相关养老设施，其中可用于改造为养老设施的公用设施除学校、医院、疗养机构外，还包括其他文化、体育、金融邮电等公用设施。对于专项用于养老产业项目的发债申请，在相关手续齐备、偿债保障措施完善的基础上，比照发改委"加快和简化审核类"债券审核程序，提高审核效率。

在偿债保障措施较为完善的基础上，企业申请发行养老产业专项债券，可适当放宽企业债券现行审核政策及《关于全面加强企业债券风险防范的若干意见》中规定的部分准入条件。例如，募集资金占养老产业项目的总投资比例由不超过60%放宽至不超过70%。

在优化养老产业专项债券品种方案设计方面，一是支持发债企业发行10年期及以上的长期限企业债券或可续期债券；二是支持发债企业利用债券资金优化债务结构，在偿债保障措施较为完善的情况下，允许企业使用不超过50%的募集资金用于偿还银行贷款和补充营运资金。

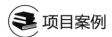 项目案例

① 2016年3月，湖南省郴州市百福投资集团有限公司发行养老产业专项债券开展湖南省郴州市百福综合养老项目，期限10年，总额不超过14.9亿元。所筹资金中12亿元用于养老项目，2.9亿元用于补充流动资金。

② 2016年3月，湖南邵阳都梁投资发展有限公司发行养老产业和停车场建设专项债券建设邵阳市武冈综合养老产业项目，期限7年，总额不超过11.1亿元。所筹资金中5.1亿元用于养老产业项目，3亿元用于停车场建设项目，3亿元用于补充流动资金。

③ 2016年5月，浙江淳安县新安江开发总公司发行养老产业专项债券6.9亿元，其中5.4亿元用于千岛湖生态养老建设项目，1.5亿元拟用于补充发行人的资金。

④ 2016年12月，四川首单——遂宁市天泰实业有限责任公司发行10亿元养老产业专项债券，其中7亿元用于投资川中养老项目，3亿元用于补充营运资金。

⑤ 2018年4月，安徽芜湖宜居投资（集团）有限公司发行养老产业专项债券，总额12亿元，期限10年，用于芜湖金晖养老示范基地项目。

⑥ 彭山发展控股有限责任公司于2017年和2018年先后发行8.8亿元和5亿元的养老产业专项债券，用于彭祖康养示范区项目。

⑦ 2019年9月，河南南阳西峡县财和产业集聚区投资有限公司发行养老产业专项债券，期限不超过7年，总额不超过7.5亿元。所筹资金中5.6亿元用于西峡县惠民康复保健养老中心建设项目，1.9亿元用于补充营运资金。

### 2. 专项金融债

国家开发银行（以下简称"国开行"）、中国农业发展银行（以下简称"农发行"）向中国邮政储蓄银行（以下简称"邮储银行"）定向发行专项建设债券，中央财政按照专项建设债券的90%给予贴息。国开行、农发行利用专项建设债券筹集资金、建立专项建设基金，主要采用股权方式投入，用于项目资本金投入、股权投资和参与地方投融资公司基金。债券总规模为3000亿元，国开行大约为2000亿元，农发行为1000亿元。该部分资金不得用于没有回报的公益性项目或回报率较高的市场化项目，项目投资回报率一般应为2%～6%。该专项基金在一定期限后（5～10年）做出安排，通过一定渠道退出。

## 三、资产证券化

资产证券化是指将缺乏即期流动性，但具有可预期、稳定的未来现金流的资产进行组合及信用增级，并依托该资产（或资产组合）的未来现金流在金融市场上发行可流通的债券（债券或收益权）的机构化融资活动。资产证券化交易结构如图6.1所示。

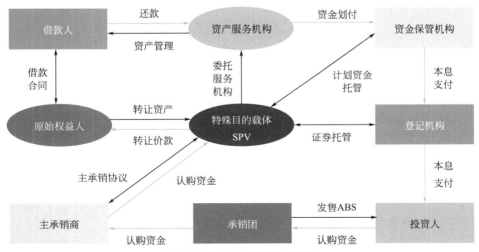

图6.1　资产证券化交易结构

这种融资模式对于大资金投入、现金流稳定的长租公寓与养老地产项目非常适用。目前，我国的长租公寓已逐步开始试水资产证券化，通过分析目前市场上已推出的长租公寓资产证券化产品，可以对 CCRC 资产证券化给予启示。

1. 长租公寓资产证券化模式参考

目前长租公寓资产证券化模式主要为资产抵押债券（ABS）、不动产投资信托基金（REITs）、商业地产抵押贷款支持证券（CMBS）。

（1）资产抵押债券（ABS）

资产抵押债券（ABS）是指私募基金或者信托，以委托贷款或信托贷款的方式贷款给有经营权的项目公司；资产运营方以租金作为抵押，用租金产生的现金流偿还贷款（图6.2）。

图6.2 资产抵押债券（ABS）交易结构

（2）不动产投资信托基金（REITs）

不动产投资信托基金（REITs）是指私募基金或信托以商业地产为抵押贷款给资产持有人，然后将抵押贷款的债权注入资产池，发行证券化融资；资产持有人以商业地产租金、管理费等收入偿还贷款（图6.3）。

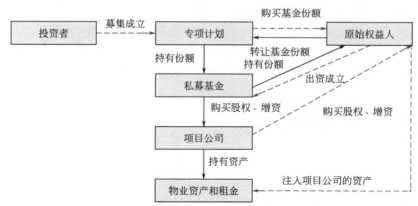

图6.3 不动产投资信托基金（REITs）交易结构

（3）商业地产抵押贷款支持证券（CMBS）

商业地产抵押贷款支持证券（CMBS）是指私募基金或信托通过收购股份和向项目公司贷款持有和投资包含物业以及租金收益权的项目公司。项目公司以商业地产增值和租金等偿还贷款，专项计划执行到期退出时，原始权益人有优先收购权，可以优先收购注入项目公司的物业产权（图6.4）。

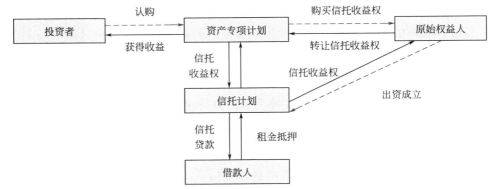

图6.4 商业地产抵押贷款支持证券（CMBS）交易结构

2. 长租公寓资产证券化案例

原始权益人是否拥有物业产权影响资产证券化模式的选择（表6.2）。

表6.2 不同资产证券化模式下物业产权的归属情况

| 项目 | 资产抵押债券（ABS） | 商业地产抵押贷款支持证券（CMBS） | 不动产投资信托基金（REITs） |
| --- | --- | --- | --- |
| 原始权益人是否拥有物业产权 | 无 | 有 | 有 |
| 专项计划是否间接拥有物业产权 | 无 | 无 | 有 |

目前市场上根据长租公寓推出的资产证券化产品交易结构设计的差异和创新都与这些产品的运营模式和底层资产有关。其运营模式可以分为自持型、转租型、托管型三种。目前，自持型公寓拥有物业产权，资产证券化模式以CMBS和REITs为主，而转租型和托管型公寓无物业产权，以ABS模式为主（表6.3）。

表6.3 长租公寓资产证券化案例

| 长租公寓运营模式 | 资产证券化模式选择 | | | 典型企业 | 资产证券化项目 |
| --- | --- | --- | --- | --- | --- |
| | ABS | CMBS | REITs | | |
| 自持型 | | √ | √ | 新派、招商、保利 | ① 新派公寓权益型房托资产支持专项计划<br>② 招商创融-招商蛇口长租公寓资产支持专项计划<br>③ 中联前海开源-保利地产租赁住房一号资产支持专项计划 |
| 转租型 | √ | | | 魔方 | 魔方公寓信托受益权资产支持专项计划 |
| 托管型 | √ | | | 自如 | 中信证券自如1号房租分期信托受益权资产支持专项计划 |

（1）自持型案例：招商创融－招商蛇口长租公寓资产支持专项计划

招商蛇口作为央企，在长租公寓领域早已进行了产业布局和战略规划。招商蛇口拥有的长租公寓资产多具有持有成本低廉、运营成熟、租金收入稳定、运营模式清晰的特点。这符合资产证券化对于基础资产现金流的相关要求，适宜作为开展资产证券化业务的优良基础资产（表6.4）。

表6.4 招商创融-招商蛇口长租公寓资产支持专项计划基本情况

| 原始权益人 | 差额支付承诺人 | 发行规模/亿元 | 产品期限/年 | 基础资产 | 底层资产 | 外部担保人 | 产品规模/亿元 | | 产品利率/% |
|---|---|---|---|---|---|---|---|---|---|
| 招商局蛇口工业区控股股份有限公司 | 招商蛇口 | 60 | 18 | 单一资金信托下的信托贷款 | 长租公寓的租金现金流 | "四海小区"全部标的物业资产 | 优先级 | 19.90 | 99.5 |
| | | | | | | | 劣后级 | 0.1 | 0.5 |

招商创融-招商蛇口长租公寓资产支持专项计划是国内首单CMBS产品，原始权益人通过抵押物业资产获得资金，并在到期偿还贷款后解除抵押。原始权益人保留了物业资产的所有权，可分配到抵押期间地产增值的红利。产品采用储架发行模式（一次审批、分期发行），发行规模60亿元，产品期限18年，以存量长租公寓租金现金流为底层资产（图6.5）。

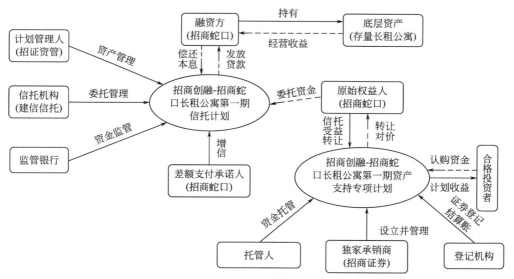

图6.5 招商创融-招商蛇口长租公寓资产支持专项计划交易结构

（2）转租型案例——魔方公寓信托受益权资产支持专项计划

魔方公寓项目采用了"专项计划+信托"的"双SPV"结构。信托端由过桥资金提供方作为原始权益人出资设立资金信托，取得信托受益权，以该信托受益权作为基础资产。

信托端向魔方中国、魔方北京、魔方上海、魔方广州发放信托贷款，借款人以其在8个一二线城市运营的30处物业、4000多间公寓未来三年的租金收入作为还款来源（表6.5）。

表6.5 魔方公寓信托受益权资产支持专项计划基本情况

| 原始权益人 | 差额支付承诺人 | 发行规模/亿元 | 产品期限/年 | 基础资产 | 底层资产 | 外部担保人 | 产品规模/亿元 | | 产品利率/% |
|---|---|---|---|---|---|---|---|---|---|
| 魔方南京 | 魔方中国 | 3.5 | 3 | 租赁受益权 | 4014间房间未来三年的租金收入 | 中合担保 | 优先级 | 3.15 | 90 |
| | | | | | | | 劣后级 | 0.35 | 10 |

证券端由资产支持证券投资者缴纳认购款认购资产支持证券，专项计划设立。专项计划向原始权益人购买信托受益权，取得基础资产。原始权益人收回过桥资金，实现退出。

信托端向受让信托受益权的专项计划分配信托利益，专项计划向资产支持证券投资者兑付资产支持证券。魔方ABS的发行票面利率为4.8%～5.4%（图6.6）。

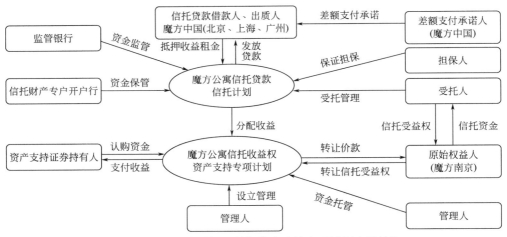

图6.6 魔方公寓信托受益权资产支持专项计划交易结构

（3）托管型案例——中信证券自如1号房租分期信托受益权资产支持专项计划

该专项计划产品总规模5亿元，发行年利率为5.39%，采用的是"租赁+消费金融"模式，引入了底层资产的循环放贷交易结构。

根据信托的交易安排，在信托的循环期内，受托人将以信托贷款回收款于循环放款日持续发放符合放款标准的信托贷款。在专项计划端的循环期按季付息，分配期按月付息，投资者循环期不偿还本金，分配期过手摊还本金（图6.7）。

目前，市场上长租公寓资产证券化产品的发行年利率为4.8%～5.4%，加上担保费、管理费等费用，最后的融资成本大约为7%～8%，这与银行授信贷款的成本基本相持平。

另外，资产证券化作为银行的表外资产，不占用企业的授信额度。从实际效果来看，资产证券化为发起人提供了一条传统融资方式之外的融资渠道，可以降低企业融资的门槛，帮助信用级别较低的发起人取得高信用级别的融资额度，是一种创新的融资方式。

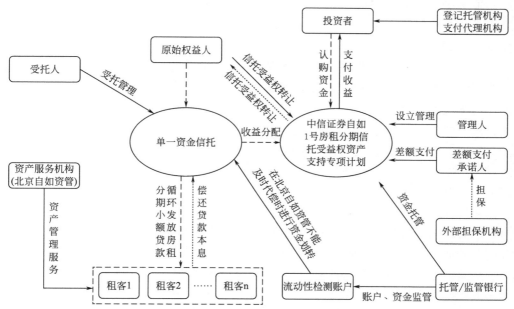

图6.7 中信证券自如1号房租分期信托受益权资产支持专项计划交易结构

3. 养老项目资产证券化模式存在的问题与建议

就目前的条件来看，养老项目要运用资产证券化模式进行融资仍面临诸多问题。

① 目前市场上规模化的养老企业相对较少，大部分养老企业的规模还不足以支撑其实现资产证券化，即使发行也需要较大的发行成本。

② 养老地产的相关财务制度尚不健全，也客观存在公建民营项目转移利润的操作，对后期资产证券化的操作与实现形成一定阻碍。

③ 资产证券化对母公司的信誉要求较高。目前虽然大型地产公司也逐渐涉足养老行业，但行业中仍以中小企业为主，这在一定程度上意味着母公司信誉度方面仍有待提升。

就未来养老地产资产证券化的路径而言，或有以下几点考虑。

① 将养老地产的底层资产与具有优良评级的资产打包发行并出售。

② 尝试建立一个具有一定规模、信用良好、有资质的平台，进行集中发债。

③ 建立健全财务制度和股权制度，为养老地产的金融创新奠定良好基础。

## 四、产业基金

2014年8月，财政部和商务部联合印发《关于开展以市场化方式发展养老服务产业试点的通知》，决定选择部分基础较好的省份或城市开展养老产业引导基金试点，促进养老服务产业加速、融合发展，探索以市场化、商业化方式支持养老服务产业发展的体制、机制和有效模式。政策内容要点如下。

① 养老服务产业发展基金的设立由中央财政安排试点引导资金，与地方政府以及银行、企业等其他社会投资者共同投入，且中央及地方政府出资额不超过基金募集总额的20%。

② 基金投向为养老服务产业，且重点支持建设居家养老、社区养老服务体系，培育有竞争力的品牌养老服务企业，发展有活力的中小养老服务企业，研发养老服务产品，推动养老服务与家政、医疗等生活性服务产业融合发展。其中，投入居家养老、社区综合服务、大众化集中养老等面向大众的养老服务产业的比例不低于60%。

③ 基金按市场化方式运作，委托专业管理团队管理，地方政府负责制定基金管理制度，明确基金发起、基金募集、股东权益、投向、分红、赎回等有关内容，但不参与基金的具体运营。

④ 以试点方式推进养老产业引导基金的实施。试点地方政府整合中央试点资金、地方配套资金以及中央基建投资等，加大养老服务产业的支持力度，破除制约养老服务业发展的制度障碍，营造有利于养老服务业发展的良好制度环境。

随着政策型引导基金的推动，养老产业基金快速发展，发展动力也逐步由政府主导向市场主导转变，由产业方主导的养老产业基金数量也有了明显的增加。截至目前，国内养老产业基金的主要参与主体除政府出资的平台公司外，还包括具备一定实力的产业企业以及银行、保险、信托等金融机构。

1. 政府主导的养老产业基金

此类养老产业基金主要以政府预算出资为主，通过吸引地方政府和社会资本的参与，以股权、债权等方式投资养老服务发展项目，以此支持养老产业的发展。2014年，财政部、商务部共同决定，以吉林、山东、内蒙古、甘肃、湖南、安徽、湖北、江西等8个省级行政区为试点地区，通过市场化方式推动养老服务产业发展。财政部为每个省级行政区提供3亿元财政资金，再由各省的银行或社会资金以不低于1∶4的比例配套资金设立养老服务业投资基金。2015年财政部发布《关于财政资金注资政府投资基金支持产业发展的指导意见》，鼓励财政资金参股行业龙头企业发起设立的基金以推动产业链协同发展，优化产业布局。

自2014年试点以来，各试点省份相继设立养老产业基金。从目前各地政府主导下成立的养老产业基金现状来看，其主要具有以下特点。

① 围绕养老产业，投资大健康产业领域。各个地方政府基本围绕养老产业投资大健康产业，向较为成熟的养老相关产业（如医疗、家政、居家养老、智慧养老、老年旅游等）领域寻找优质的投资标的。

② 地方政府以投资本省项目为主，少量投向北京等经济发达城市。地方养老产业引导基金出于区域性和营利性的综合考量，主要以本区域养老产业投资为主，目

的在于推动本省养老服务产业体系的发展；另外考虑到基金投资的营利性，也会在北京、上海等经济发达城市寻找优质的投资标的。

③ 模式创新，联合上市公司进行共同投资。如由江苏省财政厅和省属国企上市公司金陵饭店集团共同发起设立的江苏省养老产业投资基金，借助金陵饭店在打造金陵天泉湖养生养老社区过程中积累的养老服务产业经验，以及其过去在投资过程中积累出的基金结构设计、投资标的选择经验、项目尽调等经验，对江苏省养老服务产业进行筛选，选择较为成熟的、具有发展前景的投资项目，以规避基金的投资风险（表6.6）。

表6.6 政府主导的养老产业基金和投资项目

| 基金名称 | 基金公司 | 投资合作企业 |
| --- | --- | --- |
| 湖南健康养老产业投资基金 | 湖南健康养老产业投资基金企业 | 湖南普亲老龄产业发展有限公司<br>湖南万众和社区服务管理有限公司<br>衡阳华程医院有限公司<br>长沙大德生命礼仪服务有限公司<br>湖南希尔天然药业有限公司 |
| 甘肃省养老服务产业发展基金 | 甘肃省养老服务产业发展基金 | 兰州东方养老服务产业发展有限公司<br>兰州金城管家家政服务有限公司<br>甘肃天奇健康产业集团有限公司 |
| 江西省养老服务产业发展基金 | 江西养老服务产业发展基金 | 江西怡园养老服务产业开发有限公司 |
| 山东省烟台市养老产业发展基金 | 烟台福颐养老投资中心 | 烟台乐康金岳养老产业有限公司<br>烟台慈普医疗科技有限公司<br>瑞康琥珀医疗产业投资（深圳）合伙企业 |
| 安徽省健康养老服务产业投资基金 | 安徽省中安健康养老服务产业投资合伙企业 | 宿州中安安杰健康有限公司<br>枞阳中安健康养老产业有限公司<br>芜湖彩虹园养老服务管理有限公司<br>安徽普仁医疗康复管理有限公司<br>安徽众城夕彩养老产业服务有限公司<br>马鞍山力生集团松鹤养老产业投资发展有限公司 |
| 吉林省养老产业股权投资基金 | 吉林省养老服务产业基金合伙企业 | 吉林省宜家清洁股份有限公司<br>北京祥颐共生养老产业投资有限公司 |
| 江苏省养老产业投资基金 | 江苏省养老产业投资基金 | 南京索酷信息科技股份有限公司<br>江苏云岫实业发展有限公司 |

 项目案例

① 2015年，湖南省成立全国首支省级政府引导型健康养老产业投资基金——湖南健康养老产业投资基金，首期规模45亿元，分3期发行，目标募集规模100亿元。该基金由湖南高新创业投资集团有限公司（湖南省人民政府全资子公司）发起，并作为主要出资人，由湖南高新创投健康养老基金管理有限公司具体管理（表6.7）。

表6.7 湖南高新创业投资集团有限公司股权结构

| 股东方 | 合伙类型 | 认缴出资额/万元 | 持股比例/% |
| --- | --- | --- | --- |
| 湖南高新创业投资集团有限公司 | 有限合伙 | 30000 | 59.41 |
| 湖南高新纵横资产经营有限公司 | 有限合伙 | 20000 | 39.60 |
| 湖南高新创投健康养老基金管理有限公司 | 普通合伙（管理人） | 500 | 0.99 |

注：数据来源于天眼查。

该基金成立以来，已对多个项目开展投资，如湖南普亲老龄产业发展有限公司、衡阳华程医院有限公司等，有效促进了健康养老产业的发展（表6.8）。

表6.8 湖南健康养老产业投资基金投资项目

| 对外投资 | 投资数额/万元 | 投资比例/% |
| --- | --- | --- |
| 湖南万众和社区服务管理有限公司 | 390 | 26.93 |
| 湖南普亲老龄产业发展有限公司 | 3193 | 23.60 |
| 衡阳华程医院有限公司 | 2160.86 | 23.08 |
| 山东巴罗克生物科技股份有限公司 | 333.90 | 11.13 |
| 长沙大德生命礼仪服务有限公司 | 192 | 8.00 |
| 湖南希尔天然药业有限公司 | 231.98 | 7.99 |
| 长沙星辰创新创业投资合伙企业 | — | — |

注：数据来源于天眼查。

② 2016年，湖北省以中央财政安排试点引导资金6亿元为基础，设立湖北省养老服务业发展引导基金，由湖北省高新产业投资集团有限公司（以下简称"湖北高投"）管理。2017年，湖北高投与九州通医药集团联合设立子基金高通基金，基金规模24亿元，是湖北省规模最大的健康医疗产业基金。

③ 2016年，江苏省财政厅与金陵饭店集团设立江苏省养老产业投资基金。基金首期募集规模20亿元，由中国银行江苏省分行提供100亿元融资支持，重点投资面向老年人的医疗护理、康复保健、文化教育、休闲娱乐和养老居住等领域。

### 2. 产业企业主导的养老产业基金

产业企业主导的养老产业基金一般是指具备一定实力的养老产业企业联合政府、金融机构等发起设立的产业基金，可结合产业企业相关技术优势，对被投资企业进行投后管理或提供增值服务，协助运营管理，促进投资价值最大化。目前，相关产业企业以同仁堂、汤臣倍健、九州通、云南白药等大型知名医药企业集团为主。

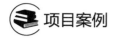 项目案例

**湖北九州通高投养老产业投资基金和湖北九州通投健康产业投资基金**

2016年,九州通医药集团成立湖北九州通高投养老产业投资基金合伙企业(有限合伙)和湖北九州通投健康产业投资基金合伙企业(有限合伙)两支健康养老类产业基金。

湖北九州通投健康产业投资基金合伙企业目前尚无投资案例,湖北九州通高投养老产业投资基金合伙企业通过基金的控股公司九州通医疗投资管理有限公司对武汉九康养老服务管理有限公司、九州通逸仙(武汉)医疗养老服务有限公司以及武汉九州通人寿堂医疗养老服务有限公司等养老实体和医疗管理机构进行了相应的投资。

**浙江大健康产业股权投资基金**

2016年12月,迪安诊断、通策医疗、创业软件发起浙江大健康产业股权投资基金,将重点聚焦于医疗服务、精准医疗和智慧医疗等领域。三方分别出资1.5亿元、1亿元、0.5亿元作为该基金的基石投资者。该基金的普通合伙人负责日常经营管理事务,以及投资项目筛选、立项、组织实施、投后监督管理及投资项目退出等工作。该基金的普通合伙人设立形式为有限合伙企业,规模为1000万元。

该基金的性质为人民币基金,类型为有限合伙制私募股权投资基金。首期规模为10亿元(具体视募集情况确定),未来目标总规模是100亿元。首期基金为迪安诊断、通策医疗、创业软件三方共计出资的3亿元;大健康基金GP认购1%;如有政府引导基金加入的,该出资一般不超过30%,其余为社会募资。

### 3. 金融机构主导的养老产业基金

除此之外,一些金融机构、民间资本也发起了产业基金。目前,商业银行多利用渠道、客户、资金等多方面的优势,通过拓展产业基金等新兴业务领域,拓宽投贷渠道。如华夏银行目前正在筹备的养老产业基金,将以股权投资和劣后债投资模式支持养老产业发展,基金的初步规模约为10亿元。

信托公司主要以信托计划做LP形式参与产业基金。此外,国家政策层面也大力推动保险企业投资产业基金。2015年,中国保监会发布《关于设立保险私募基金有关事项的通知》,鼓励保险公司设立成长基金、并购基金、新兴战略产业基金、夹层基金、不动产基金、创业投资基金和以上述基金为主要投资对象母基金的私募基金,投向养老服务、健康医疗服务等符合保险产业链延伸方向的产业或业态。如平安人寿、太平人寿等保险机构均已涉足养老产业基金。

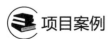 项目案例

① 深圳市平安健康科技股权投资合伙企业(有限合伙)、常州平盛股权投资基金合伙企业(有限合伙)是由平安人寿发起的典型的健康类产业基金合伙人,其投资方向以互联网医疗、健康管理和生物医药等领域相关企业为主。

② 苏州太平国发鼎鸿投资企业（有限合伙）是由太平人寿保险有限公司、大连一方集团及太平国发（苏州）资本管理有限公司联合发起设立的，由太平国发（苏州）资本管理有限公司管理。该基金于2017年投资大连天鹅湖健康产业园有限公司。所投资的项目位于大连保税区生态城，用地规模45655m²，定位中高端，面向全护理、半自理及自理长者，引进美国水印公司负责运营管理，打造医养结合型养老项目。

## 五、PPP模式

PPP模式（即政府与社会资本合作）是公共基础设施中的一种项目运作模式。该模式鼓励私营企业、民营资本与政府进行合作，参与公共基础设施的建设。随着《国务院关于加强地方政府性债务管理的意见》赋予地方政府适度的举债融资权限后，各地便将PPP模式看作是在发债之外的又一条重要融资渠道。目前来看，采用PPP模式的养老项目，其投资方主要为政府和社会资本，双方通过合作方式建设与运营养老项目，主要采用BOT（建造-运营-移交）和BOO（建造-拥有-运营）两种模式。

PPP模式开发养老项目的特点是主体间权责明确，性质上产权共享，经营上合作共赢、风险共担。对于政府而言，PPP模式可以在一定程度上缓解项目建设过程中财政资金缺乏、经验不足的问题；对于企业而言，可以发挥其在运营管理技术方面的优势，在政府政策的支持与指导下可以降低风险，增加收益；对于民众而言，也能够以合理的价格享受更高质量的养老服务。

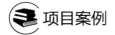 项目案例

① 2016年2月，上饶市民政局与新余市银河园老年服务中心举行上饶市老年福利中心PPP项目签约仪式。上饶市老年福利中心项目位于上饶市带湖片区内，总用地规模为40400m²，投资总额约为1.5亿元。其中政府投入3800万元，社会资本投入1.12亿元，建设期限约为3年。项目主要由养护院、老年公寓构成。其中，养护院拥有政府托底养老床位500张，老年公寓拥有养老床位780张，并建有老年护理中心（社区卫生服务中心）、老年活动中心、老年大学、老年超市、餐厅等相关配套设施。

② 2016年12月，深圳市福田区民政局与万科签署了福田区福利中心PPP试点项目协议，是深圳市第一家大型公办民营项目。该项目采用政府与社会资本合作的模式，万科投入1000多万元，实施适老化改造40余处，新增床位100张，增加老人活动配套区域面积近160m²。福利中心于2018年8月升级改造后重新开业，目前占地面积近5000m²，建筑面积约11900m²，共有420张床位。

③ 武汉九州通人寿堂养老院位于武汉市江汉区发展大道，是武汉首家PPP养老项目，也是华中地区最大的养老机构PPP项目。该项目于2017年2月签约，经过1年多的装修改造，正式对外营业。项目总投资约1.23亿元，总建筑面积近45000m²，设有床位1200余张。其中，九州通医药与人寿堂合计占有90%的股份，武汉市政府占有10%的股份。

## 六、信托贷款

信托是继保险机构后进军养老产业的又一类金融机构。在养老地产项目中，信托可以提供充裕的资金。

① 信托公司投资单一项目可以投入不超过项目总投资额的65%，为养老地产注入资金方面的保障。

② 信托通过结构融资来充当融资工具，即可在项目成立初期以股权投资形式提供注册资金和启动资金，提早介入项目。

③ 充当结构性融资工具的信托从项目前期咨询、土地摘牌、项目建安、采购设备等全过程都可以提供成本，资金供应周期比间接融资要长久。

④ 信托的融资方式很灵活，在养老地产新项目开发经营中，有限合伙人可以通过增资扩股或者股债结合等方式继续注入资金，操作灵活多样。

目前，信托在养老地产融资中的作用主要有两种。

① 充当间接融资的中间平台或通道，通过单一信托计划，如理财产品等形式让银行资金以表外业务的形式通过信托渠道发放给养老地产项目。

② 成立各种SPV（特殊目的公司），以股权、债权或两者结合的方式解决养老地产开发经营的全程资金供应问题，包括前期咨询费用、土地摘牌费用、建安成本费用、经营费用等。

2013年11月，中信信托表示，将推出总额数百亿元、首期数十亿元的健康产业基金，用于云南昆明"嘉丽泽国际健康岛"等健康、医疗和养老项目。此后，中信信托又推出消费信托，对接"嘉丽泽国际健康岛"旅游度假等相关服务。

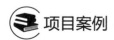 项目案例

### 爱建建信养老-金东方项目三期集合资金信托计划

该信托计划的基本情况如表6.9所示。

表6.9 爱建建信养老-金东方项目三期集合资金信托计划基本情况

| 产品名称 | 信托期限/月 | 预期年化收益率/% | 成立日期 | 信托规模/万元 |
| --- | --- | --- | --- | --- |
| 爱建建信养老-金东方项目三期集合资金信托计划（一期） | 24 | 6.12 | 2017年10月20日 | 9800 |
| 爱建建信养老-金东方项目三期集合资金信托计划（二期） | 24 | 6.12 | 2017年10月24日 | 8000 |
| 爱建建信养老-金东方项目三期集合资金信托计划（三期） | 24 | 6.12 | 2017年10月26日 | 9200 |

金东方颐养中心项目位于常州市南冀,紧邻西太湖和武进主城区,距离淹城森林公园旅游区1km,距武进区商业中心2km,交通便利。项目占地17.6万平方米,规划总建筑面积26.4万平方米。项目整体分三期开发,共约1700套老年住宅(其中三期约700套)、近5万平方米的医疗护理中心、文化体育中心、商业服务中心、生活服务中心,现已全部交付入住。

### 爱建信托-保集富椿佘山养老项目贷款集合资金信托计划

该信托计划的基本情况如表6.10所示。

表6.10 爱建信托-保集富椿佘山养老项目贷款集合资金信托计划基本情况

| 产品名称 | 信托期限/月 | 预期年化收益率/% | 成立日期 | 信托规模/万元 |
| --- | --- | --- | --- | --- |
| 爱建信托-保集富椿佘山养老项目贷款集合资金信托计划 | 30 | 7.3~7.6 | 2016年5月20日 | 28000 |

注:1. 项目公司在建工程及土地为信托贷款提供抵押担保。
2. 项目公司股东将持有项目公司100%的股权作质押担保。
3. 保集控股集团有限公司以及保集实际控制人无限连带责任担保。

保集富椿佘山项目位于上海市松江区佘苑路1号,背靠佘山,四面环水。项目占地约15万平方米,容积率低至0.5,绿化率达45%。项目定位低密度高端养生社区,提供一房、两房公寓产品及别墅产品,现已投入试运营。

## 七、股权融资

2015年以来,养老行业中的并购重组风起云涌。收购成熟型、成长型养老机构的方式,有利于资本方迅速地打开局面,实现布局养老产业的规模扩张,抢占市场份额,也有利于被收购方进行资金融资。

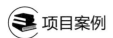 项目案例

① 2015年11月3日,北控医疗健康产业集团有限公司发布公告,通过向独立第三方认购股份及投资,收购福建省福龄金太阳健康养老股份有限公司股本合共51%,总代价1.38亿元。
② 2016年1月19日,宜华健康医疗股份有限公司公告拟以4.08亿元收购主营养老服务产业的亲和源股份有限公司58.33%的股份,并借此外延式并购实现在养老产业板块的布局。
③ 2016年6月,中金瑞华(上海)健康产业投资有限公司收购夕悦颐养服务机构60%的股份,但中金瑞华后续并不直接参与夕悦的日常运营,管理方面仍然以夕悦原有的团队为主。
④ 2019年3月,上海交大昂立股份有限公司披露收购股权暨关联交易公告,拟以现金6亿元收购关联方上海佰仁健康产业有限公司持有的上海仁杏健康管理有限公司100%的股权。本次交易是上海交大昂立股份有限公司向老年医疗护理服务产业拓展的重要举措。

## 第二节 交易模式

目前，国内很多重资产养老社区项目前期投资大，往往可能面临较大的资金压力，如果单纯依靠后期的运营收入，项目的投资回收期会很长。因此，企业在前期设计交易模式的时候首先需要重点考虑如何能尽快回收现金流以覆盖前期的投资成本；其次，应考虑在项目实际运营过程中通过资产层面和运营层面等多种方式获取更多的融资收益。其中，资产层面应尽量保证资产的完整性，以具备完整的融资能力；运营层面可以通过持续稳定的运营收益获取可经营性物业贷款，而可经营性物业贷款是需要具有独立处置权的经营性物业作为贷款抵押物的一种贷款方式。

综上，对于重资产的 CCRC 项目来说，从企业开发的角度考虑，交易模式的设计需要满足以下三大原则：

① 短期快速收回现金流，覆盖开发成本；
② 中期运营收益稳定，实现可经营性物业贷款；
③ 长期保证资产完整，具备完整的融资能力，实现资产价值升值。

目前，CCRC 项目的交易模式有会员卡模式、保险模式、养老贷模式、共有产权模式、信托模式等。其中会员卡模式和保险模式较为常见，而信托模式、养老贷模式等随着国内金融政策的逐步放开也开始进入市场。

### 一、会员卡模式

目前，国内多数 CCRC 项目为了尽快收回现金流，在前期预售阶段均采用了会员卡的交易模式。尽管养老会员卡的种类比较多样，但究其本质还是有很多相似的地方。

（1）会员卡对应的不是房产而是权益

会员卡的权益是指长者凭会员卡在一定期限内享有的占有、使用或居住养老物业，并享受相应养老服务的权益。与会员卡相对应的并不是房产，也没有独立的产权，因此，就养老会员卡的投资价值而言，更多依赖于项目后期的运营和服务。

（2）会员卡是项目投资主体的融资工具

会员卡的收入都属于项目方的长期负债，即项目方向购买会员卡客户的长期借款。卖会员卡的本质就是向客户融资，因此，项目方的品牌实力和资信状况对于会员卡的销售至关重要。

（3）会员卡模式的成败取决于运营和服务

养老项目的销售阶段只是完成了"融资"，想顺利地"偿还融资"，还必须依托良好的可持续的运营和服务。如果后期的运营和服务跟不上，客户作为债权人就有权要求项目方回购、退款或转让。

那么，具体到会员卡的权益特征本身，可以包含以下选项：
① 永久使用权或终身使用权或定期使用权；
② 可继承或不可继承；
③ 可转让或不可转让；
④ 可退还或一定期限内可部分退还或不可退还；
⑤ 指定房源或不指定房源；
⑥ 有投资收益或无投资收益。

上述权益可以有不同的组合方式，由此可以根据不同的权益特征对会员卡进行细分，目前养老市场上主流的会员卡模式包括终身会员卡模式、租金趸交型会员卡模式、押金型会员卡模式、使用权销售型会员卡模式和购置费型会员卡模式。

### 📖 项目案例："首厚大家"会员卡权益

首厚大家朝阳公园社区采用会员卡模式进行销售。客户根据所选户型不同一次性交付会员费即可成为会员，入住仅需每月缴纳月费，此外会员还可享受资产保值权益、养老服务权益两大项、八小项专属权益（图6.8）。

| ■可溢价转让 | ■可继承 |
|---|---|
| √ 会员可以加价将会员卡转让给他人，但需通过首厚平台转让 | √ 会员指定的亲属可继承房间的租赁及使用权利 |

| ■可优先入住 | ■可原价退会 |
|---|---|
| √ 当会员托管房屋未到期时，如家人有入住需求，则可享受优先入住 | √ 三年之后会员有权利选择退出会员资格并全额退回会员费 |

| ■可他人入住 | ■可委托代租 |
|---|---|
| √ 会员本人不住的情况下，可指定亲属或其他满足条件的第三人入住 | √ 会员暂时不住的情况下，可返租给养老运营公司，出租收益为会员所有 |

| ■可优享照护 | ■可优享续期 |
|---|---|
| √ 当入住人的身体发生变化时，可优先入住配套的持续照料社区（友谊社区会员可入住日医学馆） | √ 会员享有40年的房间使用期限，40年到期后会员可选择全额退回会员费或选择优先续期 |

图6.8 "首厚大家"会员卡权益

## 1. 终身会员卡模式

终身会员卡对应的是长者公寓的永久使用权（等同土地使用年限），会员卡可继承、可转让，原则上不指定房源，或可享有多个连锁项目内的换住权益。在收费模式上，终身会员卡统一定价，在实际入住时根据不同房型额外收取月费。其中，比较典型的有上海亲和源迎丰老年公寓熟年卡（A卡）、绿地国际康养城颐尊卡（A卡）等（表6.11）。

表6.11　终身会员卡模式的年限及权益、费用与典型代表

| 会员卡模式 | 年限及权益 | 收费类型 | 典型代表 |
| --- | --- | --- | --- |
| 终身会员卡 | ① 永久使用权<br>② 可继承，可转让<br>③ 不指定房源，可多项目选择换住 | 统一会员卡费用+根据房型收取月费 | ① 上海亲和源迎丰老年公寓熟年卡（A卡）<br>② 绿地国际康养城颐尊卡（A卡） |

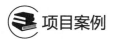
项目案例

### 上海亲和源迎丰老年公寓熟年卡

上海亲和源迎丰老年公寓是继上海亲和源老年社区之后将"医""养"有机融合、服务体系及智能化管理升级的亲和源2.0版本。在交易模式的设计上，沿用了养老会员制模式，提供A卡、B卡两种方案供客户选择。其中，A卡即全国通用统一定价的熟年卡，是典型的终身会员卡模式。持亲和源A卡的会员客户，享有亲和源旗下任一养老社区公寓的永久居住权，另外每年享有2个月其他养老园区的旅居权。会员卡可继承、可转让，且可回购，在具备一定投资收益的基础上，一定程度上也降低了持有风险。入住后，除会员卡费用外，每月需根据房型收取不同的服务费。具体收费明细如表6.12所示。

表6.12　上海亲和源迎丰老年公寓熟年卡（A卡）权益及费用（2019年）

| 交易模式 | 年限及权益 | 卡费/（万元/套） | 房型 | 年服务费/万元 | 其他费用 |
| --- | --- | --- | --- | --- | --- |
| 熟年卡<br>（A卡，全国通用） | 永久卡<br>可继承<br>可转让<br>可回购<br>2个月旅居权 | 178 | 82m²（朝南） | 6.68 | 餐费、其他增值服务费另计 |
| | | | 88m²（朝南） | 7.98 | |
| | | | 82m²（朝北） | 5.68 | |
| | | | 58m²（朝北） | 3.98 | |

### 绿地国际康养城颐尊卡

绿地国际康养城位于上海市青浦区朱家角镇，打造集"医、康、养、旅、产、融"于一体的国际化综合性全龄康养社区。项目在交易模式设计上与上海亲和源迎丰老年公寓类似，有颐尊卡和颐悦卡两种会员卡可供选择。其中颐尊卡是典型的终身会员卡模式，对应绿地国际康养城项目内任一公寓的永久使用权。具体权益及收费明细如表6.13所示。

表6.13　绿地国际康养城颐尊卡（A卡）权益及费用（2019年）

| 交易模式 | 年限及权益 | 卡费/（万元/套） | 房型 | 年服务费/万元 | 其他费用 |
|---|---|---|---|---|---|
| 颐尊卡<br>（A卡） | 永久卡<br>可继承<br>可转让<br>不可退 | 168 | $70m^2$1室<br>$80m^2$1.5室<br>$90m^2$2室<br>$108m^2$2室 | 1人：3.8～5.0<br>2人：5.0～7.8 | 餐费和其他增值服务费另计 |

## 2. 租金趸交型会员卡模式

租金趸交型会员卡对应长者公寓的定期使用权（一般为5～20年），属于消费型会员卡。会员卡指定房源，原则上不可继承、不可转让，在使用期限内可等额退还剩余租金。会员费用根据不同房型分别定价，入住额外收取月费。以万科随园嘉树、万科海上明月、上海亲和源迎丰老年公寓B卡为典型（表6.14）。

表6.14　租金趸交型会员卡年限及权益、收费类型与典型代表

| 会员卡模式 | 年限及权益 | 收费类型 | 典型代表 |
|---|---|---|---|
| 租金趸交型会员卡<br>（普遍模式） | 定期使用权一般为5～20年；<br>不可继承，不可转让；可等额<br>退还剩余租金；指定房源 | 根据房型统一定价+根据<br>房型收取月费 | 万科随园嘉树、万科海<br>上明月、上海亲和源迎丰<br>老年公寓B卡 |

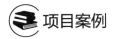 项目案例

### 万科随园嘉树

万科随园嘉树是万科第一个高端养老社区标杆项目，定位为CCRC，养老公寓除前期少量的使用权型会员卡销售模式外，以15年租金趸交型会员卡模式为主。项目后续也针对性地就80岁以上长者推出过5年的短期租金趸交会员卡。具体权益及收费明细如表6.15所示。

表6.15　万科随园嘉树15年租金趸交会员卡权益及费用（2019年5月）

| 交易模式 | 年限及权益 | 房型 | 一次性趸交费用/万元 | 服务费/（元/月） |
|---|---|---|---|---|
| 15年租金趸<br>交型会员卡 | 15年使用权，不可继承，<br>不可转让，使用年限内未住<br>满部分剩余租金可退 | $75m^2$1房<br>$100m^2$2房<br>$110m^2$3房 | 100～105<br>130～140<br>155～160 | 2500～3500 |

### 万科海上明月

万科海上明月是万科随园嘉树的2.0版本，定位为城市型CCRC，沿用了租金趸交型会员卡的交易模式，分别设置15年和20年的使用年限，加速现金流的回收。此外，万科在养老金融领域积极探索与创新，万科杭州公司与中国建设银行浙江省分行的创新养老贷模式，大大降低了客户的支付门槛。其中，项目租金趸交型会员卡的具体权益及费明细如表6.16所示。

表6.16　随园海上明月15年租金趸交会员卡权益及费用（2019年）

| 交易模式 | 年限及权益 | 房型 | 一次性趸交费用/万元 | 服务费/（元/月） |
|---|---|---|---|---|
| 15/20年租金趸交型会员卡 | 15/20年使用权，不可继承，不可转让，使用年限内未住满部分剩余租金可退 | 50m²1房 | 15年：60～70<br>20年：75～80 | 2500 |
| | | 70m²2房 | 15年：80～90<br>20年：100～115 | 3000 |
| | | 80m²2房 | 15年：110～130<br>20年：135～160 | 3500 |

**上海亲和源迎丰老年公寓B卡**

上海亲和源迎丰老年公寓B卡采用15年租金趸交模式，在收费模式上根据不同房型收取一次性15年的租金费用（15年内未使用年限等额折算租金可退），入住后收取统一的服务费，具体权益及收费明细如表6.17所示。

表6.17　上海亲和源迎丰老年公寓B卡权益及费用（2019年）

| 交易模式 | 年限和权益 | 房型 | 卡费/万元 | 服务费/（万元/年） | 其他费用 |
|---|---|---|---|---|---|
| B卡<br>租金趸交型会员卡 | 15年使用权，不可继承，不可转让，使用年限内未住满部分剩余租金可退 | 82m²（朝南） | 108 | 6.2 | 餐费和其他增值服务费另计 |
| | | 88m²（朝南） | 128 | | |
| | | 88m²（朝北） | 88 | | |
| | | 58m²（朝北） | 58 | | |

此外，租金趸交型会员卡模式还有一种比较特殊的情况。以广州市场为典型，在权益方面增设了可继承、可转让的条件，且在不入住的情况下可享受返租收益，增加了一定的投资属性。典型项目有广州泰成逸园A卡、广州某国际颐养社区A卡。以广州某国际颐养社区A卡为例，其会员卡权益设定为可继承、可转让、但不可退；会员卡的费用取决于不同的年限和房型，有17年和27年两种选择，金额为30万～100万元不等。若会员直接入住，则需每月额外支付物业管理费用1200元；若暂不入住，则可委托社区统一运营管理，获得返租收益（表6.18）。对比普遍意义上的租金趸交型会员卡模式，广州的租金趸交型会员卡模式从增值收益和返租收益两个层面增加了会员卡的投资属性。

表6.18　租金趸交型会员卡模式（广州模式）的权益、费用与典型代表

| 会员卡模式 | 权益说明 | 收费类型 | 典型代表 |
|---|---|---|---|
| 租金趸交型会员卡模式（广州模式） | 定期的使用权（最长可等同土地使用年限）；可继承，可转让，不可退；不入住可享受返租收益；指定房源 | 根据房型和年限统一定价+收取月费（入住时） | 广州泰成逸园A卡、广州某国际颐养社区A卡 |

### 3. 押金型会员卡模式

押金型会员卡对应终身使用权，直至权益人放弃居住权；押金全额可退，或需满足一定期限（如3年）后全额退还；会员卡指定房源，不可转让，不可继承。就

收费机制而言，押金型会员卡模式相当于通过押金的投资回报覆盖入住租金的费用，因此会员卡费用根据不同房型定价，入住需额外收取月费，保证项目的可持续运营。典型项目有泰康之家系列、国寿嘉园系列等（表6.19）。

表6.19　押金型会员卡年限及权益、收费类型与典型代表

| 会员卡模式 | 年限及权益 | 收费类型 | 典型代表 |
| --- | --- | --- | --- |
| 押金型会员卡 | 终身使用权，直至权益人身故；可退，不可继承，不可转让；指定房源 | 根据不同房型定价+收取月费 | 泰康之家系列、国寿嘉园系列、前海人寿幸福之家 |

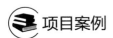

## 项目案例

### 上海泰康之家申园

泰康之家申园位于上海市松江新城，定位为品质型CCRC，是以险资为主体养老社区的典型代表。除险资比较特殊的保险模式外，项目还采用押金型会员卡模式，专门针对非泰康保险客户（即直接入住客户）设置。具体到收费层面，包括入门费（20万/户）、乐泰财富卡（押金）和月费三个组成部分。其中，入门费仅限入住资格的获取，无论是否为保险客户都需要缴纳；乐泰财富卡（押金）根据不同房型定价，服务费取决于入住人数。入门费和乐泰财富卡均可退还。具体权益和收费明细如表6.20所示。

表6.20　上海泰康之家申园押金型会员卡（乐泰财富卡）权益及费用（2019年）

| 入门费/（万元/户） | 户型面积（套内）/m² | 入住人数/人 | 乐泰财富卡/（万元/户） | 月费/（元/月） | 预估餐费/（元/月） | 权益说明 |
| --- | --- | --- | --- | --- | --- | --- |
| 20 | 40 | 1 | 110 | 6386 | 1800 | 入门费：可退还的押金，获得入住资格，含设备、设施及大病押金<br>乐泰财富卡：可退还的押金，缴纳后可永久锁定"免房屋基本居住费用"，不可继承，不可转让 |
| | | 2 | | 9086 | 3600 | |
| | 60 | 1 | 160 | 8961 | 1800 | |
| | | 2 | | 11661 | 3600 | |
| | 80 | 1 | 210 | 11948 | 1800 | |
| | | 2 | | 14648 | 3600 | |
| | 120 | 1 | 300 | 17922 | 1800 | |
| | | 2 | | 20622 | 3600 | |

入门费退还比例说明：入住社区的前3个月内或者入住满3年以上退出社区的，全额无息退还；自3个月届满日至入住满1年之日退出的，入门费的85%无息退还；自入住满1年以上至入住满2年之日退出社区的，入门费的90%无息退还；自入住满2年以上至入住满3年之日退出社区的，入门费的95%无息退还

乐泰财富卡退还比例说明：入住社区的前3个月内或者入住满3年以上退出社区的，乐泰财富卡购卡金额全额无息退还；自3个月届满日至入住满1年之日退出的，乐泰财富卡购卡金额92%无息退还；自入住满1年以上至入住满2年之日退出社区的，乐泰财富卡购卡金额的95%无息退还；自入住满2年以上至入住满3年之日退出社区的，乐泰财富卡购卡金额的97%无息退还

### 北京国寿嘉园韵境

北京国寿嘉园韵境是中国人寿旗下的高端养老品牌，是北京连锁高端CCRC项目，其交易模式设计与泰康之家系列基本类似，采用保险和押金型会员卡模式。其中，押金型会员卡面向非保险客户，收费模式为"押金+月费"。押金锁定3年，未满1个月或满3年，或因客户身故和法律规定的不可抗力原因退出时，押金全额返还。其具体权益及费用如表6.21所示。

表6.21 北京国寿嘉园韵境押金型会员卡权益及费用（2019年）

| 户型面积（套内）/m² | 入住人数/人 | 押金/（万元/户） | 月费/（元/月） | 预估餐费/（元/月） | 权益说明 |
|---|---|---|---|---|---|
| 35 | 1 | 138 | 5500 | 1500 | 押金锁定3年，3年后全额可退（不满1个月的全额返还，超过1个月不满3年的收取5%~15%的手续费），不可继承，不可转让 |
| 35 | 2 | 138 | 8500 | 3000 | |
| 50 | 1 | 188 | 8500 | 1500 | |
| 50 | 2 | 188 | 11500 | 3000 | |
| 70 | 1 | 268 | 11000 | 1500 | |
| 70 | 2 | 268 | 14000 | 3000 | |
| 75 | 1 | 388~488（是否含露台） | 13000 | 1500 | |
| 75 | 2 | 388~488（是否含露台） | 16000 | 3000 | |

**4. 使用权销售型会员卡模式**

使用权销售型会员卡对应永久使用权（使用年限等同于土地年限），会员卡可继承，可转让，以上权益与终身会员卡基本相同，主要区别在于使用权销售型会员卡指定房源。因此，在收费模式方面也存在较大的差异，使用权销售型会员卡按单位建筑面积定价，入住时缴纳月费，不入住的可对外租赁（如社区统一托管出租）获取租金回报，具备获取投资收益的可能性。典型的案例有金东方颐养中心金卡模式、宁波钱湖柏庭（表6.22）。

表6.22 使用权销售型会员卡模式年限及权益、收费类型与典型代表

| 会员卡模式 | 年限及权益 | 收费类型 | 典型代表 |
|---|---|---|---|
| 使用权销售型会员卡 | 永久使用权，使用年限等同于土地年限；可继承，可转让、可退（可选）；指定房源 | 按单位建筑面积定价（房价）+根据不同房型收取月费 | 宁波钱湖柏庭、金东方颐养中心金卡、首厚大家系列 |

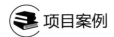 **项目案例**

### 金东方颐养中心金卡

金东方颐养中心位于常州市武进区，是全国示范性CCRC项目。项目主推金卡（使用权销售型）和银卡（押金型）两种交易模式。其中，三期仅采用金卡（使用权销售型）模式。金卡可继承，可转让，不可退，入住需缴纳约2800～5000元/月的服务费（含物业费、会所使用费、俱乐部课程费、健康管理费等）。若不入住，可将房源交由社区托管出租，获取相应收益，即项目面向短租体验客户提供的爱心卡收益。具体权益及费用如表6.23所示。

表6.23 金东方颐养中心金卡权益及费用（2019年）

| 交易模式 | 房型/m² | 会员卡价格/（元/m²） | 服务费/（元/月） | 其他费用 | 权益说明 |
| --- | --- | --- | --- | --- | --- |
| 使用权销售型会员卡（金卡） | 70～140 | 三期：16000 | 1人：2800<br>2人：5000 | 餐费和其他增值服务费另计 | 可继承，可转让，不可退 |

注：项目提供爱心卡（短租体验模式），即金卡客户交由社区托管的房源对外出租，会员卡费用（即一年期租金）为金卡客户收益，并由实际入住客户缴纳月服务费。

### 宁波钱湖柏庭

宁波钱湖柏庭位于宁波东钱湖景区内，是宁波"TOP"养老社区。项目整体采用使用权预售模式，开业前基本去化完毕。会员卡可继承、可转让且可退的权益有效促进了项目的去化。会员卡定价为1.3万元/m²，单套总价为65万～130万元，入住后每月收取服务费。具体权益及费用如表6.24所示。

表6.24 宁波钱湖柏庭使用权销售型会员卡权益及费用（2019年）

| 交易模式 | 房型 | 会员卡价格/（万元/m²） | 服务费/（元/月） | 其他费用 | 权益说明 |
| --- | --- | --- | --- | --- | --- |
| 使用权销售型会员卡 | 50m²单间 | 1.3 | 1人：2800<br>2人：5000 | 餐费和其他增值服务费另计 | 可继承，可转让，可退 |
| | 75m²1室 | | | | |
| | 100m²2室 | | | | |

### 首厚大家朝阳公园

首厚大家是由中国康养、首旅集团和厚朴资本三方联手打造的北京高端养老机构品牌。其中，朝阳公园社区项目于2019年5月正式开业，是首厚集团在北京的第二个项目。在交易模式方面，项目采用使用权销售型会员制模式，可继承、可转让，且可退；同时提供返租服务，大大增加了产品的投资属性，也为会员客户的退出提供了更多的保障。会员卡具体权益及费用如表6.25所示。

表6.25 首厚大家朝阳公园使用权销售型会员卡权益及费用（2019年）

| 房型 | 使用权销售价格/（万元/m²） | 服务费/（元/月） | 其他费用 | 权益说明 |
| --- | --- | --- | --- | --- |
| A户型 | 7～8 | 1人：5100～6100<br>2人：7600～8600 | 餐费和其他增值服务费另计 | 可代租，可继承，可转让，可退 |
| B户型 | | | | |
| C户型 | | | | |

注：会员卡转让需通过首厚平台，平台收取1万元更名费；入住满3年会员卡费用全额可退，不满3年收取3%～8%的手续费。

### 5. 购置费型会员卡模式

购置费型会员卡是目前广州地区比较常见的会员卡交易模式，其对应的是定期的使用权（一般为3～20年，且可不连续入住）。会员卡不指定房源，可继承、可转让，且原则上不可退。与此同时，购置费型会员卡可实现按房源总数以一定比例超卖，因此，尽管一次性购置费用门槛较低，但实际现金流回收相对可观；当然，由此也会带来未来客户权益集中兑现的风险。在收费模式方面，会员卡一次性购置费用根据不同使用年限定价，入住时月费则根据不同房型及入住长者的护理等级定价。典型案例有广州泰成逸园B卡模式等（表6.26）。

表6.26 购置费型会员卡权益、收费类型与典型代表

| 会员卡模式 | 权益 | 收费类型 | 典型代表 |
| --- | --- | --- | --- |
| 购置费型会员卡 | 定期的使用权（3～20年不等，可不连续入住）；可继承，可转让，不可退；不指定房源；可按房源总数以一定比例超卖 | 一次性购置费（根据不同年限定价）+月费（根据不同房型及护理等级定价） | 广州泰成逸园B卡等 |

## 项目案例：广州泰成逸园B卡

广州泰成逸园养老院位于广东金沙洲，广佛同城核心区，打造为高端医养结合型养老机构。项目提供A卡和B卡两种会员卡交易模式，其中B卡采用典型的购置费型会员卡模式，包括3年期、6年期、12年期、18年期四种年限可供选择，可不连续入住。同时，会员卡具有溢价转让的权益，具备一定的投资属性。具体权益及费用如表6.27所示。

表6.27 广州泰成逸园购置型会员卡（B卡）权益及费用（2019年）

| 交易模式 | 年限/年 | 购置费价格/万元 | 使用期限 | 月费（含床位费、管理费、护理费、餐费另计）/[元/（床·月）] | 权益说明 |
| --- | --- | --- | --- | --- | --- |
| 购置费型会员卡（B卡） | 3 | 9.5～36.5 | 自激活起5年内累计使用完 | 标间：4600～4800<br>单间：4800～6300<br>套房：5100～6300 | 可继承，可转让，不可退 |
| | 6 | | 自激活起9年内累计使用完 | | |
| | 12 | | 自激活起16年内累计使用完 | | |
| | 18 | | 2042年8月31日使用完 | | |

注：入住时以月为单位。

综上，CCRC会员卡模式及相关权益汇总如表6.28所示。

表6.28　CCRC会员卡模式及权益汇总

| 会员卡模式 | 权益期限 | 可继承 | 可转让 | 可退 | 指定房源 | 投资收益 | |
|---|---|---|---|---|---|---|---|
| | | | | | | 增值收益 | 返租收益 |
| 终身会员卡 | 永久 | √ | √ | / | × | √ | × |
| 租金趸交型会员卡（普遍情况） | 定期 | × | × | 一定期限内部分可退 | √ | × | × |
| 租金趸交型会员卡（广州模式） | 定期 | √ | √ | 一定期限内部分可退 | √ | √ | √ |
| 押金型会员卡 | 终身 | × | × | √ | √ | × | × |
| 使用权销售型会员卡 | 永久 | √ | √ | / | √ | √ | √ |
| 购置费型会员卡 | 定期 | √ | √ | × | × | √ | × |

注："√"表示可以，"×"表示不可以，"/"表示两种情况都有可能

### 6. 会员卡模式对比

目前主流的会员卡模式有终身会员卡、租金趸交型会员卡、押金型会员卡、使用权销售型会员卡、购置费型会员卡。不同类型的会员卡在相关权益的设计上会有相应的差别。同时，涉及不同的权益期限和收费机制，其总价门槛也会存在一定的差异。

具体到开发企业的角度来看，不同类型的会员卡无论是从现金流的回收，还是资产的增值收益、税费等各方面都有着各自的优劣势，在适用企业或项目方面也有一定的要求（表6.29）。

表6.29　各类会员卡模式的门槛、优劣势与适合项目分析

| 交易模式 | 一次性支出门槛 | 优劣势分析 | 适合的企业/项目 |
|---|---|---|---|
| 终身会员卡 | 门槛高 | 优势：<br>• 一次性高现金流回收；<br>• 适用范围广，轻资产、重资产项目均可；<br>• 可通过平台化打造，实现连锁化布局，发挥联动效应<br>劣势：<br>• 总价高，可确认收入，但需缴纳相关税费 | 企业品牌实力、资信强；对现金流要求高；连锁化布局 |
| 租金趸交型会员卡 | 门槛较低，租期灵活制定 | 优势：<br>• 获取部分现金流，实现一定的确定收益；<br>• 可快速迭代，有涨价空间；<br>• 可享受资产增值收益<br>劣势：<br>• 一次性回收资金有限，可能无法覆盖投资；<br>• 开园前无法进行预售，资金峰值较高；<br>• 去化速度较慢 | 项目规模相对适中；对现金流要求适中 |

续表

| 交易模式 | 一次性支出门槛 | 优劣势分析 | 适合的企业/项目 |
|---|---|---|---|
| 押金型会员卡 | 门槛高 | 优势：<br>• 一次性回款额可观；<br>• 押金不作为确认收入，相关税费低；<br>• 可享受资产增值收益<br>劣势：<br>• 存在消费者中途退款的风险，影响现金流；<br>• 确认收入少（仅月费），融资能力相对较差 | 企业品牌实力和资信强，且资金实力强 |
| 使用权销售型会员卡 | 门槛高 | 优势：<br>• 类房产销售，一次性高现金流回收；<br>• 开园前可进行预售，市场接受度高<br>劣势：<br>• 无法享受资产价值升值收益；<br>• 总价高，可确认收入，但需缴纳相关税费 | 企业品牌实力和资信强 |
| 购置费型会员卡 | 门槛低，租期灵活制定 | 优势：<br>• 可超卖，一次性回款额尚可；<br>• 可享受资产增值收益<br>劣势：<br>• 存在客户权益集中兑现的风险 | 企业品牌实力和资信强；连锁化布局 |

## 二、保险模式

保险模式是目前以险资为主体的CCRC普遍使用的交易模式之一，是专门针对保险客户将保险产品与CCRC的居住或使用权相结合的交易模式。典型项目有泰康之家系列、前海人寿幸福之家、国寿嘉园系列。

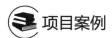 项目案例

### 泰康之家幸福有约

泰康之家的保险模式是针对泰康保险客户，通过养老社区确认函将虚拟的保险产品与实体的高端养老社区相结合的商业模式。对接的保险产品为符合幸福有约对接产品规定的主流保险产品，包括岁月有约、颐养有约、安康有约、传世有约等12款保险产品。对应的入住社区可在目前在全国布局的泰康之家中任选一家，可通过签署确认函的方式入住（图6.9）。

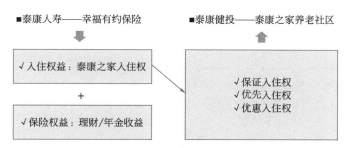

图6.9　泰康之家幸福有约保险客户所享权益

泰康之家幸福有约保险客户购买养老社区确认函对接产品，即可获得泰康之家全国布局中任一家养老社区的入住权，同时还可获得保险利益。保险利益可领取，也可用于支付社区费用，但不兜底社区费用（表6.30）。

① 保证入住权：保障投保人或被保险人，在向泰康之家提交正式的入住申请，通过评估之日起的第18个月内，实际入住养老社区。

行使条件如下：
a. 保险合同有效；
b. 达到社区入住年龄（女性55岁，男性60岁）；
c. 交费期已届满且已交保险费总额不小于确认函规定的金额。

② 优先入住权：投保人的父母及投保人配偶的父母在入住申请通过评估后，与未持有《泰康保险客户入住养老社区确认函》的客户相比，在同等条件下优先入住。

行使条件如下：
a. 保险合同有效；
b. 达到社区入住年龄（女性55岁，男性60岁）；
c. 已交和应交保险费总额不小于确认函规定的金额。

③ 优惠入住权：入住方的配偶与入住方入住养老社区的同一居室享有优惠，即免收房屋使用费，且居家费用按照届时规定的标准减半。

行使条件如下：
入住方已入住社区。

表6.30　泰康之家三类确认函计划对应入住权细则（2019年）

| 权益 | 计划一 | 计划二 | 计划三 |
| --- | --- | --- | --- |
| 标准保费/万元 | 15/20（含）～30 | 30（含）～50 | 50（含）以上 |
| 保证入住权数量/人 | 1 | 1 | 2 |
| 保证入住权对象 | 投保人或被保险人 | 投保人或被保险人 | 投保人、被保险人、投保人父母、投保人配偶父母中任意指定2人 |
| 保证入住权期限 | 80岁前 | 终生 | 终生 |
| 户型选择权 | 无 | 享有优先挑选户型的权利 | 享有优先挑选户型的权利 |
| 优先入住权数量/人 | 4 | 4 | 4 |
| 优先入住权 | 投保人父母及配偶父母 | 投保人父母及配偶父母 | 投保人父母及配偶父母 |
| 优惠入住权数量/人 | 1 | 1 | 2 |
| 优惠入住权 | 配偶 | 配偶 | 配偶、投保人父母、投保人配偶父母中任意指定2人 |

养老社区保险客户泛指持有《泰康人寿/养老保险客户入住养老社区确认函》（以下简称《确认函》）和《泰康人寿/养老保险客户入住养老社区家庭版确认函》（以下简称《家庭版确认函》）的客户及其关联人，包含以下三大类。

① 持有《确认函》，并满足其约定的保证入住权行权要求，2016年5月1日前与泰康之家签订《A类等候入住函》，或2016年5月1日及以后与泰康之家签订《排号卡》的客户（简称

A类客户）。

② 持有《家庭版确认函》，并满足其约定的保证入住权行权要求，2016年5月1日前与泰康之家签订《B类等候入住函》，或2016年5月1日及以后与泰康之家签订《排号卡》的客户（简称B类客户）。

③ 子女持有《确认函》，并满足其约定的优先入住权行权要求，2016年5月1日前与泰康之家签订《C类等候入住函》，或2016年5月1日及以后与泰康之家签订《排号卡》的客户（简称C类客户）。

除保险费用外，入住养老社区需额外支付入门费、月费等相关入住费用，具体收费情况如表6.31所示（不购买乐泰财富卡）。

表6.31 泰康之家申园保险模式入住养老社区收费情况（不购买乐泰财富卡）（2019年）

| 入门费 | 户型 | 人数/人 | 标准月费/（元/月） | | 其他服务收费 |
|---|---|---|---|---|---|
| | | | 房屋使用费及居家费用 | 预估餐费 | |
| A类客户免入门费，B类客户优惠10万元/户，C类客户20万元/户（入门费可退） | 一居室 | 1 | 11227 | 1800 | 按个人需要付费使用，参照社区特约服务价目表 |
| | | 2 | 13927 | 3600 | |
| | 舒适一室一厅 | 1 | 16171 | 1800 | |
| | | 2 | 18871 | 3600 | |
| | 温馨一室一厅 | 1 | 21527 | 1800 | |
| | | 2 | 24227 | 3600 | |
| | 温馨两居室 | 1 | 32239 | 1800 | |
| | | 2 | 34939 | 3600 | |

注：关于月费的支付方式可以与社区约定，并签署相关文件，将保险合同中的累积生存保险金及累积红利领取与月费的支付相关联，由前述生存保险金及红利直接抵扣部分或全部月费。

### 前海人寿幸福之家

前海人寿的保险模式主要针对60周岁及以下的保险客户，对应的是相关年金险产品，年金理财险保费为200万元，可分3年、5年或10年缴清，门槛相对较低。购买相关年金险产品的保险客户即享有两次申请入住前海人寿幸福之家社区的权益（仅限投保人或直系亲属），可保证两代人的养老。此外，入住时需额外根据房型及长者护理等级收取不同的月费。具体收费标准如表6.32所示。

表6.32 前海人寿保险模式下入住养老社区的收费情况（2019年）

| 房型 | 保险费用 | 服务费/（元/月） | 护理费/[元/（月·人）] | | 其他费用 |
|---|---|---|---|---|---|
| 标间 | 年金理财险200万元分3年交，每年交67万元；分5年交，每年交40万元；分10年交，每年交20万元 | 8230 | 自理 | 0 | 餐费及其他增值服务费用另计 |
| 一房一厅 | | 11675 | 三级 | 5980 | |
| 大一房一厅 | | 13300 | 二级 | 7980 | |
| 两房一厅 | | 18550 | 一级 | 9800 | |

注：服务费仅包含一人基本服务费，每增加1人入住，加收1980元/月。

## 三、养老贷模式

2019年4月,国务院办公厅印发《关于推进养老服务发展的意见》(以下简称《意见》)。《意见》中明确指出要发展养老普惠金融,依法适当放宽对符合信贷条件的老年人申请贷款的年龄限制,提升老年人金融服务的可得性和满意度。而养老贷模式的落地正是对这一政策精神的贯彻落实。就现实意义而言,养老贷免去了老年人在老龄阶段"换房养老"的经济担忧,意味着更多的老年人将在可承受的范围内获取高质量的养老服务。同时,养老企业也将减少对政府财政补贴的依赖,推动养老行业构建可持续发展的健康生态体系。

 **项目案例:万科海月随园嘉树("善建颐养"综合金融养老服务)**

2019年5月,中国建设银行浙江省分行与万科杭州公司签署了"善建颐养"综合金融养老服务等合作协议,用于向万科随园嘉树养老公寓支付养老服务消费的个人贷款业务,即中国建设银行浙江省分行个人养老服务消费贷款,向符合条件的万科随园嘉树签约住户发放(表6.33)。

表6.33 万科海月随园嘉树养老公寓签约住户个人贷款方式

| 序号 | 借款人 | 共同借款人 | 担保措施 | 条件 |
|---|---|---|---|---|
| 1 | 消费者本人 | — | 信用 | 借款人离退休前的工作单位为政府机关、事业单位、国有企业、上市公司、大型外资企业和社会团体组织 |
| 2 | 消费者本人 | 合法赡养人 | 抵押 | 抵押人仅限于借款人本人、配偶、父母和子女;抵押物仅限于杭州区域内可上市交易的居住用房中的普通商品用房、高档公寓、别墅和商业用房中的商铺 |
| 3 | 合法赡养人 | — | 抵押 | |

贷款对象为养老服务消费者本人(年龄≥55周岁)或养老服务消费者的合法赡养人(年龄≤65周岁)。贷款期间贷款对象不得变更,赡养人一般是指老年人的子女以及其他依法负有赡养义务的人。

(1)贷款额度

① 不可循环,总额度≤100万元;贷款额度+政府补贴(如有)≤养老服务合同金额的75%。

② 收入还贷比≤60%。

$$\text{收入还贷比} = \frac{\text{借款人家庭月(年)还款总额(含已有负债和本次申请贷款还款额)} + \text{共同借款人家庭月(年)还款总额}}{\text{借款人家庭月(年)收入总额} + \text{共同借款人家庭月(年)收入总额}}$$

③ 以抵押方式办理,普通商品用房和高档公寓的抵押率≤70%,别墅抵押率≤60%,商铺抵押率≤40%。

(2)贷款期限

① 不大于20年。

② 不大于养老服务合同约定的服务期限。

③ 不大于养老居所租赁期限(如涉及)。

④ 贷款到期日,借款人(共同借款人)为养老服务消费者的合法赡养人的,借款人(共同借款人)的年龄≤70周岁。

## 四、共有产权模式

共有产权模式是由北京市民政局和北京市住建委共同试点推出的养老模式。2016年北京市民政局和北京市住建委联合印发的《共有产权养老服务设施试点方案》提出,支持乐成老年事业投资有限公司利用朝阳区双桥地区的恭和家园养老设施建设用地,探索共有产权养老服务设施模式。

该模式以"居室分割定向出售、公共服务空间持有经营、限龄人群居住"为主要内容,促进居家与机构服务相结合。其中,养老居室由养老服务企业与符合条件的购买者分别按5%和95%的份额共同持有;且购买者对于所持有的95%的共有产权份额享有出租、转让、继承的权益;另外5%的产权由养老服务企业作为养老运营商永久持有,不得买卖。

2017年12月,北京市民政局、原北京市规划国土委、北京市住建委联合推出了国内首个集中式居家养老社区试点项目——北京恭和家园双桥项目。这是全国首个共有产权的养老项目。

 **项目案例:北京恭和家园双桥项目**

北京恭和家园双桥项目总建筑规模49120m²,地上建筑面积36770m²,共有365套共有产权式养老公寓、68张养护床位(39间),并配有1家社区卫生服务站(设全科、中医、康复等科室)和公共活动设施(包括书画阅览、手工艺制作、家庭厨房等)。其中,用于养老照料、医疗康复、膳食管理的公共配套空间占项目总面积的40%,可为老年人提供长期居住、营养膳食、医疗护理、居家服务、持续照料、康健娱乐等服务。

项目用地性质为F3其他类多功能用地,是指除居住之外的其他设施的混合用地。产权年限为50年,养老居室按企业与消费者分别为5%和95%分配50年产权,公共服务设施则是由企业持有经营。

项目不限购,贷款首付为50%,贷款期限为10年,无法落户。具体项目售价、服务费用及购买细则如表6.34所示。

表6.34 北京恭和家园双桥项目售价、服务费用及购买细则(2019年)

| 恭和家园均价/(元/m²) | 基础服务费/(元/月) | 餐费 | 其他费用 |
|---|---|---|---|
| 一期:45000<br>二期:52000 | 3180 | 每人每月约1650元,就餐时按次刷卡 | 民用水电、取暖费另计 |
| 入住及购买资格 | | | |
| 入住人资格 | | ① 年满60周岁(含)以上的老年人,但与入住人共同居住的亲属或者陪住人员除外,陪住人员原则上不得超过两人<br>② 《特殊家庭老年人通过代理服务入住养老机构实施办法》规定的特殊家庭老年人,具有优先入住权 | |

续表

| 入住及购买人资格 | |
| --- | --- |
| 购买人资格 | 具有北京市户籍或持有效《北京市工作居住证》的人员<br>连续5年（含）以上在北京市缴纳社会保险或个人所得税① |
| 再交易管理 | 建设单位不得将其持有的共有养老设施居室产权份额转让给第三方；购买人有权转让其持有的共有产权份额，但需经建设单位书面同意<br>再交易购买人应具备北京市户籍或持有效《北京市工作居住证》，或者连续5年（含）以上在北京市缴纳社会保险或个人所得税 |
| 贷款要求 | 购房可以使用商业贷款，目前银行已确认可为购买试点项目的消费者提供10年、50%的贷款 |

① 拥有共有产权的居民不影响继续购买普通商品房的资格，已经在京拥有房产的也不会影响符合条件的居民购买共有产权养老居室（即不限购、不占指标）。

## 五、信托模式

信托模式主要是指与信托产品相结合的销售模式，其实质是由信托公司作为第三方，平衡CCRC项目的投资方和长者客户双方的权利与义务关系。对于客户而言，可以通过购买信托产品获得CCRC的居住权益，同时与项目开发商的经营风险有效隔离；对于项目投资方而言，利用信托机制可以拓宽销售渠道，增加产品的公信力，加速养老产品的去化。

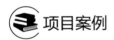 项目案例

### 安信信托-安颐养老消费集合资金信托计划

安信信托股份有限公司（以下简称"安信信托"）首创信托式金融养老，发起安信安颐养老消费集合资金信托计划。该计划总规模30亿元，可分期募集。该信托计划预期存续期限为20年，各期信托计划每满24个月开放赎回，受益人可于开放日赎回或信托到期终止之日退出。该信托受益权单笔认购金额不低于人民币300万元，可按1万元的整数倍增加。

从消费权益来看，在受益人持有信托受益权期间，受益人本人或指定第三方（即养老服务对象）在上海市颐和苑老年服务中心每300万元份额即可优先获得享有一个房间（根据具体房间大小有1～2个床位）的优先入住权。受益人本人或其指定的第三方（即养老服务对象）同时也享有公布的其他养老服务消费的优惠权。也就是说，认购安信颐养产品的投资者可同时获得一系列经安信信托整体筛选、谈判的养老服务，包括居家养老、社区养老机构的优惠购买权，以及高端养老机构的优先入住权。

因此，项目核心的亮点是通过金融与养老的结合，以金融产品的投资获取长期稳定的资金回报，并结合高性价比的养老服务，其投资回报可有效补充养老资金，从而将现金收益与养老权益

相结合，有效解决养老问题。

此外，颐和苑是一所政府扶持的非营利性民办高端养老机构，坐落于朱泾镇金石北路7666号，总规划约200亩，总投资约12亿元。其中养老机构及养护中心建筑面积约10.6万平方米，共建有约1000余套高品质养老公寓，可提供约2500余张床位，同时配套150亩果园生态林，并打造数个自然主题生态活动区。项目已于2015年10月正式运营。

**爱建信托-乐雅集上海朱家角国际颐养社区**

上海爱建信托有限责任公司（以下简称"爱建信托"）长期致力于资产投融资管理和高净值客户的财富管理服务，为客户提供个性化、专业化的投资规划与资产配置，在"信托养老"的全新理念下，积极迎合养老行业新趋势，携手上海禧悦养老服务有限公司（以下简称"禧悦养老"）在上海朱家角打造"乐雅集国际颐养社区"，创新性地推出高端养老信托产品。

本次信托公司作为受托人代全体信托受益人持有上海西镇禧悦养老的全部股权，并进行封闭式管理。西镇禧悦养老直接拥有物业产权，通过信托文件约定使得全体受益人间接拥有养老物业产权，从而实现了清晰有效的产权归属与信托产品确权（图6.10）。

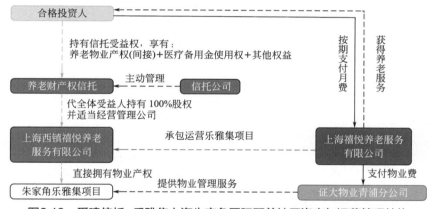

图6.10　爱建信托-乐雅集上海朱家角国际颐养社区资产与运营管理结构

除此之外，由于信托财产具有独立性，因此受益人或受托人出现破产原因而依法被宣告破产后，信托财产并不被划入破产财产范围而进行处置分配，可以实现经营风险的有效隔离。

乐雅集国际颐养社区定位为CCRC，规划了99套活力健康公寓和8套护理公寓。

## 第三节　法律文本的订立

从前文可知，CCRC项目的交易模式多样，会员权益设计也较为灵活，其中还有可能涉及购买客户与实际入住客户的不同权益；而运营风险高、纠纷比率高往往也是养老项目运营过程中的"老大难"问题。一份成熟的法律文本不仅可以厘清各方权益，还可以避免运营中因权责不清而产生的矛盾，保障消费者与运营商双方的权益。在此，我们总结出在CCRC法律文本订立过程中需要重点关注一些要点。

从法律文本的类型来看，长者在入住之前一般需签订两份协议，一份为入会协议，一份为入住协议。

① 入会协议：即购买入住资格，内容包括入住资格的获取方式、会员权益说明等。合同的乙方为会员资格购买人，但不一定为实际入住人。

② 入住协议：是从服务对象出发，与实际入住人签订的合同。内容包含了入住后的服务内容、服务期限以及月费缴纳方式等。

具体来看，两份协议的签订主体有所不同，入会协议一般由养老项目的资产管理公司（甲方）与入住资格购买人（乙方）签订；而入住协议一般为运营管理公司（甲方）与实际入住长者（乙方）及长者亲属（丙方）签订（图6.11）。

**××项目入会协议**

**甲方**（*项目资产管理公司*）：

地址：

电话：

**乙方**（*会员资格购买人*）：

性别：

证件类型：　　　　证件号码：

通讯地址：

电子邮箱：　　　　联系电话：

(a) 入会协议

**××项目入住协议**

**甲方**（*项目运营管理公司*）：

地址：

电话：

**乙方**（*实际入住人*）：

性别：　　　　出生年月日：

证件类型：　　　　证件号码：

通讯地址：

电子邮箱：　　　　联系电话：

**丙方**（*入住人法定赡养义务人，近亲属、原单位或其他自愿担保人的单位或个人*）：

姓名：　　　　与住户关系：

证件类型：　　　　证件号码：

通讯地址：

电子邮箱：　　　　联系电话：

(b) 入住协议

图6.11　入住及入会协议签订主体示意

## 小贴士

养老项目经营一般会设置资产管理公司和运营管理公司两家公司，其主要目的是分离项目所有权和经营权。资产管理公司通过对会员卡收入进行投资管理，获取投资收益；运营管理公司则以运营为导向，提升资本运营效率，增加项目资产价值。

具体到协议的拟定，入住协议和入会协议主要有以下注意要点。

## 一、入会协议

### 1. 明确会员资格的获取和付款方式

首先，在入会协议的开头应清楚地表达该项目所采用的会员卡交易模式，同时列明在该交易模式下所需支付的费用（图6.12）。

**图6.12　入会协议交易模式明确事项示意**

其次，甲方可结合项目情况设置多种付款方式供乙方选择，如一次性付款、分期付款等，乙方根据自身支付能力选择合适的方式进行支付，而后获得项目的入住资格。

### 2. 确定成为会员后可享受的会员权益

在会员权益的说明中，首先需要明确的是一个房间内可以入住的人数；一般来说，一个户型最多可入住2人。其次，会员权益中要明确会员享有的具体权益内容，一般是结合会员卡交易模式来确定权益，例如是否可继承、可转让、可回购、可转租，以及服务费用的缴纳方式与是否享受服务优惠或者赠送的服务项等。另外，为了避免运营纠纷，在此条款下还需重点备注"乙方对甲方提供的服务内容享有知情权和建议权"，同时明确双方的违约责任。

最后，会员权益中还要明确居住人所需具备的条件。除了人数和年龄要求外，还应明确入住评估满足的条件，入住人体检结果需符合CCRC的入住健康标准。明确评估材料主要依据标准评估量表和三个月内体检报告或者出院小结；同时还应明确要求居住人能适应集体生活，且不能患有比较严重的精神方面疾病、传染性疾病、严重皮肤病等。另外，明确对于具有酗酒、吸毒、性侵倾向、偷窃等行为，以及处于疾病的急性发生期或不稳定期，或甲方对家属进行评估后不达标的，均有权拒绝乙方入住。

### 3. 说明会员权益如何终止及解除

在不同会员卡交易模式下，会员权益不同，会员资格解除的条件也有较大区别。以终身会员卡为例，该模式下的权益可继承、可转让，但不可退。因此，若要终止终身会员卡的会员权益，协议中须明确约定会员资格继承或转让的前提条件和具体操作流程。

押金型会员卡因其权益可退，会员资格解除的条款设置相对更为复杂。在此种交易模式下，协议会对押金退还规定有详细的说明。例如"入住人入住1～3个月不可申请押金退还；入住满1年内可退还押金的80%"等内容（图6.13）。

① 入住人入住届满一个月次日起至入住人入住届满一周年内，若乙方主张退还大额押金，则甲方将按乙方向甲方实际缴纳的会员费的80%向乙方无息退还；

② 入住人入住届满一周年之日起至入住人入住届满五周年之日止，若乙方主张退还大额押金，则甲方将按乙方向甲方实际缴纳的会员费的90%向乙方无息退还；

③ 入住人入住届满五周年次日起，若乙方主张退还大额押金，则甲方将按乙方向甲方实际缴纳的大额押金的100%向乙方无息退还；

④ 为免歧义，双方不可撤销地同意，入住人入住第一个月为双方的服务体验期，乙方承诺不向甲方主张退还大额押金。

> 不同入住时长退还押金的比例不同

**图6.13　押金型会员卡会员资格解除条款设置示意**

租金趸交型会员卡同样是不可继承、不可转让的。若项目设置该交易模式，在入会协议中也需重点说明租金退还的条件，如规定"入住后随时可退，并退还剩余居住时长的租金总额"等内容。

## 二、入住协议

### 1. 确定居住场所和具体服务内容

会员卡的交易模式一般不指定房源，而只是明确入住的户型。因此在协议中只需体现养老项目的具体地址，以及乙方所选择的户型产品。同时，在入住协议的开头即应详细阐明甲方可为乙方提供的服务项目明细，此部分内容可结合相关附件共同体现。

### 2. 规定除会员卡费用外的收费和缴退费流程

养老项目中关于费用和缴费的问题主要包括两点：一是入住费用，含押金和月费；二是变更费用。

目前，多数养老项目在合同中都会要求收取一定数额的押金，用以应对入住者无力支付费用的风险及一些紧急事件的处理。除了入住押金外，长者一般还需支付每月的月费，包括房屋使用费、服务费（含附加服务费）、餐费等。各项费用的明细应在协议（或协议附件）中需详细约定，明确甲乙双方的权责关系，减少日后因服务费用不清而产生的摩擦与纠纷。

费用变更说明是很多养老项目都会忽视的部分，为避免因物价上涨而导致的运营风险，协议中应列举合理的费用变更事由和变更期限。例如增加"根据物价上涨的幅度，在一定期限内，甲方须书面通知入住人提高基本费率或附加、补充费用"等说明。

另外，在费用和缴退费条款下，还应重点明确费用缴纳与退费的时间和形式。一般认为入住押金为一次性支付，月费则可以按月、按季或按年缴纳，协议中应清楚列明缴费的具体日期，当乙方和丙方拖欠押金或月费时，甲方可以发出书面通知以示提醒。缴费时间的说明如图6.14所示。

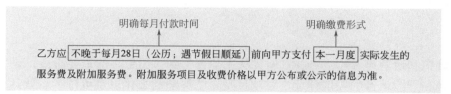

**图6.14　缴退费条款中缴费时间示意**

至于退费说明，协议中应说明退费时间（如解除合同后10个工作日退还），以及是否收取退费手续费等内容。

3. 约定紧急情况的处理方式

在入住协议中，紧急情况条款可以说是较为核心的部分，其合理的设置有利于养老项目在遇到突发事件时快速有效地采取相应措施。条款中首先应体现甲方的安全保障义务，甲方应对乙方可能发生的危险尽到警示、告知等义务，同时在乙方受到伤害时，应积极履行救助义务，并及时联系丙方。但是，甲方一般无权也无义务为乙方的治疗或手术办理相关手续，或在紧急情况下代替乙方亲属签字确认。

其次，条款中还应明确乙方离世的善后处理内容。需要注意的是，乙方子女负有办理死者善后事宜的法定义务，甲方只有在协议明确约定的前提下才负有善后处理的义务。同时，丙方或乙方子女需承担相关事宜的一定费用。

4. 明确三方权利和义务

应结合产品交易模式和居住客户的情况，明确甲、乙、丙三方的权利和义务。重点围绕人身财产安全、园区秩序维护、服务内容、费用缴纳、突发疾病等紧急情况和免责条款等方面进行说明，避免后期纠纷的产生。

5. 明确双方退出机制

在入住协议中明确写明甲乙双方各自的退出机制，阐述相关权责和退费机制。另外注明双方在特定情况下都有权利终止和解除协议。

总体来看，法律文本订立的主要目的是明确甲乙双方的权利和义务。规范严谨的法律文本在帮助甲方更好地执行养老服务活动的同时，也能保障甲乙双方的权益。但是，目前多数项目对如何拟定完善的法律文本仍缺乏一定的经验和法律素养。因此，法律文本的改进和完善需要引起足够的重视，提前规范好入会协议和入住协议等法律文本，有助于养老项目更好地运营。

# 第七章
# CCRC 的营销和运营筹开

营销和运营筹开作为 CCRC 项目从"孕育"到"出生"的重要阶段，是关系到其营销和开园运营的关键环节，对项目是否能够顺利去化以及可持续运营具有非常重要的影响。CCRC 的营销和运营筹开工作（以下简称"营销筹开"）烦琐复杂，涉及到团队组建、服务体系搭建、营销策略制定、运营体系构建、房屋交付以及开园运营等多方面的内容。其工作的阶段性与前置性特征明显，需要项目各部门人员之间相互配合协力完成。

## 第一节  营销筹开的阶段划分与重点工作

从整个 CCRC 的开发运营节奏来看，从项目营销工作启动到开园运营一般需要 1～1.5 年的时间，而开园后的 6～9 个月也非常重要，通常会涉及到产品续销、运营与服务优化等工作，一定程度上也可以看作是项目的试运营阶段。此阶段工作的顺利开展可为项目今后的正式运营奠定良好的基础。因此，CCRC 的营销筹开阶段一般历时 1.5～2 年，具体周期根据各项目的公司运营目标与要求的不同也会有所差异。整体而言，CCRC 的营销筹开阶段可以示范区开放和开园入住作为两大重要的时间节点，划分为营销筹备阶段、运营筹备阶段、开园优化阶段三大阶段。其中，各个阶段涉及到的工作有所不同但又相互交叉、贯穿始终。各个阶段具体的重点工作内容如图 7.1 所示。

### 一、营销筹备阶段

CCRC 通常会采用会员卡、押金、使用权销售等交易模式。营销筹备阶段作为 CCRC 项目实现预销售的关键环节，对客户导入、渠道拓展以及顺利去化具有决定性的影响。这一阶段的主要任务是保证项目去化，同时为后续运营做好铺垫，因此营销推广与运营筹备的工作均有所涉及。营销推广方面的工作主要包括营销团队组建、品牌体系设计、示范区开放和品牌发布会方案确定与执行等内容；运营筹备方面的工作更多是为了配合营销工作的开展，需要提前确定服务体系与服务内容、相

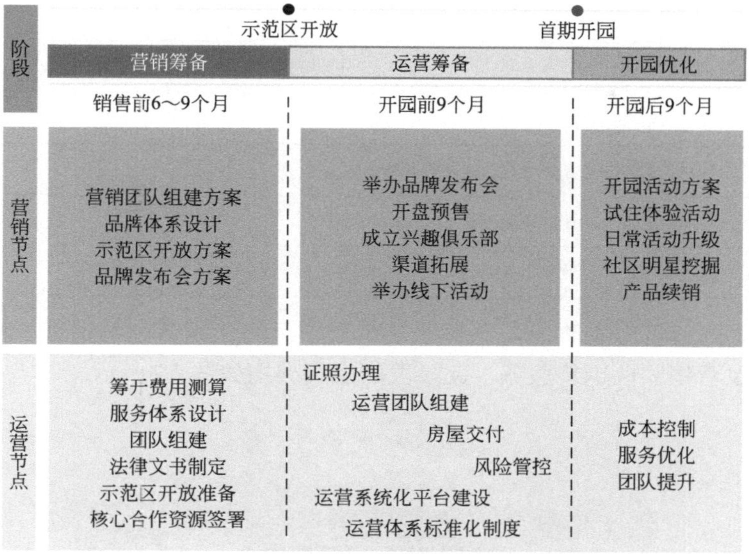

**图7.1 营销筹开的阶段划分与重点工作**

| 阶段 | 营销筹备 | 运营筹备 | 开园优化 |
|---|---|---|---|
| | 示范区开放 | 首期开园 | |
| | 销售前6~9个月 | 开园前9个月 | 开园后9个月 |
| 营销节点 | 营销团队组建方案<br>品牌体系设计<br>示范区开放方案<br>品牌发布会方案 | 举办品牌发布会<br>开盘预售<br>成立兴趣俱乐部<br>渠道拓展<br>举办线下活动 | 开园活动方案<br>试住体验活动<br>日常活动升级<br>社区明星挖掘<br>产品续销 |
| 运营节点 | 筹开费用测算<br>服务体系设计<br>团队组建<br>法律文书制定<br>示范区开放准备<br>核心合作资源签署 | 证照办理<br>运营团队组建<br>房屋交付<br>风险管控<br>运营系统化平台建设<br>运营体系标准化制度 | 成本控制<br>服务优化<br>团队提升 |

关法律文书以及核心合作资源签署等重要事项，以此作为重要的"营销道具"来提升客户对项目的品质、服务以及形象的认可度与信任度，助力销售。由此可以看出，营销筹备阶段的工作内容繁多、专业性强、涉及范围广泛，需要制定详细周密的计划，以确保各项工作及时、准确地进行，因此一般建议在项目开园前6～9个月即着手开展。

1. 营销团队组建方案

营销团队的组建包括对营销团队的组织架构、岗位职责、人力配置、薪酬体系、绩效考核等制度与方案进行确定，并对营销团队中的各岗位人员进行招聘，确保团队成员按计划到岗，保证项目顺利开盘与营销工作正常开展。为了提升潜在客户对于养老生活的预期，养老会所作为重要的营销展示工具也会在项目预售期间开放，因此在搭建营销团队时也会前置性地考虑配置会所的运营服务人员，以实现会所管理、活动组织、服务提前展示与落地的目的。营销团队组建重点工作事项如表7.1所示。

**表7.1 营销团队组建重点工作事项**

| 工作项目 | 主要内容 |
|---|---|
| 成本市调 | 了解同地区内同行业人员的薪酬、岗位等信息 |
| 组织架构 | 确定与项目运营模式相匹配的组织架构 |
| 岗位职责 | 在组织架构确定的基础上，结合运营确定岗位职责 |
| 人员配置 | 确定各岗位的人员配置 |
| 薪酬体系 | 确定薪酬、福利等 |

续表

| 工作项目 | 主要内容 |
| --- | --- |
| 绩效方案 | 确定绩效考核方案 |
| 人员招聘 | 按照人员到岗计划进行核心人员招聘 |
| 人员到岗 | 营销及运营核心团队成员到岗 |
| 人员培训 | 新员工培训、专业知识类培训、核心管理团队的培训 |

在CCRC的营销筹备阶段，营销团队负责项目的营销策划与销售，运营团队负责会所服务及营销团队销售服务，此阶段的组织架构如图7.2所示。

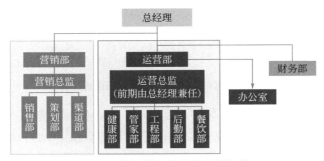

图7.2　营销筹备阶段的组织架构

## 2. 品牌体系设计

品牌体系代表CCRC的整体形象，作为项目辨识度打造的重要载体，在营销中发挥着至关重要的作用。品牌体系设计应全面体现企业精神与项目形象，展示品牌主张与品牌精神，并与服务主张和核心价值观一脉相承。CCRC品牌体系设计主要涉及项目VI（视觉识别系统）、Logo（标识）、广告语等内容的确定，不仅需要项目内部营销团队和运营团队统一思想，还需要借助外部的品牌推广与广告策划公司合力协助，其主要工作如表7.2所示。

表7.2　品牌体系设计重点工作事项

| 工作项目 | 主要内容 |
| --- | --- |
| 品牌体系设计 | VI、Logo、广告语等品牌设计方案 |
| 品牌宣传方案 | 制定品牌形象宣传方案 |

## 3. 示范区开放方案

示范区作为CCRC项目面向客户最重要的展示面，其整体风格打造、功能空间配置和活力养老氛围的营造对于营销展示及后期运营具有非常重要的作用。CCRC营销筹备阶段的示范区开放方案主要是指在规划设计的基础上对示范区的功能空间进行优化，确定软装风格、完成设施设备配置与物资采购，以及明确示范区服务流程，确保示范区按照计划顺利开放。其主要工作内容如表7.3所示。

表7.3 示范区开放方案的主要工作内容

| 工作项目 | 主要内容 |
| --- | --- |
| 确定示范区开放方案 | 制定示范区开放方案 |
| 梳理示范区服务标准 | 为示范区开放阶段的服务团队提供服务项目标准培训 |
| 准备物资采购及销售道具 | 示范区展示及营销物料道具准备 |
| 准备示范区验收 | 示范区硬软装、智能化设备验收，以及开荒保洁等准备及和方面的优化 |
| 完成现场演练 | 确定参观路线和服务接待标准，以及现场布置准备工作 |

在会所的运营过程中，不可避免地要面临采用何种运营方式才能做到人力效能最大化的问题。一般来说，根据示范区或会所各功能空间的不同，面向客户的服务方式主要有开放式和预约式两种。从节约人力成本的角度出发，原则上建议除必要的功能空间可采用预约式外，其他空间宜首先考虑开放式的运营方式。例如使用频率较高且设施设备操作简单的棋牌室、阅览室、健身房等空间，可根据会所的正常运营时间采取开放式的经营方式；而如多功能厅、KTV、老年大学教室等设施设备操作复杂，且具有较强排他性的空间，建议采用预约制的方式进行管理，在避免不必要纠纷的同时也可以高效利用空间。

4. 品牌发布会方案

品牌发布会作为项目品牌形象与影响力构建的关键传播载体，是营销筹备阶段最重要的一项工作，对CCRC的营销工作起到提纲挈领的作用。CCRC举办品牌发布会的主要目的是为营销造势，在客户心目中构建出清晰的产品服务体系与品牌价值形象，提升客户对项目的认知与对产品的期待。主要工作内容如表7.4所示。

表7.4 品牌发布会方案重点工作事项

| 工作项目 | 工作内容 |
| --- | --- |
| 活动策划公司 | 筛选与确定品牌发布会策划公司 |
| 发布会形式与内容 | 确定品牌发布会展示内容与展示形式，如微电影、座谈会等 |
| 发布会执行方案 | 确定品牌发布会含节点的可执行方案 |
| 人员邀约 | 邀约媒体资源及业内、政府、公知 |
| 发布会方案执行 | 严格按照时间节点完成各项准备工作 |
| 发布会演练 | 品牌发布会排练 |

**案例：华润润馨汇服务体系发布会**

（1）发布会主题

重新定义养老生活的温度。

（2）发布会过程

① 艺术欣赏：发布会以悠扬的小提琴声和沉淀了岁月韵味的京剧唱腔作为开场，在中西方文化的和谐交融与共生中开幕。

② 国内外养老方式探讨：康养专家以全方位的国际视角与经验，对国内外养老方式进行探析，对比国际养老市场大环境，分析中国老龄化趋势，并结合国内外养老产品进行纵向分析，为来宾描摹未来国人的养老方式。

③ 服务体系发布：项目负责人发布润馨汇康养服务体系——"润养、润医、润护、润学、润享、润食、润行、润居"的"润家"康养服务体系，并为嘉宾详细解读。

④ 项目邀约：将嘉宾视角拉回项目本体，各品牌合作方共同点亮象征着未来与希望的"生命之树"，将发布会推向高潮，并发布入会与预约方式。

华润润馨汇"润家"服务体系发布会从艺术欣赏到养老趋势探讨，再到服务体系发布，最后落脚项目邀约，整个发布会节奏紧凑，张弛有度，营造了温暖而快活的氛围，让人记忆深刻。

### 5. 筹开费用测算

筹开费用测算关系到服务费用定价、营销与运营成本控制、项目运营收益预测等，是项目营销筹备阶段的关键环节，并与项目运营服务团队架构、人力配置、运营服务标准确定等息息相关，因此是一项重要的前置性工作。其主要工作内容如表7.5所示。

表7.5 筹开费用测算重点工作事项

| 项目类别 | 工作内容 |
| --- | --- |
| 人力费用 | 阶段性人力成本测算与薪酬体系优化 |
| 能耗费用 | 水、电、燃气费用测算 |
| 服务成本 | 服务项目成本支出及整体服务费用 |
| 营销费用测算 | 营销活动、媒体等费用测算 |
| 餐饮费用测算 | 餐饮运营模式确定，成本、收入测算 |
| 铺地物资费用测算 | 示范区和室内软装、铺地耗材、用具设备设施等物资清点，测算成本 |
| 服务费确定 | 确定项目服务费用 |
| 财务指标 | 总成本、总收入、利润率 |

### 6. 服务体系设计

服务体系为运营工作提供重要指导，关系到服务项目确定与服务亮点打造，也是影响项目盈利能力与获得客户认可的关键所在。另外，会员服务手册和项目服务白皮书是服务体系的系统展示，有助于客户对项目的服务特点和亮点形成深刻印象，也是重要的营销道具。因此，服务体系的设计也是营销筹开阶段的重点工作。其主要工作内容如表7.6所示，具体内容后续展开阐述。

表7.6　服务体系设计重点工作事项

| 项目类别 | 工作内容 |
| --- | --- |
| 服务项目确定 | 市场竞品服务项目分析，确定服务项目方向、亮点及具体内容，编制体系文件和居住服务手册 |
| 服务标签确定 | 宣传标准，服务特色或者亮点 |
| 服务费用确定 | 根据服务成本，确定服务费用 |
| 服务手册定稿 | 确定客服务白皮书以及服务项目内容说辞 |
| 服务协议定稿 | 园区入住服务协议初稿制定并完善 |

### 7. 法律文书制定

法律文书是指养老客户入住养老社区时需要签订的一系列协议，主要包括入住协议、服务协议等。营销筹备阶段应首先明确项目的资产管理架构与交易模式，以此进行合理的税务筹划与资产经营。在明确资产管理架构与交易模式的基础上制定入住协议与服务协议。需要对重点条款仔细推敲，明确客户与项目公司双方的合法权益与义务，且必须经运营部门与法务部门共同审核，以避免后期运营风险和法律纠纷的出现。法律文书制定的主要工作内容如表7.7所示。

表7.7　法律文书制定重点工作事项

| 项目类别 | 工作内容 |
| --- | --- |
| 资产管理架构确定 | 明确项目资产管理关系及架构 |
| 交易模式确定 | 明确项目交易模式及收费 |
| 销售合同定稿 | 合同文本内容的编写与审核 |
| 服务协议定稿 | 协议文本内容的编写与审核 |
| 告知书定稿 | 文本内容的编写与审核 |

 **小贴士：法律文本示意**

① 入会协议主要条款，如表7.8所示。

表7.8　入会协议主要条款

| 条目 | 条款内容 |
| --- | --- |
| 第一条 | 会员资格获取与付款方式 |
| 第二条 | 会员权益 |
| 第三条 | 入住条件 |
| 第四条 | 乙方陈述与保证 |
| 第五条 | 会员权益的维持与终止 |
| 第六条 | 违约责任 |
| 第七条 | 法律适用和争议解决 |
| 第八条 | 其他 |

② 入住与服务协议主要条款，如表7.9所示。

表7.9 入住与服务协议主要条款

| 条目 | 条款内容 |
| --- | --- |
| 第一条 | 居住场所及服务内容 |
| 第二条 | 居住条件 |
| 第三条 | 居住及服务期限 |
| 第四条 | 收费及退缴费 |
| 第五条 | 甲方的权利与义务 |
| 第六条 | 乙方的权利与义务 |
| 第七条 | 丙方的权利与义务 |
| 第八条 | 特别约定 |
| 第九条 | 通知 |
| 第十条 | 违约责任 |
| 第十一条 | 协议终止和接触 |
| 第十二条 | 适用法律和争议解决 |
| 第十三条 | 效力 |
| 第十四条 | 其他 |

③ 入住与服务主要协议如表7.10所示。

表7.10 入住与服务主要协议附件

| 入住与服务协议 | 附件内容 |
| --- | --- |
| 协议一 | 入住申请书 |
| 协议二 | 服务项目明细表 |
| 协议三 | 收费确认单 |
| 协议四 | 独立离院能力确认单 |
| 协议五 | 住户公约 |
| 协议六 | 乙方及丙方有效身份证复印件 |
| 协议七 | 入户紧急救助补充协议 |
| 协议八 | 入住须知 |

8. 核心合作资源签署

医疗保障、餐饮服务等往往是长者客户最为关注的问题，也是项目在运营过程中体现客户满意度的重要方面。因此，医疗、餐饮以及媒体等资源应在示范区开放前尽早确定。一方面，可以为项目提供品牌背书，强化客户信心，助力项目销售；另一方面，相关资源也可以提前介入项目的服务规划与运营管理，为运营筹备工作保驾护航。其中，医疗资源可以解除客户对于健康保障与紧急就医的后顾之忧，招聘渠道及合作院校能够为项目提供人才保障，媒体资源可以为营销拓客助力。因此，上述核心资源的确定与展示也是营销筹备阶段应重点执行与落实的工作（表7.11）。

表7.11　核心合作资源签署重点工作事项

| 项目类别 | 工作内容 |
| --- | --- |
| 医疗资源 | 与项目周边及城市知名的三甲医院洽谈，设置就诊通道或内设医疗托管 |
| 媒体资源 | 老年人喜闻乐见的本地报纸、电视等资源；线上合作媒体资源 |
| 餐饮资源 | 在委托经营或外包的方式下，可选择口碑较好的星级酒店和社会知名餐饮连锁品牌 |
| 招聘渠道 | 运营服务人员招聘渠道、各类院校资源确定 |
| 合作方案确定 | 核心资源合作方及方案的确定 |

## 二、运营筹备阶段

运营筹备阶段是CCRC的主力销售阶段，也是进行开园前运营准备工作的关键时期，一般在开园前6个月着手相关工作即可。运营筹备阶段的工作主要包括营销活动与运营准备两大重要内容。

营销活动以各项营销活动的组织与渠道拓展工作为主，具体包括举办品牌发布会、开盘预售、成立兴趣俱乐部等。其阶段性重点工作如表7.12所示。

表7.12　运营筹备阶段营销活动工作重点事项

| 项目类别 | 工作内容 |
| --- | --- |
| 举办品牌发布会 | 成功举办品牌发布会、签约合作资源、各类媒体发声 |
| 开盘预售 | 确定开盘预售方案、优惠政策等 |
| 成立兴趣俱乐部 | 俱乐部方案公布及成立仪式 |
| 渠道拓展 | 各类目标渠道的拓展 |
| 举办线下活动 | 日常、节庆、大型庆典活动的举办 |

运营准备工作主要包括相关证照办理、运营团队组建、运营SOP体系梳理以及开业培训与演练、房屋交付等，积极为园区交付及如期入住做准备。其中，团队组建方案与运营SOP体系梳理会有专门章节详细展开论述。

1. 证照办理

CCRC相关证照的审批在不同地区有不同的办理流程与要求，需要根据项目当地的实际情况进行。出于合法合规的考虑，CCRC应尽量申请养老机构牌照或者进行民政备案，以便于后期申请运营补贴，减轻运营成本压力；另外，需注意改扩建项目应通过消防安全检查与审批。各类证照的办理应制定明确的时间节点，尽早申请办理,以避免因证照不全导致延迟开园的情况发生。对CCRC开园需要的主要证照与完成时间进行简要梳理,如表7.13所示。

表7.13 CCRC项目开园所需证照与备案

| 主要证照 | 完成时间 |
|---|---|
| 营业执照 | 营销筹备前期 |
| 商标注册 | |
| 消防安全检查许可证 | 工程完工后 |
| 特种场所经营许可证(旅居产品) | 消防验收通过,开园前 |
| 公共场所卫生许可证 | |
| 民政部养老备案 | |
| 水电天然气优惠政策申请 | |
| 食品经营许可证 | |
| 公共场所卫生许可证 | |
| 民政等部门补贴申请 | 开园后 |
| 医疗机构执业审批及许可证办理 | 医疗机构开放前 |

## 2. 运营团队组建

运营团队组建是指在运营筹备阶段对运营团队的组织架构、岗位职责、人力配置、薪酬体系、绩效考核等各类制度与方案进行编制,并根据项目开发节奏、园区入住节奏对相关岗位进行阶段性招聘,确保人员按计划到岗,实现项目顺利开园及运营。其主要工作内容如表7.14所示。

表7.14 运营团队组建重点工作事项

| 项目类别 | 工作内容 |
|---|---|
| 成本市调 | 了解本区域、同行业人员的薪酬标准、岗位职责等信息 |
| 组织架构 | 确定项目稳定期的组织架构 |
| 岗位职责 | 确定运营团队的岗位职责 |
| 人员配置 | 确定运营各岗位人员配置的标准及数量 |
| 薪酬体系 | 薪酬体系设计 |
| 绩效考核 | 绩效考核方案确定 |
| 人员招聘 | 按照人员到岗计划进行核心人员招聘 |
| 人员到岗 | 营销及运营核心团队成员到岗 |
| 团队亮相 | 运营团队成员名片介绍及才艺表演 |
| 人员培训 | 新员工培训,专业知识类培训,核心管理团队的培训 |
| 梯队建设 | 核心服务人员的培养,进行梯队建设,包括培训、考核、发展计划等 |
| 第二阶段人员招聘 | 按照园区开放进度,进行服务团队基础人员大规模招聘,按时间到岗;餐饮团队提前半年招聘即可 |
| 第二阶段人员培训 | 入职培训,技能提升(服务流程、紧急救助、基础护理培训等) |

## 3. 房屋交付

房屋交付是一项较为琐碎的工作，需要工程团队、运营团队共同配合完成，包括前期交付标准制定、交付物流准备以及运营团队情景演练完成等重点工作。根据交付对象与目的不同，房屋交付可分为两个环节：

① 工程交付环节，由施工团队交付给服务团队；
② 入住交付环节，由服务团队交付给社区业主。

交付计划制定时应预留1～2个月的工程交付时间，完成工程交付阶段的"修改补"工作。房屋交付环节的重点工作事项如表7.15所示。

表7.15　CCRC房屋交付重点工作事项

| 项目类别 | 工作内容 |
| --- | --- |
| 房屋交付标准 | 制定房屋毛坯或精装交付的标准，交付现场优化 |
| 交付物料准备 | 宣传册、服务手册、入住指南、交付赠品等物料准备（物料清单） |
| 情景演练 | 消防/急救等突发情况的演练 |
| 空置房管理 | 正式开园交付客户前，服务团队对符合交付标准的房屋进行空置房管理，主要包括维修项跟进、室内卫生、设备检查使用等 |
| 集中交付 | 现场动线设定、区域划分 |

### 小贴士

① CCRC入住规约如图7.3所示。

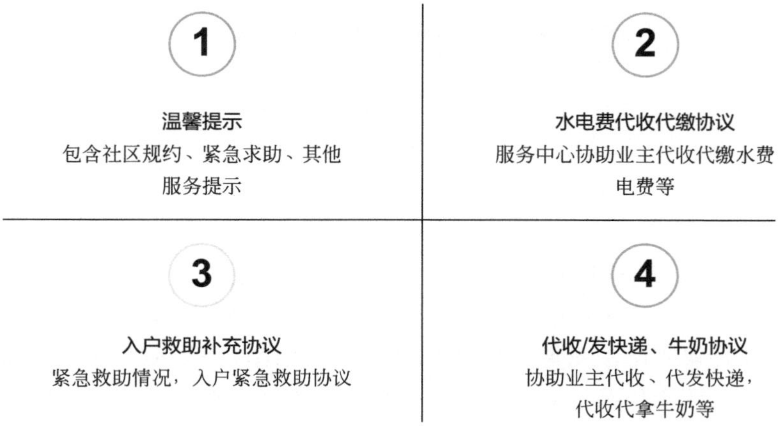

**1 温馨提示**
包含社区规约、紧急求助、其他服务提示

**2 水电费代收代缴协议**
服务中心协助业主代收代缴水费、电费等

**3 入户救助补充协议**
紧急救助情况，入户紧急救助协议

**4 代收/发快递、牛奶协议**
协助业主代收、代发快递，代收代拿牛奶等

图7.3　CCRC入住规约

② CCRC房屋交付相关资料如表7.16所示。

表7.16　CCRC房屋交付相关资料

| 资料条目 | 资料名称 |
| --- | --- |
| 资料一 | 房屋租赁使用说明书 |
| 资料二 | 房屋租赁文表签收单 |
| 资料三 | 公寓交付验收项目 |
| 资料四 | 客户档案资料目录 |
| 资料五 | 商品住宅使用说明书 |
| 资料六 | 停车位服务协议书 |
| 资料七 | 项目交付前联合风险检查、复查报告 |
| 资料八 | 住宅资料登记表 |
| 资料九 | 住宅质量保证书（仅产权销售项目） |

③ CCRC房屋交付流程如图7.4所示。

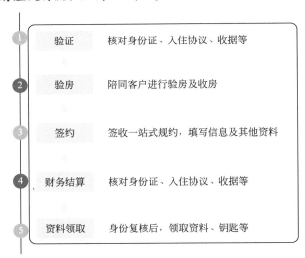

图7.4　CCRC房屋交付流程

### 4. 风险管控

CCRC项目的风险管控是项目运营的核心话题。项目运营中面临的风险主要有人身安全风险、财产安全风险、法律风险等。这些风险需要运营服务团队时刻保持高度关注，并且建立严密完善的事前预防、事中控制、事后应对的风控体系；针对各种可能性制定风险预案，处置、善后与解决方案；针对服务团队做好风控体系的培训。各类风控制度及预案须在开园前制定完毕，并针对相关风险进行演练，确保风险发生时能够将损失降到最低。CCRC风险管控主要事项如表7.17所示。

表7.17　CCRC风险管控主要事项

| 项目类别 | 工作内容 |
|---|---|
| 园区环境风险点管控 | 园区室内、室外硬件类的风险点优化 |
| 服务风险点管控 | 日常服务盲区检查管控 |
| 各类应急预案 | 紧急救助、停水停电、电梯困人、食物中毒等突发事件处置预案 |
| 法律风险 | 营销合同、服务协议的纠纷处理 |
| 客户风险管控 | 客户人身财产安全、家属及护工保姆的管理 |

园区正式运营前对社区环境、服务难点、应急流程等风险点进行全面梳理与优化，并制定应急预案（表7.18）。

表7.18　CCRC各类应急预案

| 一级目录 | 二级目录 |
|---|---|
| 护理部应急预案 | ① 摔倒应急处置方案<br>② 烫伤、烧伤处置方案等 |
| 管家部应急预案 | ① 突发公共安全事件应急预案<br>② 住户财务失窃应急预案<br>③ 住户走失应急处理流程与制度等 |
| 工程部应急预案 | ① 电梯紧急处理预案<br>② 突发停水应急预案<br>③ 突发停电应急预案等 |
| 医疗部应急预案 | ① 突发事件应急药品供应预案<br>② 放射事故应急处理预案等 |
| 餐饮部应急预案 | ① 食物中毒应急预案<br>② 天然气泄漏紧急应急预案等 |

### 5. 运营系统化平台建设

CCRC运营系统化平台建设作为运营体系标准化制度建设的主要内容，随着技术完善与人力成本的增加，已经成为养老社区运营体系建设的重点模块。完善合理的系统化运营平台可以有效降低养老服务风险、节约运营人力成本、提高服务效率、助力品牌建设。运营系统化平台应根据项目服务的具体内容进行差异化设置，并且在后期运营过程中不断调整。目前，运营系统平台的建设主要有定制开发和成熟软件平台采购两种模式，应根据项目具体需求确定。运营系统化平台建设的重点工作如表7.19所示，其主要内容如图7.5所示。

表7.19　运营系统化平台建设的重点工作

| 项目类别 | 工作内容 |
|---|---|
| 项目系统需求梳理确定 | 根据服务项目确定并提出运营需求 |
| 平台系统合作方式确定 | 定制开发成熟软件平台模式确定 |
| 软件系统及平台供应商确定 | 选择供应商并签约 |
| 系统平台内容培训 | 针对平台与系统软件对服务团队进行培训 |
| 运营管理平台软件测试与优化 | 针对项目需求进行平台软件优化 |

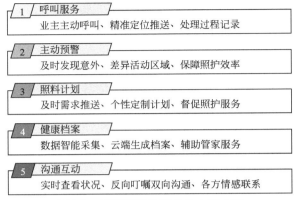

图7.5 运营系统化平台的主要内容

## 三、开园优化阶段

CCRC开园后的6个月是检验运营服务、优化服务流程、发现运营重点难点、提升运营团队服务水平的重要阶段。一方面，运营服务团队在开园后的实际作业中不断对运营服务工作进行调整与优化，以满足实际服务需求、节约成本和提升客户满意度为主要目标；另一方面，运营优化期也会面临产品续销的任务，通过园区入住率提升和体验类活动营造养老生活氛围，强化客户体验感与参与感，提振客户信心，持续促进成交。

### 1. 产品续销

开园优化阶段营销的主要任务是产品续销，可通过增加开园试住体验、各项活动持续开展、社区明星挖掘等活动，强化养老生活氛围，塑造社区形象（表7.20）。

表7.20 产品续销重点工作事项

| 项目类别 | 工作内容 |
| --- | --- |
| 开园活动方案 | 房屋交付、交付月活动、入住欢迎仪式等 |
| 试住体验活动 | 试住体验日活动方案确定 |
| 日常活动升级 | 兴趣俱乐部、节庆活动等日常活动体验升级 |
| 社区明星挖掘 | 社区代言人选拔、亮相等活动 |
| 产品续销 | 产品续销的策略与计划制定、营销活动制定等 |

### 2. 运营优化

运营优化是要通过流程体系优化、团队人员磨合以达到提升服务质量、节约人力与服务成本、提升业主满意度以及客户入住率的目的。其重点工作事项如表7.21所示。

表7.21　运营优化重点工作事项

| 项目类别 | 工作内容 |
|---|---|
| 成本控制 | 完成年度预算计划，在第一年经营的过程中不断优化调整，开源节流 |
| 服务优化 | 适老化改善，满足客户需求，降低园区运营风险；生活氛围的塑造，留住客户，提高入住率；不断满足客户需求，进行服务难点优化，提升满意度 |
| 团队提升 | 激励政策，提升团队各项能力，重点是凝聚力和归属感 |

## 第二节　品牌与服务体系设计

随着我国老龄化形势的日益严峻与国人养老服务需求的日渐迫切，越来越多的企业开始涉足养老产业，其中不乏国企、央企的身影，可以预见未来养老产业的竞争也将日渐激烈。因此，品牌与服务体系的建设显得尤为重要。一个好的品牌是企业塑造形象、知名度与美誉度的基石，也是提高市场区隔力与辨识度的有力武器。而对于养老产业而言，其品牌体系的构建要与养老服务理念、核心价值观一脉相承。只有这样，才能真正保证整个品牌可持续的生命力，并使得品牌价值得到有效的积累与沉淀。

### 一、品牌体系设计

CCRC的品牌体系设计应更加重视与服务愿景和服务理念的融合，通过自上而下的统一价值逻辑，强化客户认知，形成鲜明的品牌印象。

CCRC项目品牌体系的设计应在企业价值观的基础上，以清晰的服务理念、完整的服务体系为支撑，形成鲜明的品牌标签，以此提升企业或项目品牌的辨识度与认知度。如绿城的"学院式养老"、万科的"邻里式养老"从入市至今仍然令人印象深刻。另外，养老品牌体系设计应寻求与客户产生情感上的共鸣，打造温暖的、富有情感的、深入人心的品牌形象。

基于目前我国养老产业的发展阶段与特征，现有的养老品牌很多都是由单项目出发并逐步扩展至养老这一产品线品牌或企业品牌的。如万科"随园"养老品牌系列、上海"申养"养老品牌系列、华润"悦年华"养老品牌系列等。

案例：龙湖椿山万树品牌形象介绍

"椿山万树"品牌名寓意着长寿、美好、优雅一生；英文"everspring"寓意着"永恒的春天"，与"椿"字的谐音相呼应。

Logo 中绿色的中英文品牌名组合，配以长寿花为基础变形的"V"字形识别符号，构成"生命美好绽放"的美好寓意，契合椿山万树"延续美好，服务未来"的品牌理念（图7.6）。

龙湖椿山万树通过提供高品质的空间与服务，让年长者在城市核心区专业的养老机构中生活，延续原有的美好生活状态，享受社区未来品质服务。

ever spring
椿山万树　　　延续美好　　服务未来

图7.6　龙湖椿山万树品牌形象

## 二、服务体系设计

CCRC 服务体系设计应在品牌体系的框架下从长者需求入手，结合市场卡位、产品特色、服务亮点等多方面因素，形成鲜明的服务主张与温暖的、符合客户期待的服务内容。

### 1. 客户需求分析

CCRC 覆盖了从健康长者、高龄长者到护理型长者的客群范围，因此面对不同健康状况的长者客户，其服务内容的设置也各有侧重。

对于健康长者，应强调身心全方位服务需求的满足，以疾病预防、慢病调理、基础生活照料为主，更重要的是要关注其生活的丰富性与情感交流的互动性；对于高龄长者，则要在强调自立的基础上，为其提供适度的生活协助与日常护理服务；护理型长者对医疗护理的需求明显增强，但同时也不能忽略对其心理上的关怀（图7.7）。

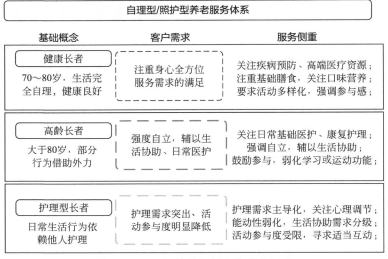

图7.7　不同年龄阶段长者的服务需求

## 2. 服务体系构建

养老服务体系的建设最终需要站在客户的角度来回答三个问题，即"我拿什么记住你""我为什么选择你""我靠什么依恋你"。"我拿什么记住你"也可以看作是品牌形象的标签，解决的是品牌辨识度的问题；"我为什么选择你"则需要挖掘项目或服务的特色与亮点，进一步提升在客户群体中的认知度；"我靠什么依恋你"则是具体服务内容和服务温度的体现，是服务细节化的展示，旨在提升客户黏性，树立市场口碑，也是形成口碑相传效果的重要途径（图7.8）。

图7.8　养老服务体系构建

从目前市场上的养老服务体系来看，主要是从长者"衣、食、住、行、护"等生活层面的需求出发，通过细致、专业的服务为长者营造健康、祥和的晚年生活，如泰康之家的"安心、舒心、温暖"养老服务，亲和源的"三大秘书"服务体系等。但相对而言，目前对于长者客户精神文化生活的关注度稍有欠缺，也可以成为今后改进的方向。此外，养老服务体系也会随着服务的改进，发生与时俱进的变化。例如，万科在以"邻里式"养老重新定义养老生活并获得市场关注后，经过几年的服务实践又提出"36°8"服务体系，打造更温暖、更贴心的服务形象，升级服务理念。

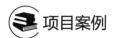 项目案例

---

**万科随园嘉树：从"邻里式"养老到构建"36°8"服务体系**

① 1.0服务体系——"邻里式"养老服务体系。"邻里式"养老注重重建中国传统邻里之间相互守望、关照型的社会关系，强调对中国式养老服务理念的重新定义（图7.9）。

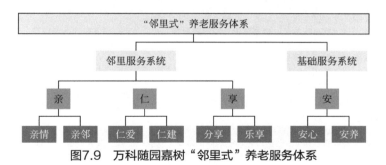

图7.9　万科随园嘉树"邻里式"养老服务体系

② 2.0服务体系——"36°8"服务体系。万科随园嘉树打造一站式长者生活家,构建"36°8"服务体系,打造硬件服务、健康管理、护理、康复、医疗、缤纷生活、餐厅、特色家政共8个服务模块、165个适老化服务细节(表7.22)。

表7.22　万科随园嘉树"36°8"服务体系内容

| 类型 | 服务内容 |
| --- | --- |
| 硬件服务 | 入户动线、卧室适老性能、卫生间适老性能、厨房适老性能、室内设施适老性能、家庭智能化、户内采光空间、全区无障碍设计 |
| 健康管理 | 多学科背景的专业人员、365天24小时紧急救助、健康档案动态更新、提前一步的预防、8个维度36项条目的健康评估、21度的接触、添加营养风险标识的餐厅菜单、5种颜色标识的药盒、全程式外出旅游健康保障、基于CDSMP理论的慢病管理 |
| 护理 | 清洁卫生、基础护理、用药管理、个性化护理、温暖服务 |
| 康复 | 康复评定、运动疗法、言语治疗、作业疗法、物理因子疗法、中医康复 |
| 医疗 | 门诊医疗、住院诊疗、绿色医疗 |
| 缤纷生活 | 公益俱乐部、老年大学课程、丰富的文化建设、多样化的社区活动、随园集市、适老旅游 |
| 餐饮 | 每周180个菜品不重复、精细化定制、严苛的食材管理、多样化口味、中央厨房配送、菜品成品售出前试吃、5项卫生标准把控、节气节日主题活动 |
| 特色家政 | 24小时管家服务、入户保洁、护理院病房清洁、公共区域保洁、环境消杀(消杀零毒害)、生活垃圾清运(生活垃圾日清) |

### 泰康之家:心安之处是吾家,打造"安心、舒心、温暖"养老社区

① 安心:一站式持续守护。泰康之家养老社区引入美国CCRC模式,为居民提供独立生活、协助生活、专业护理、记忆照护四种生活服务区域,满足不同身体状况长者的照护需求,实现一站式退休生活解决方案。

② 舒心:360°全面满足身心需求。泰康之家养老社区是长辈温馨的家、开放的大学、优雅的俱乐部、高品质的医疗保健中心、自主的精神家园,360度贴心服务全面满足长者的身心需求。

③ 开心:唱响生命欢歌。看看老伴儿们的生活,幸福就像花儿一样。

### 亲和源:"三大秘书"服务体系

亲和源秘书式服务,构建"健康秘书、生活秘书、快乐秘书"服务体系,为会员提供全方位的养老服务(表7.23)。

表7.23　亲和源"三大秘书"服务体系

| 类别 | 服务内容 |
| --- | --- |
| 健康秘书 | ① 提供家庭医生服务,通过日常巡查建立健康档案<br>② 通过日常血压测量、健康咨询、心理疏导等,对会员进行日常健康情况跟踪、记录,以ERP系统为支持,建立会员健康绿皮书<br>③ 组织与安排月度健康知识讲座<br>④ 组织与落实会员年度体检工作,并建立健全的健康数据管理体系<br>⑤ 一日代配药、代挂号信息统计;一日陪同就医、代配药 |
| 生活秘书 | ① 事务代理:日常生活用品代买、代送服务,代领、代办服务(如代领书信、报刊、快递、邮件包裹等)<br>② 专业配送(收费项目):餐饮外卖配送等<br>③ 配餐中心提供VIP点菜,餐厅现场提供零点、套餐、面食、西式简餐、营养药膳等 |

续表

| 类别 | 服务内容 |
|---|---|
| 生活秘书 | ④ 家政服务，内容如下：<br>a. 保洁维护：每周一次到入住长者家中按规定操作规程进行客厅、厨房、卧室、卫生间、阳台的保洁工作<br>b. 工程维修：每季度对入住长者家中燃气、紧急呼救设备等进行检测检修<br>c. 物品清洗：每两周会对入住长者室内的床上用品进行换洗，并送去专业的洗涤中心进行清洗消毒<br>d. 钟点服务：提供有偿家政钟点服务<br>⑤ 出行服务：设置免费班车（需以"一卡通"为乘车凭证）；一日秘书超市陪同、代购物；一日医院就医陪同<br>⑥ 其他服务：充值煤气卡，医疗代办（医疗报销、医保卡更换等），外出代办（集体户口办理、老年卡刷新等），理发，银行班车等 |
| 快乐秘书 | ① 组织会员成立各种兴趣小组<br>② 支持和协助兴趣小组定期开展各种活动以营造社区积极向上的文化氛围<br>③ 以 e-ling 智慧养老云平台系统为支持，通过云计算大数据分析为会员建立三大模型体系<br>④ 安排与落实阵地型常规活动<br>⑤ 计划并组织各类游学活动<br>⑥ 策划并组织全年节庆类联欢、生日会等聚会类活动 |

## 三、服务细项

CCRC主要面向健康自理型长者提供服务，为他们营造安适舒心的老年生活。根据CCRC长者的日常生活轨迹，可将其服务需求分为居住安全、生活照料、营养膳食、健康管理、康复服务、会所服务、温馨提醒、增值服务八大模块（表7.24）。

表7.24　CCRC服务细项

| 序号 | 服务项目 | 说明 |
|---|---|---|
| 1 | 居住安全 | 物业服务、智能化、紧急救助 |
| 2 | 生活照料 | 管家服务、室内保洁、工程维修 |
| 3 | 营养膳食 | 营养配餐、养生膳食、私厨定制 |
| 4 | 健康管理 | 健康促进、健康体检、慢病管理、便捷就医、康复疗愈 |
| 5 | 康复护理 | 清洁服务、个性化服务、运动疗法、康复评定、言语治疗、中医康复、作业疗法、物理因子疗法 |
| 6 | 会所服务 | 老年大学、俱乐部、趣味沙龙、主题活动、会所服务、老年旅游 |
| 7 | 温馨提醒 | 天气提醒、交通提醒、用药提醒、养生提醒、养生餐食事项提醒 |
| 8 | 增值服务 | 物业管理服务、个性化清洁服务、各类代办服务、绿植养护服务、外出陪同服务、健康服务 |

### 1. 居住安全类服务

居住安全是长者在园区内最基本的生活需求，其内容广泛，不仅包括适老化设计的室内空间，还包括园区安保、消防、智能化监测、紧急情况救助等多方面的服务与安全预案，全维度地保障长者在居住层面的安全无忧（表7.25）。

表7.25　居住安全类服务项目

| 序号 | 类别 | 服务清单 |
| --- | --- | --- |
| 1 | 秩序维护 | 园区公共事件管理、园区出入管理 |
| 2 | | 园区安全巡视、车辆管理 |
| 3 | 消防安全 | 消防安全管理 |
| 4 | | 消防演练 |
| 5 | 园区环境 | 园区卫生清洁 |
| 6 | | 园区绿植维护 |
| 7 | 公共设备保障 | 特种设备保障 |
| 8 | | 公共设施维护 |
| 9 | 智能化监测 | 监控设备 |
| 10 | | 智能化报警设备 |
| 11 | 紧急报警处理 | 应急响应 |
| 12 | | 紧急救助 |

2. 生活照料类服务

生活照料类服务主要提供关于管家服务、保洁服务、物业维修等方面的服务内容，保证长者的日常起居需求（表7.26）。

表7.26　生活照料类服务项目

| 序号 | 类别 | 服务清单 |
| --- | --- | --- |
| 1 | 管家服务 | 24小时管家服务 |
| 2 | | 居住辅导 |
| 3 | | 生活档案 |
| 4 | | 暖心服务 |
| 5 | | 亲情沟通 |
| 6 | | 委托代办 |
| 7 | | 物品整理 |
| 8 | | 出行陪伴 |
| 9 | | 费用代收代缴 |
| 10 | | 空房管理 |
| 11 | | 门禁钥匙管理 |
| 12 | | 班车服务 |

续表

| 序号 | 类别 | 服务清单 |
|---|---|---|
| 13 | 保洁服务 | 室内清洁 |
| 14 | | 洗涤服务 |
| 15 | | 垃圾清运 |
| 16 | | 油烟机清洁 |
| 17 | 物业维修 | 设备维修 |
| 18 | | 安装服务 |

### 3. 营养膳食类服务

营养膳食是决定长者满意度的关键指标之一。营养膳食类服务应以丰富、营养为核心出发点，用丰富多样、营养均衡、风味多元的菜肴，满足不同长者的多样需求。同时也可考虑提供个性化的营养膳食服务，如通过私厨定制与家宴定制的方式，进一步提升长者的满意度（表7.27）。

表7.27　营养膳食类服务项目

| 序号 | 类别 | 服务清单 |
|---|---|---|
| 1 | 营养配餐 | 营养菜谱 |
| 2 | | 送餐服务 |
| 3 | 养生膳食 | 节气养生 |
| 4 | | 药膳 |
| 5 | | 慢病营养套餐 |
| 6 | 私厨定制 | 家宴定制 |

### 4. 健康管理类服务

健康管理类服务需要全方位保障长者的健康，应从未病、慢病、疾病、病后康复四个阶段提供服务。具体来看可分为健康促进、健康体验、慢病管理、便捷就医、康复疗愈等服务项目（表7.28）。

表7.28　健康管理类服务项目

| 序号 | 类别 | 服务清单 |
|---|---|---|
| 1 | 健康促进 | 居住评估 |
| 2 | | 健康档案 |
| 3 | | 健康咨询 |
| 4 | | 健康跟踪 |
| 5 | | 健康讲座 |
| 6 | | 营养评估 |

续表

| 序号 | 类别 | 服务清单 |
|---|---|---|
| 7 | 健康体检 | 基础体检 |
| 8 | | 个性化体检指导 |
| 9 | 慢病管理 | 代配药服务 |
| 10 | | 药品管理 |
| 11 | | 慢病监测 |
| 12 | | 慢病干预 |
| 13 | 便捷就医 | 日常巡诊 |
| 14 | | 专家坐诊 |
| 15 | | 远程医疗咨询 |
| 16 | | 专家会诊 |
| 17 | | 绿色通道 |
| 18 | | 陪同就医 |
| 19 | 康复疗愈 | 心理咨询 |
| 20 | | 睡眠治疗 |
| 21 | | 运动指导 |
| 22 | | 康复理疗 |

### 5. 康复护理类服务

康复护理是根据不同老年人的健康状况针对性地开展医疗护理、康复保健等服务，以期减轻老年人的病痛，最大限度地恢复老年人的活动能力，促进健康。康复护理类服务包括运动疗法（PT）、语言疗法（ST）、作业疗法（OT）与中医康复理疗等内容（表7.29）。

表7.29 康复护理类服务项目

| 序号 | 类别 | 服务清单 |
|---|---|---|
| 1 | 清洁服务 | 基础护理 |
| 2 | | 清洁卫生，含物品清洁 |
| 3 | 个性化服务 | 个性化配餐 |
| 4 | | 全面护理评估 |
| 5 | | 陪护多元化 |
| 6 | 运动疗法 | 减重支持系统训练 |
| 7 | | 动态关节松动术 |
| 8 | | 步态平衡训练 |
| 9 | | 呼吸训练 |

续表

| 序号 | 类别 | 服务清单 |
| --- | --- | --- |
| 10 | 康复评定 | 徒手平衡功能检查 |
| 11 | | 日常生活能力评定 |
| 12 | | 功能评定 |
| 13 | | 步态分析检查 |
| 14 | 言语治疗 | 吞咽功能障碍训练 |
| 15 | | 语音障碍训练 |
| 16 | 中医康复 | 推拿、针灸 |
| 17 | | 外治、拔罐 |
| 18 | 作业疗法 | 园艺治疗 |
| 19 | | 集体作业 |
| 20 | | 活动能力训练 |
| 21 | 物理因子疗法 | 上下肢水疗 |
| 22 | | 红紫外线治疗 |
| 23 | | 单纯直流电治疗 |

6. 会所服务类服务

会所服务主要包括俱乐部活动、老年大学活动、短途旅游活动、主题活动等文娱活动，为长者营造缤纷雅致的晚年生活，满足其活动与社交的需求（表7.30）。

表7.30 会所服务类服务项目

| 序号 | 类别 | 服务清单 |
| --- | --- | --- |
| 1 | 老年大学 | 学院课程 |
| 2 | | 毕业汇报 |
| 3 | 俱乐部 | 俱乐部日常活动 |
| 4 | 趣味沙龙 | 主题沙龙 |
| 5 | | 运动会 |
| 6 | | 讲座活动 |
| 7 | 主题活动 | 重要节日庆典 |
| 8 | | 生日会 |
| 9 | | 座谈会 |
| 10 | 会所服务 | 区域设施设备使用 |
| 11 | 老年旅游 | 外出旅游 |
| 12 | | 短途游玩 |

## 7. 温馨提醒类服务

温馨提醒类服务主要是指对长者健康、交通、饮食、养生等生活的各个方面进行温馨贴心的提示，如天气提醒、交通出行提醒、养生餐食、重要事项提醒等，有利于营造亲切的园区氛围，促进运营团队与老年人之间的情感互动（表7.31）。

表7.31 温馨提醒类服务项目

| 序号 | 类别 | 服务清单 |
| --- | --- | --- |
| 1 | 气象提醒 | 天气提醒 |
| 2 |  | 节气提醒 |
| 3 | 交通提醒 | 交通线路提示 |
| 4 |  | 交通情况查询 |
| 5 | 药品服务 | 服药提醒 |
| 6 |  | 药品管理 |
| 6 | 养生提醒 | 养生食材 |
| 7 |  | 养生运动 |
| 8 | 养生餐食 | 餐厅菜单提醒 |
| 9 |  | 餐食忌口提醒 |
| 10 | 事项提醒 | 个性化待办、重要事项提醒 |

## 8. 增值服务类服务

增值服务主要提供各种物业管理服务、个性化清洁服务、健康服务及其他代办服务，属于基础服务外的付费服务项目，可根据长者的实际需要提供并进行收费（表7.32）。

表7.32 增值服务类服务项目

| 序号 | 服务项目 | 主要内容 |
| --- | --- | --- |
| 1 | 物业管理服务 | 临时客房 |
| 2 |  | 地下仓储空间租用 |
| 3 |  | 停车位 |
| 4 |  | 物业维修服务 |
| 5 | 个性化清洁服务 | 床单、空调、窗帘等的清洗 |
| 6 | 各类代办服务 | 代订书、订报、网购等 |
| 7 | 绿植养护服务 | 绿植代养护服务 |
| 8 | 外出陪同服务 | 陪同就医及其他 |
| 9 | 健康服务 | 健康体检服务 |
| 10 |  | 特色理疗服务 |

## 第三节 营销策略

### 一、营销阶段划分

根据各阶段营销目标不同,可将CCRC的营销阶段划分为蓄客期、主力预售期与续销期三个阶段(图7.10)。

① 蓄客期以品牌落地与形象出街为主要目的。

② 主力预售期的主要工作是深耕客户渠道,积极拓展客户,并将部分运营工作前置,以持续不断的活动获取客户,提高客户转化率。

③ 续销期以项目开园为节点,通过切实的服务与试住活动、园区开放日等活动,积极去化剩余房源,提升入住率。

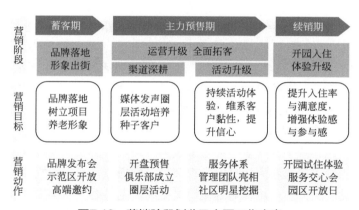

图7.10　营销阶段划分及主要工作内容

### 二、营销策略梳理

**1. 蓄客期:品牌落地,形象出街**

蓄客期的主要目的在于品牌形象的高举高打,实现项目或企业的品牌落地,同时树立项目人文关怀与品质养老的形象。蓄客期的主要作用是实现养老项目"发声",建议配合项目示范区的开放,通过地方主流媒体进行品牌传播,强化市场认知。在蓄客期应重点做好品牌发布会、示范区开放、高端客户邀约三项工作。

(1)品牌发布会:高举形象,展示先行

品牌发布会作为营销活动正式启动的关键环节,承担着项目形象落地与养老价值主张传递的重要任务,一般包括品牌名称、品牌形象、服务理念、公司使命与项目愿景等内容及相关流程，也可结合核心战略资源签约等活动以提升长者对于服务的信心与期待。

另外，品牌发布会中的微电影展映也是向大众传递品牌精神的有效途径，也可同步在线上进行传播与发布以吸引更多的客户关注，持续项目的品牌热度。同时，可根据项目的开发与营销节奏形成多主题的微电影系列。例如，可以通过项目诞生记介绍项目开发初衷及发展历程，以此展现企业良好的公益形象；也可以通过养老微生活等主题内容展现项目的匠心品质，营造富有吸引力的养老生活氛围，实现与客户情感上的共鸣。万科随园嘉树就曾制作微电影《给岁月一份礼物——随园嘉树业主寄语》，并取得了良好的效果。

（2）示范区开放

项目示范区建议在蓄客期间开放，不仅可以对项目品质形成直观印象，更可以成为客户体验的重要阵地。

（3）高端客户邀约：高端邀约，传播造势

意见领袖对于养老项目的传播与口碑建立的作用同样显著，通过邀约具有养老标签的名人，如老牌艺术家、养生专家、医疗专家、养老业内专家等公众知名人士，以健康养老行动、养老发展趋势、理想养老生活等为话题开展论坛或座谈活动。"公知话养老"利用各界公知、名人发声，以圈层效应引导大众建立起对于项目品质与养老生活主张的印象，深入挖掘、积极契合潜在客户的诉求，以获得更广泛的社会关注，有利于提升项目的认知度与传播度。

与此同时，结合线下品牌发布会形成线上阵地，同步在当地具有影响力的主流媒体上发声，如当地老年人喜闻乐见的电视节目、广播节目、报纸媒体等，实现线上与线下宣传的联动。另外，也可以通过邀请民政局、老龄委、老年大学等养老事业相关单位来项目考察与指导工作，营造养老项目的品牌公信力，进一步扩大品牌影响力。

2018年，杭州万科邀请随园嘉树明星业主，聚焦老年人的生活态度与价值观，量身打造了对话栏目——《大有聊头》，并通过电视新闻+主流媒体+线下活动的多重传播，在首度开聊后3天内就完成了粉丝量级从0到300万的突破。

### 2. 主力预售期：运营升级，全面拓客

主力预售期是深耕渠道、全面拓客、全力促成交的重要阶段。养老社区的成交客户是典型的高知客户，以公务员、事业单位以及科教文卫系统退休的长者为绝对主力；另外，高收入的子女也是养老社区典型的购买客户。因此，在渠道的拓展方面应注重与老年大学、学校、各单位退休办、各职业协会等组织建立联系，通过各类体验活动，培育种子客户，不断拓展潜在客户群体，做到口碑营销，持续深耕。

主力预售期的重点营销动作包括成立兴趣俱乐部、社区明星挖掘、服务团队亮相等。

（1）成立兴趣俱乐部：客户维系，强化体验

CCRC一个重要的营销动作是成立兴趣俱乐部。俱乐部的活动对于维系客户与提升客户黏性具有非常重要的作用，不仅可以为已成交业主与潜在客户提供系统化学习与兴趣展示的平台，吸引客户积极参与并形成习惯，进一步加深对项目与服务的认同，还可以通过日常俱乐部活动，营造养老生活氛围，增强客户的归属感。

就兴趣俱乐部活动的具体设计与组织来说，一方面可根据长者的业余爱好组建兴趣小组；另一方面也可考虑结合中西方传统文化节日、节庆举行主题性活动，以多元化的活动与客户形成积极的互动体验。如部分CCRC项目做到周周有活动、月月有主题，以持续性的活动强化长者体验，助力项目成交，也可以将相关活动进行线上展示与传播，扩大项目的影响力。另外，在活动举办过程中也可以通过发布项目专属刊物，为长者打造展示自我、交流学习的重要阵地，如万科随园嘉树的内部读物《随园小报》、钱湖柏庭的刊物《柏庭会》等。

 小贴士

日常节日活动方案主题推荐如表7.33所示。

表7.33　日常及节日活动方案主题推荐

| 节日 | 活动方案主题 |
| --- | --- |
| 端午节 | 包粽子大赛 |
| 母亲节 | 插花创意大赛 |
| 父亲节 | 手绘大赛 |
| 建党/军节 | 摄影大赛 |
| 七夕 | 婚纱照拍摄 |
| 教师节 | 贺卡、花艺制作 |
| 国庆节 | 系列活动 |
| 中秋节 | 月饼DIY |
| 重阳节 | 茶艺讲堂 |
| 感恩节 | 化妆舞会 |
| 元旦 | 庆新年系列活动 |
| 腊八节 | 腊八粥品鉴 |
| 春节 | 春节联欢会、礼品赠送 |
| 长者纪念日 | 金婚/银婚活动 |
| 元宵节 | 灯笼DIY、猜灯谜等 |

（2）服务团队亮相：运营展示，团队亮相

营销阶段的运营前置对于增强客户体验，提升客户信心非常重要。运营前置不仅要体现在日常的运营管理中，最好在预售阶段服务团队的主力成员（各部门负责人与部分一线服务人员）就可以整体亮相，并同步发布项目服务白皮书或服务手册，对项目的服务体系与服务亮点做出说明。通过运营服务团队亮相与服务体系发布，可以展示服务团队的专业性与系统性，增进客户对项目服务理念与服务特色的理解。

（3）社区明星挖掘：自我代言，口碑营销

挖掘社区明星、进行自我代言，是CCRC树立口碑、扩大影响力与认知度的重要手段，也是实现成交客户"老带新"的重要途径。社区长者通过对服务的切身体会、以良好的身体与精神面貌现身代言，是对项目最好的广告推广，也是对运营服务的最高认可，极易让潜在客户产生信任感。

因此，各养老项目纷纷挖掘自己的社区代言人，通过访谈、才艺展示等各类活动频频亮相。如万科随园嘉树的"老男孩乐队"，4位成员中最大的93岁最小的80岁，他们凭借潇洒的气度与积极的生活态度，不仅成为了社区明星，更是登上了央视《回声嘹亮》的舞台，捧回"最佳人气组合"大奖。

3. 续销期：开园入住，体验升级

CCRC开园后进入续销期，这一阶段的重要任务是提升已入住业主的满意度，并通过短居试住、服务交心等手段进一步促进潜在客户成交。

（1）短居试住：体验升级

CCRC通过邀请潜在客户或犹豫期客户参加短居、试住、园区开放日等体验活动，加深其对于社区生活与服务的认同感，实现客户与项目的对话，刺激成交。

（2）服务交心：持续优化

进入运营期后，服务团队应主动组织与入住长者的交心沟通会，指出存在问题的同时也可以通过坦诚沟通增进长者与运营团队间的互相理解。服务交心会不仅有利于服务流程与具体工作的优化，更有利于提升入住长者的服务满意度与认可度，打造良好的服务口碑，为项目"老带新"和口碑营销奠定基础。

## 第四节　筹开费用测算

CCRC筹开费用的测算关系到服务费用定价、营销与运营成本控制、项目利润要求等，对于项目营销与运营工作具有重要的指导意义。筹开费用测算应遵循合理性、前瞻性与成本控制的原则，以实现成本的精细化管控。

① 确保合理性，根据项目情况合理确定各模块的成本支出内容，对成本支出进行合理预估，整体把控成本支出。

② 应具有前瞻性，在成本分析中考虑成本涨幅及阶段性费用调整，做好成本涨幅预估与预留工作，为运营服务的开展提供成本指导。

③ 做好成本控制，根据成本支出项目，在测算中做到物尽其用，节约成本，以此提高效益与利润。

筹开费用测算项目繁杂，本书仅就主要项目进行阐述，其中主要包括人力、能耗、餐饮、营销等各项成本的测算（表7.34）。

表7.34 CCRC项目成本测算模块

| 费用项目 | 内容说明 |
| --- | --- |
| 人力成本 | 阶段性人力成本测算与薪酬体系优化 |
| 能耗成本 | 水、电、燃气费用测算 |
| 服务成本 | 服务项目成本支出及整体服务费用 |
| 营销成本 | 营销活动、渠道拓展、人力等费用测算 |
| 餐饮成本 | 餐饮成本/收入计算 |
| 铺地物资成本 | 示范区与配套空间软装、铺地耗材、设施设备等费用 |

## 一、人力成本

人力成本是CCRC运营成本构成中最主要的部分，在整体运营成本中的占比高达50%~60%。CCRC人力成本测算应在当地人力成本市场调研的基础上，根据组织架构、岗位设置及人员配比的具体情况，按照园区阶段性人员需求分别进行运营筹备、开园运营两个阶段的人力成本测算。人力成本总支出包含薪酬、奖金、福利、补贴、社保等，若餐饮、保洁、保安、工程维修服务做外包考虑，则可将这部分人员成本计入运营管理费。另外值得注意的是，在测算过程中应考虑成本上浮，根据市场情况，一般年增长率控制在5%左右。

## 二、能耗成本

能耗成本主要来自CCRC的园区、会所及公寓室内水、电、煤（燃）气等能源消耗所产生的费用。考虑到水、电、煤（燃）气成本占运营成本的比例较大，而项目若进行养老机构审批或备案，则大多数地区可按养老优惠政策中的民用水电计价，相对可以节省部分开支，因此CCRC项目在消防审批通过后应尽量进行民政养老机构备案（表7.35）。

表7.35　园区、室内、会所等能耗成本消耗情况

| 区域 | 说明 |
| --- | --- |
| 园区 | 绿植等水灌溉消耗；照明灯电力耗能 |
| 室内 | 楼栋走廊等电力耗能；走廊公区等水消耗 |
| 会所 | 会所空调、地暖、设备等电力耗能；厨房燃气消耗；厨房、公区水消耗等 |

## 三、服务成本

服务成本是关系到CCRC实现运营收支平衡以及获取合理利润的重要因素，也是服务费用收取水平的重要依据。服务成本测算主要是指开园后的服务成本预估，需要考虑人力、能耗、会所运营、服务用品、物业管理、就医绿色通道、体检等各项有可能发生的成本支出，应在市场调研的基础上结合项目具体的市场定位进行合理预估。

在服务成本测算中，需要注意的是养老社区自理公寓部分与护理院部分应该分别计算；另外考虑到餐饮运营方式不定，对餐饮食材、能耗等成本也应单独预估。自理公寓部分服务成本的主要内容如表7.36所示。

表7.36　CCRC服务成本的主要组成部分

| 成本类别 | 占比/% | 占比说明 |
| --- | --- | --- |
| 人力成本 | 50~60 | 除护理院医护团队外的所有人力成本 |
| 能耗成本 | 约10 | 含园区、会所、室内等区域的水、电、燃气费用 |
| 物业成本 | 5~10 | 含物业管理费、设施维护保养费、园区环境维护费 |
| 日常运营成本 | 约10 | 含会所运营服务用品、设备折旧与增补、师资费用、活动费用等 |
| 服务用品成本 | 约10 | 含会所行政费用，管家、保洁、工程服务费用、健康管理设备用材、客户关系维护等费用 |
| 其他成本 | 约5 | 包含但不仅限于医院绿色通道费用、体检费用、报销费用以及不可预见费用等 |

## 四、营销成本

营销成本主要包含营销人力成本、营销活动费用及媒体推广费用等。人力成本主要包括营销人员的工资、福利、公司社保支出以及销售提点费用。营销活动费用包括各项营销活动的举办费用，如人员、场地、物料等支出。媒体推广费用支出相对较少，养老项目营销以线下活动为主，传统纸媒、广播电视、微信等线上推广渠道一般仅在前期品牌宣传阶段投放，应适当控制这部分的成本支出。

## 五、餐饮成本

养老社区餐厅的运营模式主要有自营模式、委托运营模式和外包模式三种，不同的运营模式具有不同的特点与费用测算方法（表7.37）。

① 自营模式。应合理预估餐饮服务的人力成本、食材、能耗费用支出，并在准确核算各项餐饮成本支出的基础上合理制定菜品价格。

② 委托运营模式。其成本支出主要体现在需要支付一定比例的管理费用。但在园区开园前期，因入住比例较低，餐饮收入不足可能需要额外支付部分补贴费用。

③ 外包模式。一般仅计算餐厅租金收益，但因外包模式下餐饮品质较为不可控，容易降低业主对于餐饮服务的满意度，因此一般不建议采用外包模式。

表7.37 餐厅各运营模式的优劣势对比

| 运营模式 | 优势 | 劣势 |
| --- | --- | --- |
| 自营模式 | ① 便于运营管控和提高满意度，可确保菜品品质，可根据客户意见随时调整<br>② 为项目储备经验、培养人才 | ① 无经验，存在一定运营风险<br>② 食品卫生许可证等办理难度较大<br>③ 受食品安全问题和物价上涨影响较大<br>④ 暂无成熟供应链，问题处理风险大 |
| 委托运营模式 | ① 供应链完善，专业管理运营团队，高效管理<br>② 知名品牌背书，助力营销<br>③ 部分风险可转移，由委托方承担<br>④ 借助委托方已有专业经验，培养自身团队 | 需另外支付管理费，且前期可能需要部分补贴，成本较高 |
| 外包模式 | ① 完善的供应链与专业团队，运营管理专业<br>② 项目省心，可集中精力做好主营业务<br>③ 无经营风险，且有租金收益 | ① 承包商为追求利润，一味压低成本，降低品质，导致长者投诉、满意度降低<br>② 非公司直属管理，出现问题整改可能不及时，配合相对不紧密<br>③ 规模较小，品牌餐饮合作意愿度低 |

## 六、铺地物资成本

营销筹开期间一项重要的工作是进行铺地物资的筹备，以确保项目开园后的正常运营。一般根据项目各类功能空间的设置情况编制铺地物资采购清单，进行设施、设备、用品、物料等铺地物资的测算，并在当前市场价格的基础上预留涨价空间（表7.38）。

表7.38 铺地物资清单

| 序号 | 筹开物资类别 | 筹开物资内容 |
| --- | --- | --- |
| 1 | 软装类 | 各功能区域家具、窗帘、灯具、饰品、功能器材、棉织品等物资 |
| 2 | 服务用品 | 管家、活动、餐饮、健康管理、安保、工程、保洁等服务用品，含低值易耗品 |
| 3 | 餐饮厨房 | 餐饮厅面、厨房设备及用具、低值易耗品等 |
| 4 | 行政办公 | 办公用品、办公设备、工作服、低值易耗品等 |
| 5 | 财务用品 | 票据、设备等 |
| 6 | 其他杂项 | 书籍、雨伞等不可预见的物品内容，费用金额做部分预留 |

## 第五节 团队组建

一支专业、稳定、高效的运营服务团队不仅是品质养老服务的提供者，也是与业主建立良好沟通的纽带，对一个养老社区而言至关重要，往往关系到社区经营的成败。建立一支优秀的人才队伍，不仅需要高效顺畅的组织架构，还需要明晰的岗位职责、健全的培训晋升制度等多方面的准备。

### 一、组织架构

CCRC的组织架构设计应以满足高效沟通与顺畅协调为基础，遵循节约人力成本、提升服务效率的原则，满足客户服务及园区运营的需求（图7.11）。

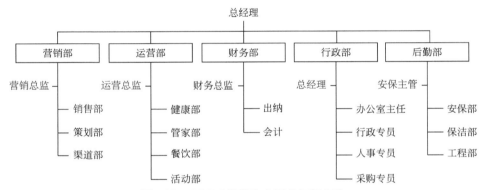

图7.11　CCRC运营稳定期的组织架构

CCRC的各岗位设置应在组织架构明确的基础上，根据园区规模及具体服务内容，在满足入住客户服务与实际运营需求的情况下设置，并且在实际运营过程中根据入住情况进行优化调整。

### 二、岗位职责

岗位职责是指一个岗位所需要完成的工作内容以及应当承担的责任范围，是一个具象化的工作描述。岗位职责的界定有利于明确工作内容，建立各岗位之间协调与沟通的渠道，确保各项工作顺利开展。

1. 营销部门岗位职责

营销部门的主要任务是达成社区销售目标与塑造项目品牌价值，其岗位设置包括销售、渠道、策划三大模块。各岗位职责如表7.39所示。

表7.39　CCRC营销部门各岗位职责

| 部门 | 岗位 | 主要职责 |
|---|---|---|
| 营销总监 | | ① 负责营销部的日常管理工作，控制营销成本，确保项目达到经营预算指标<br>② 总体把握项目营销情况，把控项目总体销售进度，制定整体营销计划和策略<br>③ 总体把控渠道对接、拓展与维护<br>④ 总体把控项目品牌宣传和营销策划宣传等 |
| 销售部 | 销售经理 | ① 负责整体销售工作、营销方案的制定与实施<br>② 做好市场分析工作，开展调研、收集市场信息等，制定销售对策 |
| | 销售员 | ① 完成个人分解销售目标<br>② 负责客户参观、接待、联络、签约、客户维护等工作 |
| | 销售助理 | ① 负责客户档案的整理与归档工作、合同鉴证及统计工作、部门相关报表整理工作<br>② 负责销售控制工作，确定预售合同、附件内容，形成标准文本，负责完成项目签约 |
| 渠道部 | 渠道经理 | ① 根据销售目标制定渠道开发策略与渠道销售策略，提供渠道服务支持与方案<br>② 巩固现有渠道，拓展新渠道，维护客户关系，控制渠道成本 |
| | 渠道专员 | ① 负责拓展客户渠道、完成渠道客户分析<br>② 协助销售/策划开展活动，维护客户关系 |
| 策划部 | 策划经理 | ① 负责日常营销、策划活动制定，包含项目广告及活动策划、设计、宣传等工作<br>② 做好相关媒体联系工作，负责养老机构宣传材料的把控等 |
| | 策划专员 | ① 负责组织养老机构宣传材料、摄影、印刷及宣传工作的落实<br>② 有计划地推出各种形式的活动，并提供传媒使用的宣传稿件 |

2. 行政部门岗位职责

行政部门主要承担与行政和人力事务相关的工作，其工作内容主要包括行政管理、人力招聘、培训考核等。各岗位的职责如表7.40所示。

表7.40　CCRC行政部门各岗位职责

| 部门 | 岗位 | 主要职责 |
|---|---|---|
| 总经理 | | 根据公司战略，负责养老发展整体计划的制定、部署及监督实施，确保营业指标顺利完成 |
| 行政部 | 办公室主任 | 全面负责人力资源与行政等工作的开展 |
| | 行政专员 | 完成部门的日常性行政工作，包括公文收发、会议组织、信息化平台管理以及其他后勤物品管理等 |
| | 人事专员 | ① 协助制定公司人力资源发展目标和规划<br>② 负责公司员工招聘选拔、绩效考核、薪酬福利管理、员工激励、培训开发和沟通协调等工作 |
| | 采购专员 | ① 负责项目办公用品和日常物料的采购及供应商管理<br>② 负责会所活动物料的采购及供应商管理 |

3. 财务部门岗位职责

财务部门主要负责财务管理工作，主要包括年度预算、税务筹划、成本管控、财务制度及报销审核等工作。各岗位工作职责如表7.41所示。

表7.41　CCRC财务部门各岗位职责

| 部门 | 岗位 | 主要职责 |
|---|---|---|
| | 财务总监 | ① 负责项目财务预算制定，保证财务信息真实、安全、可靠<br>② 审核财务计划、会计报表、按实缴纳各种税款<br>③ 对项目成本做好管控，做好降本增效工作<br>④ 制定项目财务制度及规章，并按规章制度进行报销审核 |
| 财务部 | 会计 | ① 及时确定销售和服务费用收入，正确核算各类税金<br>② 及时缴纳各种款项，核对各类收入，进行财务记账与报表制作 |
| | 出纳 | ① 负责公司货币资金核算、往来结算、现金支收、工资核发等银行结算业务<br>② 及时登记现金日记账和银行日记账，核对现金账面余额与实际库存数额，核对银行存款账面余额与各开户银行实有余额，做到日清月结，做到账证、账账、账款相符 |

### 4. 运营部门岗位职责

运营部门主要负责养老社区的运营服务，具体包括管家部、活动部、健康部、餐饮部四大模块，通过开展各类工作保证园区顺利运营，其岗位根据组织架构和园区服务内容设置。各岗位主要职责如表7.42所示。

表7.42　CCRC运营部门各岗位职责

| 部门 | 岗位 | 主要职责 |
|---|---|---|
| | 运营总监 | ① 策划、推进及组织协调重大运营计划，进行市场发展跟踪和策略调整<br>② 负责养老品牌运营管理以及对外战略合作品牌的协调、策划、组织与合作等工作 |
| 管家部 | 管家主管 | ① 统管并指导前台、管家等各项工作<br>② 定期考核、培训下属，使各岗位保持高水平运行 |
| | 管家 | 做好会所及样板房的管理、服务与形象展示工作，同时配合营销部做好营销展示活动 |
| | 前台 | 负责前台电话接听、访客接待登记、出入管理等工作 |
| 活动部 | 活动管家 | 服务策划、组织园区日常活动，包括活动内容、形式策划、活动发布及组织、活动管理与活动记录等 |
| 健康部 | 健康管理师 | 负责为客户提供个性化健康管理服务，包括咨询、体检、建立管理档案、风险提示及健康管理室管理等工作 |
| 餐饮部 | 餐饮经理 | 负责对接餐饮团队，制定和监督食品质量及服务质量标准等 |

### 5. 后勤部门岗位职责

后勤部门主要承担养老社区的安保、保洁、消防、工程维修与保养等工作，各岗位主要职责如表7.43所示。

表7.43　CCRC后勤部门各岗位职责

| 部门 | 岗位 | 主要职责 |
|---|---|---|
| | 安保主管 | 负责社区的安全和保洁工作，并配合其他部门做好各项服务工作 |
| 安保部 | 保安 | 负责访客接待管理、物品搬运、项目安全维护、夜班值班等工作 |
| 保洁部 | 保洁 | 负责会所和样板房卫生，并配合其他部门做好各项服务工作 |
| 工程部 | 工程维修 | 负责设备、设施管理（安全、操作、保养、维修）等工作，确保设备设施的安全运行 |

## 三、团队培训

团队培训对于提升养老社区的运营管理水平与服务质量具有至关重要的作用，尤其是针对一线运营服务团队的培训，直接关系到品牌形象与服务满意度。通常情况下，在制定培训计划时应充分考虑到员工的岗位设置、入职阶段、服务时间的差异，有针对性地进行培训。团队培训主要包括两个层面：

① 公司层面针对新员工的培训，主要包括对企业文化、公司制度和安全等的培训与宣导，以及各类核心能力提升与外出学习考察等；

② 岗位培训，主要针对新员工对具体任职的工作职责、工作内容的培训，以"老带新"为主导方式的工作能力提升培训以及应急流程培训等。

公司通过上述两个层面的团队培训，可以提升员工工作与沟通的能力，实现员工与团队的共同成长（表7.44～表7.46）。

表7.44　团队培训——公司层面培训模块

| 模块 | 具体内容 |
| --- | --- |
| 公司入职培训 | 每月一次集中培训，主要进行企业文化、公司规章制度、安全等方面的培训 |
| 核心团队提升培训 | 每季度一次集中培训，主要进行服务技能、管理能力、领导力等方面的培训 |
| 外出学习与考察交流 | 每季度一次分批次进行，面向管理层、优秀员工等，主要进行项目实地考察学习交流、特定技能证书考取等 |

表7.45　团队培训——岗位层面培训内容

| 模块 | 具体内容 |
| --- | --- |
| 岗位入职培训 | 根据具体岗位进行培训内容和周期的安排，理论结合实际，以"上级对下级、老员工带新员工"的方式进行，之后进行岗位考核 |
| 工作能力提升培训 | 每季度一次集中培训，主要进行服务操作技能、沟通能力等方面的培训，对培训结果进行考核，综合评估梯队人员培养目标 |
| 应急流程培训 | 对紧急救助、电梯困人、噎食、消防等应急处置流程，必须每月进行一次培训与考核，其中消防要求一年两次演习、一季度一次实操和理论培训 |

表7.46　CCRC团队培训内容示例

| 模块 | 主要内容 |
| --- | --- |
| 项目情况 | ① 项目介绍，包括项目品牌、发展历程、基本情况介绍等<br>② 组织架构与岗位职责<br>③ 参观项目以及同事介绍<br>④ 园区楼栋分布概况及房型的参观<br>⑤ 会所设施设备和环境介绍<br>⑥ 安全守则、灭火器以及逃生线路 |
| 礼节礼仪 | ① 接听电话的规范及注意事项<br>② 仪容、仪表规范及对客礼仪规范<br>③ 微笑、站姿、走姿、引导手势训练 |
| 软件系统 | 管家系统、邮件系统、制卡系统、打印复印 |

续表

| 模块 | 主要内容 |
| --- | --- |
| 岗前准备 | ① 每日工作事项表、仪容仪表检查<br>② 详阅交班本和管家系统、工作分配 |
| 管家服务 | ① 管家中心行为规范与接待规程、亲情维护、温馨问候<br>② 紧急救助、突发事件处理、迷失事件处理<br>③ 园区巡视客户档案建立与维护、空房管理<br>④ 入住接待、体验房接待、入住适应性辅导<br>⑤ 出行陪伴、委托代办、物品搬运、班车服务<br>⑥ 物品借用与转交、续租退租 |
| 其他各部门 | ① 行政、客服基本情况培训，人事培训<br>② （会所功能、规程）会所培训，健康管理培训<br>③ 财务培训（基本报销流程、预算、成本、财务目标）<br>④ 采购培训（采购申请、供应商等）<br>⑤ 活动培训（活动规程、活动服务）<br>⑥ 安全培训（安全救助、紧急处理）<br>⑦ 工程维修培训（维修配合、基本维护）<br>⑧ 保洁培训 |

## 第六节 运营标准化制度体系

CCRC运营标准化制度体系是指在项目实际运作中对相关岗位职责要求、服务规程与标准、服务记录表单等进行约定与规范，以达到提升项目运营的标准化、信息化与流程化的效果。运营标准化制度体系在CCRC实现运营规范化与信息化的过程中发挥着非常重要的作用，其建设与完善不仅需要运营部门的努力，同时还需要CCRC其他部门的遵守与维护。

CCRC的运营标准化制度体系涉及园区运营与管理的方方面面，主要包括但不限于岗位职责、管家服务规程、服务记录表单以及职能部门制度等多项文件。运营标准化文件在运营过程中可根据不同岗位及服务需要进行制定与完善，各项工作的流程、规范应根据实际运营工作中的服务项目和内容进行及时调整与优化（表7.47）。

1. 岗位职责

根据CCRC的组织架构和岗位设置，对各个岗位的任职要求、岗位职责与权限进行界定与明确，以此确保运营中的工作标准化与规范化，保证各个岗位人员高效开展工作。

2. 管家服务

运营标准化制度体系中的楼栋文件主要是针对服务体系中与楼栋管家有关的服务标准、规程与记录表单进行制定与规范，如出行陪伴服务、空置房管理、楼栋巡视、亲情维护服务、入住接待服务、生活用品代办服务、温馨问候服务、小件物品搬运服务等相关服务规程及表单。

3. 客户服务

运营标准化制度体系中的客户服务主要是对管家提供增值服务和各类代办事项服务标准，并对表单记录进行制定与规范，如代订报刊服务、接送车服务、订票服务、复印打印服务、叫车服务、快递邮件代发服务、物品借用服务、物品转交服务、水电燃气代收代缴服务、生活用品代购服务等规程。

其中客服文件主要针对CCRC的客户入住规程与协议进行规范和管理，主要包括入住社区相关代办协议、客诉处理、机械钥匙委托书、房屋交付文表签收单等内容。

4. 会所配套文件

会所配套文件包含配套和活动管理，其中运营标准化制度体系中的配套文件主要指针对CCRC公共活动空间（如会所、组团配套、楼栋配套等功能空间）制定的相关服务规程及设施设备使用服务登记的表单等，主要包括餐厅、多功能厅、咖啡吧、便利店、健身房、教室、理发室、棋牌室、童玩中心、影音室、阅读室、接待大堂等服务内容。另外，运营标准化制度体系中的活动文件主要是指针对CCRC提供各类活动服务，对相关活动规程、活动协议、活动申请记录等制定的相应标准与表单文件。活动按照类型可以分为俱乐部活动、老年大学活动、社区活动、旅游活动、志愿活动等。

5. 健康服务

健康服务主要指针对CCRC提供的健康管理类服务，对健康档案、健康提醒、健康干预、健康指导、设备使用等制定规程与规范。按照服务内容不同，健康服务主要分为健康面谈、康复管理、慢病管理、年度健康体检、入住健康适应性辅导、特殊长者上门巡查、代配药、户外活动保障、家庭药箱整理、健康档案及周全性评估、健康量测等。

6. 餐饮管理

餐饮管理主要指针对CCRC提供的餐饮类服务，包括厅面服务和后厨管理。其中，厅面服务主要是餐厅日常的对客服务，后厨管理主要是对厨房各岗位的工作规程进行管理与规范的制定，如打荷、冷菜、炉台、面点、切配等岗位工作标准化。

7. 保洁管理

保洁管理主要指针对CCRC提供的保洁类服务，如对有关园区、公区、室内等保洁工作规程、标准以及相关表单进行管理与规范，主要包含各类保洁管理规程与记录表单等文件。

8. 工程管理

工程管理主要针对CCRC工程人员的工程维修、保养、检查等服务进行制度上的管理与流程上的规范，主要可以分为管理制度类、工程规程类与服务规范类文件。

### 9. 安全管理

安全管理主要是对CCRC的安全保障工作内容进行管理与规范，主要内容有安保各岗位操作规程、车辆管理、物品管理、访问管理、制度管理、消防安全管理等规程及表单。其中，消防安全管理主要针对CCRC的消防管理工作及消防安全保障进行管理与规范，主要内容有防火管理、器材设备管理、仓库消防、建筑消防等规程与表单，以及灭火应急制度、消防制度、用电或用火制度等。

### 10. 应急管理

应急管理主要针对CCRC紧急情况和突发事件制定相关预案及处理规程，主要包括突发事件和系统事故处理规程，以及各类应急预案文件。

### 11. 行政文件

行政文件主要针对CCRC的行政事务进行管理与规范，主要包括会议制度、办公设备使用、办公用品管理、办公区安全管理、商业保险等管理制度。

### 12. 人力资源文件

人力资源文件主要针对CCRC的人力资源相关内容进行管理与规范，主要包括对招聘管理（含实习生）、入职/转正/离职管理、薪酬及绩效管理、培训及考核、员工关系管理等内容的规范。

表7.47　CCRC运营标准化制度体系梳理

| 序号 | 项目 | 标准化制度体系 |
| --- | --- | --- |
| 1 | 岗位职责 | 运营服务部门、后勤部门、餐饮部门岗位职责 |
| 2 | 管家服务 | 各类管家代办服务类规程及表单 |
| 3 | 客户服务 | 客服服务、舆情监控、客诉处理规程等与客户服务相关的各类文件及表单 |
| 4 | 会所配套文件 | 会所各类功能空间配套服务规程，俱乐部、社区、老年大学、志愿活动规程 |
| 5 | 健康服务 | 各类健康管理记录与操作规程 |
| 6 | 餐饮管理 | 餐厅、厨房等工作岗位操作规程 |
| 7 | 保洁管理 | 保洁管理标准、规程、记录 |
| 8 | 工程管理 | 工程操作规范、管理制度、服务规范 |
| 9 | 安全管理 | 安保管理规程、制度、服务规范；消防安全规程、制度、服务规范 |
| 10 | 应急管理 | 突发事件应急处理规程、应急预案 |
| 11 | 行政文件 | 会议制度、行政管理、办公制度管理 |
| 12 | 人力资源文件 | 招聘、培训、人事、薪酬等管理规程、制度 |

# 第八章
# CCRC 运营后评估及优化

## 第一节 运营后评估要点

CCRC开园优化阶段主要面临运营服务优化与产品续销两个方面的任务。其中，运营服务团队通过运营筹备期的准备工作及团队演练为入住园区的业主提供服务，开园后在产品续销和园区入住率逐步提升的基础上，对运营服务工作进行调整与优化，以满足不断变化的客户服务需求，达到增加收入、节约成本、稳定团队、提升客户满意度等目标，最终完成社区运营的整体指标。

CCRC开园后的运营服务优化是一个持续改进的过程，重点在于做好企业文化、社区运营安全、团队建设、激励制度、服务体系以及合作资源等方面的再优化。这样不仅可以提高公司的凝聚力、建设高效稳定的服务团队、节约运营成本，也可以提升服务品质与服务效率，有效降低养老服务风险，更有利于园区的有序运营、促进产品续销目标达成、提升项目品牌和竞争力，最终实现企业效益最大化。

1. 企业文化

企业文化是企业核心竞争力的体现，关乎企业员工的凝聚力和幸福感，也关乎企业的整体形象。

2. 运营安全

运营过程中主要围绕社区环境安全、住户与员工人身和财产安全、消防安全、食品卫生安全、医疗护理安全以及各类特种设备运行安全等方面开展工作。

3. 团队提升

运营服务的核心是专业人才与专业服务。团队核心战斗力的形成需要较长的周期，企业需要对团队和个人进行持续提升，制定整体人才计划并抓落实，不断优化组织结构，调整工作职能，优化整体薪酬福利和工作环境，从而有效控制人力成本，提高工作效率，形成并保持核心力量，提升竞争力。

4. 绩效考核

在公平、公正、公开的原则下，遵循物质激励与精神激励、长期激励与短期激励相结合的思路，结合项目整体运营情况不断创新激励机制，有效提升绩效评估效力,发挥员工自身最大的潜能。

### 5. 服务优化

服务优化主要是对项目管理模式、服务体系、经营状况和客户定位与需求的不断更新,重点发展自有的特色服务,实现服务再升级,以此增加收入并控制成本,提升客户口碑和客户满意度;同时,打造符合长者需求的持续性服务产品链,提升市场竞争力。

### 6. 合作资源再优化

通过对政府相关职能部门、各类学校、企事业单位、社会媒体、项目原有合作方以及各类社会组织等资源的再次整合,有效利用各类资源,优化项目运营过程中的不足,提升服务品质,降低运营成本,增强与外部组织的联动,扩大项目的社会影响力,提升品牌知名度。

## 第二节 企业文化建设

CCRC企业文化是指在实际运营过程中形成的管理思想与方式、群体意识等,是管理层提倡、上下共同遵守、不断创新的文化传统,其核心是企业价值观、企业精神和企业经营理念的培育,用于提升内部凝聚力和外部竞争力,归根结底是推进企业竞争力的提高,促进企业经济效益的长期增长。为此,应从项目运营发展的实际情况出发,树立科学发展观,讲究经营之道,培养企业精神,塑造企业形象,优化企业内外环境,全力打造具有自身特质的企业文化,为企业快速发展提供动力和保障。

企业文化在建设过程中应坚持以人为本的原则。企业行为或员工形象与外部形态应做到表里如一,在发展的过程中形成自己固有的特色文化,做好企业文化的提炼与设计、文化强化和文化培训,打造企业自有的文化发展战略,不断吸收、创新与传承,提高企业的社会效应。

在养老社区的文化建设中,重点要做好自身企业文化的提炼与宣传,培养员工对养老事业的认同感,加强各方面互动与沟通,营造轻松舒适与责任并存的"家"文化等,可以通过表8.1中的方法加强企业文化建设,但应注意不要浮于表面,要做到实处。

表8.1 企业文化建设方法与建议

| 序号 | 企业文化建设方法与建议 |
|---|---|
| 1 | 坚持每日例会、每月总结会、每月思想小结、每季度员工大会、年度总结会,主要围绕项目运营目标、工作任务、工作执行情况、工作中遇到的问题,以及解决或者改进措施、工作激励、团队建设、员工需求和情感上的沟通等方面 |
| 2 | 企业文化提炼与设计,设立文化墙,粘贴宣传文化标语,形成企业发展愿景 |
| 3 | 树立先进典型,每季度、每年度进行优秀人员评比,精神奖励与物质奖励并存,并做好优秀管理人员、优秀员工的学习榜样作用,对日常工作中表现优秀者,多提出鼓励 |

续表

| 序号 | 企业文化建设方法与建议 |
| --- | --- |
| 4 | 推进企业内部报刊、企业网站、微信公众号等媒体推广方面的建设,加强与社会媒体的沟通和交流,加强宣传引导,提升社会影响力 |
| 5 | 讲述企业故事,建立企业创立、发展的历史展示,权威宣讲,树立员工内心的自豪感 |
| 6 | 企业对内和对外的文体活动、公益活动等,丰富员工的日常生活和工作内容,提升全员的社会参与感,提升社会效应 |
| 7 | 引进新人才,引入新文化,吸收新的理念和好的工作方式,加强不同文化间的创新与融合,增强企业内部活力 |
| 8 | 关爱员工及其家人,创造良好的工作氛围,增强企业员工的归属感和依赖感;同时让客户感受到企业对员工的重视,增强对企业的信任 |
| 9 | 定期外出参观学习,了解养老行业发展情况,吸取好的服务理念与运营模式,丰富企业文化内涵 |
| 10 | 通过企业文化的塑造和日常学习,让全员养成一种习惯 |

## 第三节 运营安全

CCRC运营过程中的首要目标就是要保障安全,主要包括居住环境安全、人身财产安全、消防安全、食品卫生安全、医疗护理安全、紧急事件处置和各类特种设备运行安全等核心事项。如果在安全上出了问题,其他所有的努力都是无用功,应谨记"安全无小事""安全拥有一票否决权"。

① CCRC运营团队应结合项目自身特点,对各类运营安全风险点进行排查与整改,并建立相应的管理监督机制。例如,成立各类专业安全小组,实行总经理负责制,每项重点工作责任具体到人,并定期对核心工作进行管理监督。

② 应建立突发事件应急响应制度,从事件类别、事件大小、人身财产损失金额等维度对事件进行归类,制定不同层级的响应与反应机制,同时建立相应的奖惩激励机制,贯彻落实到每个岗位,让所有人树立安全意识和危机风险意识。

③ 应加强对养老社区内所有人员的宣传教育,包括入住长者及其家属和团队中的所有人员。针对安全风险点,建立巡查机制,由专业部门的专业人员每日巡查,多部门多岗交叉巡查进行监督;针对特殊事项,每月定期进行理论与实操培训演练,特别是消防安全、食品安全、特种设备安全等问题,要做到人人遇见,人人会处置。

④ 建立完善的管理制度,并落到实处;同时,也要建立和完善突发事件案例档案,以便于查阅,也可作为培训教材,引以为鉴。

⑤ 加强与政府相关职能部门和社会媒体等资源的对接,可借助其专业人员及设备对社区全员进行培训,同时也是宣传社区的好机会。

## 1. 运营管理小组

可以成立各类具有专项职责的运营管理小组，由管理层牵头，员工全员、客户及家属参与，对运营风险重点之处进行有效的监督管理，降低风险。其中，运营管理方面主要是对养老社区整体服务品质进行监督管理，设置意见箱，及时整改问题，向全员公布结果；营养膳食方面主要是对全员及客户的身体营养进行评估，对食材来源和成本、加工流程、出品品质等方面进行把控，保障食品卫生安全；文娱活动方面则是要更大地发挥客户能动性，利用客户资源开展各类文化娱乐活动，丰富社区日常生活，公司员工则以辅助和引导为主；消防安全方面主要是由安保部门进行，员工和客户共同参与，主要进行消防设施日常检查维护、消防知识培训、消防演习演练以及日常生活中应注意的消防安全风险点等方面的工作。感染和风险控制小组主要是对项目运营过程中存在的易感染风险源，进行有效管控，避免感染事件发生；社区宣传小组主要是作为社区内外的统一发声处，鼓励客户积极参与其中，对各类事件进行有效引导和宣传；突发应急处置小组由管理层主导，主要对各类突发事件进行有效处置，保障全员人身与财产安全。

对CCRC管理小组的建议如表8.2所示。

表8.2　CCRC管理小组建议列表

| 管理小组 | 建议 |
| --- | --- |
| 运营管理 | 以管理团队为主、长者代表为辅 |
| 营养膳食 | 营养评估小组、食品安全小组 |
| 文娱活动 | 重大活动筹备小组、志愿者小组、社工个案小组 |
| 消防安全 | 消防安全小组 |
| 服务质量管理 | 服务质量提升小组 |
| 安全生产管理 | 院感管理小组、风控小组 |
| 园区宣传 | 指定对外宣传小组和对内宣传小组 |
| 应急处置 | 突发事件应急小组 |

## 2. 应急响应制度

通过建立完善的应急响应制度，严格按照突发事件处理流程进行事件处置，能够及时有效地降低各类因素带来的不良影响，将损失降到最低。

突发事件是指火灾事故、水灾事故、治安案件、食物中毒等引起的人身和财产损失等。突发事件根据严重程度可分为四级：Ⅰ级（特别重大）、Ⅱ级（重大）、Ⅲ级（较大）、Ⅳ级（一般）。要求按照规定时间内逐级进行汇报，所有管理人员全年24小时保证电话开机，如遇未能联系到上级管理人员的情况，可根据事件类别越级上报，管理人员应按要求到达现场处置。一般情况下，项目运营后均需要安排至少一名管理人员进行夜间值班，以及时处置突发事件。事后应形成事件报告存档，及时总结、改正，并作为后期学习案例。突发事件应急响应机制如表8.3所示。

表8.3　突发事件应急响应机制

| 类别 | 级别鉴定 | 级别 | 反映时间 | 上报时间和级别 | | | | | |
|---|---|---|---|---|---|---|---|---|---|
| | | | | 部门主管 | 经理 | 总监 | 副总经理 | 总经理 | 分管领导 |
| 突发事件 | 未造成人员伤害，财产损失1000元以下 | Ⅳ级（一般） | 3分钟 | 5分钟（√） | 5分钟（√） | 7分钟（√） | 10分钟 | — | — |
| | 1名人员受伤，财产损失1000~5000元 | Ⅲ级（较大） | | 5分钟（√） | 5分钟（√） | 7分钟（√） | 10分钟 | 15分钟 | — |
| | 3名人员受伤，财产损失5000~10000元 | Ⅱ级（重大） | | 5分钟（√） | 5分钟（√） | 5分钟（√） | 7分钟（√） | 7分钟 | 10分钟 |
| | 3名人员受伤或1名以上人员死亡，财产损失10000元以上 | Ⅰ级（特别重大） | | 5分钟（√） | 5分钟（√） | 5分钟（√） | 7分钟（√） | 7分钟（√） | 10分钟 |
| 紧急救助 | 无人身伤害 | Ⅳ级 | | 5分钟（√） | 5分钟（√） | 7分钟（√） | — | — | — |
| | 确定需要救助 | Ⅲ级 | | 5分钟（√） | 5分钟（√） | 7分钟（√） | — | — | — |
| | 送医救助 | Ⅱ级 | | 5分钟（√） | 5分钟（√） | 7分钟（√） | 10分钟 | 15分钟 | — |
| | 死亡 | Ⅰ级 | | 5分钟（√） | 5分钟（√） | 5分钟（√） | 7分钟（√） | 7分钟（√） | 10分钟 |

注："√"表示需到场人员。

## 第四节　团队提升

CCRC运营团队的各项能力提升是在市场竞争环境下企业为了更好发展，更好留住人才、培养人才，维护养老社区运营稳定的必然选择。这就要求所有成员之间要统一目标、统一思想、统一行动、相互依赖、相互协作，在实际工作中不断优化组织结构，优化岗位工作内容与工作绩效评估机制，提升和强化全员大局观和奉献精神，激发团队潜能，从而使团队作用发挥出最大价值，实现长者的高入住率、高满意度和费用的高收缴率，让社区运营进入良性循环。具体的团队提升方向建议如下。

### 1. 统一目标

根据CCRC运营情况制定合理的团队目标，主要考量员工的价值观、服务质量、人员流失率、长者入住率、产品续销指标、费用收缴率、安全指标、总收入与成本指标、全员营销指标、创新方案与执行效果、项目运营创收等方面。其中，需要着重考量的部分是经营指标和服务质量。

## 2. 统一思想

全员统一思想，多沟通，多交流，积极听取各方面意见或建议，创造良好的工作氛围，松紧有度；要强化团队的重要性，管理层要做出榜样，员工积极学习提升，主动发现问题、解决问题，充分发挥全员能动性。同时，要通过积极宣传和高品质的服务，获得住户及其家属的认同感，创造一个和谐的生活和工作环境。

## 3. 完善的团队激励体系

CCRC在运营过程中通常会根据项目整体运营目标，以公开、公平、公正为原则，以薪酬激励、精神荣誉激励、工作环境优化，以及工作培训、绩效激励等方式，来对全员进行激励，以保障团队的核心战斗力。

完善的绩效考核方案是根据社区运营的不同阶段，将工作任务指标与价值观相结合，适时地优化考核指标，最终评价结果要与薪酬福利相关联。激励体系尽量以奖励、鼓励为主，提高全员的积极性；同时，也要有相应的奖惩规则与优胜劣汰制度。具体激励内容如下。

（1）薪酬激励

首先要对现行市场的薪酬情况进行合理调研，如同品质的服务行业、养老同行等；结合项目经营状况、项目组织架构、薪酬结构和员工绩效考核结果等，针对不同层级和专业岗位制定有效的薪酬福利激励计划。同时薪酬调整可以设置一定比例，有效控制项目运营的整体人力成本。

（2）精神荣誉激励

在工作表现突出的人员中树立先进典型，表彰优秀团队、优秀管理者、优秀员工，鼓励优秀代表来讲述自己的工作经历和感想，激励其他员工，树立正确的养老事业价值观，正确对待各自所做的工作；同时也有利于项目核心力量的形成，逐步培养核心梯队人员，给优秀人员更好的发展平台和机会，增强团队凝聚力和战斗力。

（3）工作环境与培训激励

在各自岗位工作中更多地使用智能化设施设备来辅助各项工作的开展，特别是需要较大体力的岗位，如保洁、保安等物业后勤岗位工作；以及其他岗位中需要花费较大精力的工作，如紧急报警处置、日常巡视工作、日常各类表单记录等。使用智能化设备来降低服务人员的劳动强度，改善原有"24小时全靠人"的工作状态，提供良好的工作方式与环境。

同时，企业需要向员工提供良好的食宿环境、办公环境、培训机会和发展平台，增强员工对公司的信任感和依赖感。例如食宿环境，一般情况下养老社区都会向员工提供基础的工作餐和住宿，因各地经济水平差异，在住宿成本上各有不同。提供住宿的方式可以采取以下两种：管理岗位、专业人才岗位的住宿与普通岗位住宿；住宿费用补贴也可以分为三种：全额免费住宿、缴纳部分费用和发放住宿补贴。另外还有培训机会和发展平台，可以通过综合评估后选定部分人员，用以激励所有人员。

（4）绩效考核

综合考虑各项因素，建立客观且具有可操作性的评价标准，对项目运营进行全面综合评价。重点考量项目运营整体指标、各部门KPI指标完成系数、各岗位员工日常工作行为表现，由管理人员从上至下进行综合评价，要求上级与下级进行面对面沟通，告知评价结果、工作表现、问题与不足、改进方向等，并取得员工认可。绩效奖励要将优秀团队和优秀个人与薪酬待遇、晋升机会、发展机遇等紧密联系。

4. 良好的发展平台

根据企业发展愿景、战略规划、项目运营管理模式和组织架构情况，结合个人综合表现，为其提供发展的规划建议；建立完善的内部晋升机制、内部轮岗机制，让全员能够不断地学习新事物，提高专业能力，为优秀者不断提升其发展的平台。这样有利于团队稳定，保持团队活力。

一般情况下，养老社区发展到基本满住或者运营收益平衡时，管理者都会考虑扩大养老业务。例如将服务覆盖到周边居民小区、与政府合作发展公建民营养老机构或者小微机构点等。一般会以内部核心人员和优秀人员为主，去开拓外部市场，相关的薪酬和岗位级别也会有所调整，从而全员的发展机会将逐步增多，发展平台也会逐步增大，这样团队全员也会有更大的积极性，真正参与到企业的发展当中去。

5. 完善的人才培养机制

建立完善的人才培养机制是指针对管理层、基础员工进行不同层次和内容的培训，一般会分为公司培训和部门培训。公司培训主要是指公司层面上对管理层或核心团队进行的培训、面向全员的基础培训、利用外部资源的培训以及参观交流学习等；而部门培训则是以部门各岗位工作的内容进行标准化培训及考核、各岗位间交叉培训、突发事件及紧急救助处置等为主，重点是为了加强基础员工对工作内容的熟悉度。两类培训的内容不冲突，侧重点不同，但最终目的都是为了提升个人能力和团队能力，储备梯队人才。同时，企业应通过优秀员工激励机制、相关证照考取等方式激励队伍，建立自己的养老人才库（表8.4）。

表8.4 培训计划建议

| 培训类别 | 重点内容 | 详情 |
| --- | --- | --- |
| 公司培训 | 新员工入职培训 | 每月一次集中培训，主要进行企业文化、公司管理模式、规章制度、人员介绍、工作安全等方面的培训 |
| | 核心团队培训 | 每季度一次集中培训，主要进行服务技能、管理能力、领导力等方面的培训 |
| | 团队集体活动 | 每季度一次，面向全员，分批次进行团队建设活动，适当减压，保持团队活力和凝聚力 |

续表

| 培训类别 | 重点内容 | 详情 |
| --- | --- | --- |
| 公司培训 | 外出考察交流 | 每季度一次，面向管理层、优秀员工等，主要进行项目实地考察交流学习、特定技能证书考取等内容 |
| | 人事行政管理制度解读 | 每季度一次，面向全员，对特定内容进行全面讲解，个案答疑 |
| 部门培训 | 新员工培训 | 根据具体岗位进行培训内容和周期的安排，理论结合实际，以上级对下级、老员工带新员工的方式进行，之后进行岗位考核 |
| | 老员工提升 | 每季度一次集中培训，主要进行服务操作技能、沟通能力等方面的培训，根据培训结果的考核，综合评估团队梯队人员培养目标 |
| | 部门团队建设 | 部门内部人性化管理，注重关怀员工，松紧适度，定期进行部门团建，保持团队稳定 |
| | 应急流程培训 | 紧急救助、电梯困人、噎食、消防等应急处置流程，必须每月进行一次培训与考核，其中消防一年两次演习、一季度一次实操和理论培训 |

### 6. 员工关怀

在公司管理不断优化的过程中，信任员工、关怀员工也是非常重要的一部分。首先我们要信任员工，要相信他们的能力，相信他们能够胜任自己的岗位，并能够很好地完成上级交代的工作；不要怀疑，要先让他们用行动来证明我们的判断；不要总是批评不表扬，要在工作中多用正确的方式去引导员工，让他们不断成长；不要只注重结果，更要看到在工作过程中员工付出的努力，给予他们成就感。另外，还要关怀员工的日常生活，包括员工家人状况，了解他们的生活状态，在生活中更容易与他们走到一起、聊到一起，才能发现他们不会在工作中展现的一面，同时也可以发现他们的问题，并在适当的时候给予、帮助。这样有助于增强团队的凝聚力。当然，关怀员工还可以通过不断地完善薪酬福利体系、举行定期团建活动来实现，加强工作与情感的交流，给予他们精神上和物质上的满足感和成就感，这样人员才会更加稳定。

### 7. 校企人才合作

校企之间合作将获得双赢的局面。一方面，企业可以从高等院校引入新人才，吸纳新的养老服务理念和更加专业的操作技能，储备自己的人才库，有效控制人力成本；另一方面，高校也可以建立起自己的人才就业渠道，打造专业性更强的学科实践基地，有利于学校自身的正向发展。一般情况下，企业与高校会建立战略合作，成立专门的学院、专业或者班级，企业支出费用，高校输出人才；企业内部人才也可以不断进入学校再学习，提升专业水平，让员工得到知识补充，使工作与学习相辅相成。

## 第五节 绩效考核

CCRC在运营过程中应结合各岗位工作性质，制定出清晰明确、可量化、可实现、具有时限性的绩效目标，给员工在工作中指明方向；同时，绩效考核重在评价，需要不断建立和完善更加具有可操作性的评价标准，综合各项因素进行总体评价和个体评价，鼓励多劳多得、奖罚得当，将团队和个人的评价结果与奖金、薪酬、晋升机会、发展平台、学习提升等方面紧密联系，以提升团队的整体积极性和工作效率。

1. 团队绩效考核

团队绩效制定中运营考核的重点应集中在收入指标、成本控制、服务质量、安全风险管控、团队建设、创新机制（服务和收入）等方面。其中，"安全"具有一票否决的权利。团队绩效考核评价周期建议以季度和年度为单位。

如表8.5所示，在养老社区整体运营中，将总指标进行拆分，根据不同部门分派相应的考核指标重点。例如人事行政和财务部以年度工作计划为考量重点，辅助一线部门开展各项服务工作；营销部则是以年度销售指标为考量重点，努力做好产品的续销工作，增加收入；客户服务、餐饮、健康管理、医疗护理、物业后勤等部门则是以客户服务质量为考量重点，保证安全生产，不断满足客户需求，获得高满意度。其他考量部分则是结合养老社区的发展需要，以团队形式完成整体运营目标，例如全员营销、成本控制、增值服务创收等。

表8.5 团队绩效指标与系数取值表

| 序号 | 部门 | KPI指标名称（即K1指标） | K1取值 | K2取值（全员营销指标） | K3取值（营业收入） | K4取值（服务质量） | K5取值（安全与质量） | K6取值（行政工作） | K7取值（创收指标） |
|---|---|---|---|---|---|---|---|---|---|
| 1 | 人事行政 | 行政工作计划 | 0.6 | — | 0.1 | — | 0.1 | 0.1 | 0.1 |
| 2 | 财务 | 财务工作计划 | 0.6 | — | 0.1 | 0.1 | 0.1 | — | 0.1 |
| 3 | 营销 | 销售指标 | 0.5 | — | 0.2 | 0.1 | 0.1 | — | 0.1 |
| 4 | 客户服务 | 服务质量 | 0.4 | 0.1 | 0.2 | — | 0.1 | 0.1 | 0.1 |
| 5 | 餐饮 | 服务质量 | 0.4 | 0.1 | 0.2 | — | 0.1 | 0.1 | 0.1 |
| 6 | 健康管理 | 服务质量 | 0.4 | 0.1 | 0.2 | — | 0.1 | 0.1 | 0.1 |
| 7 | 医疗护理 | 服务质量 | 0.4 | 0.1 | 0.2 | — | 0.1 | 0.1 | 0.1 |

## 2. 个人绩效考核

个人绩效考核重点应从价值观、工作态度、团队协助、责任感、工作积极性、执行力、学习与沟通能力、创新能力以及客户满意度等方面对工作行为表现进行综合评价。中层以上管理者的考核内容要有所区别，应增加管理能力的评估。评价方式以自评、员工互评和上级评价为主；评价周期可以按月度、季度和年度进行。

同时，在日常工作过程中也可以逐步形成对员工进行星级评定的机制，作为月度或者季度考核的参数，并计入年终考核中，同时给予一定奖励，这样也有利于激励员工。

### （1）员工工作表现评定维度

员工工作表现根据工作内容可分为管理人员行为表现评价和员工行为表现评价，具体考评分数可根据岗位工作内容的不同设定（表8.6）。一般情况下以百分制进行评价，按照分值进行等级划分：优秀90分及以上、良好80～89分、合格60～79分、需改进60分以下。每个等级控制一定的名额：优秀20%、良好30%、合格40%、需改进10%。

表8.6 管理人员行为与员工行为表现评价表

| 序号 | 管理人员行为表现评价 | 员工行为表现评价 |
| --- | --- | --- |
| 1 | 价值观 | 价值观 |
| 2 | 职业化 | 纪律性 |
| 3 | 开放透明 | 工作积极性 |
| 4 | 客户意识 | 团队协作性 |
| 5 | 结果导向 | 理解与沟通能力 |
| 6 | 资源整合 | 执行力 |
| 7 | 追求卓越 | 服务意识 |
| 8 | 学习成长 | 学习成长 |
| 9 | 前瞻思维 | 客户满意度 |
| 10 | 创新思维 | 创新思维 |

### （2）服务人员星级评定

服务人员星级评定是面向一线服务人员，将员工年龄、学历、经验等个人条件，与工作中的表现进行综合评级，增加奖励机制，可与奖金或者薪酬挂钩，从而促进员工的积极性（表8.7）。在评价中可适当增加部分客户评价系数，但应注意防止员工为了考评，而向客户索要高评价。如果发现此类情况，一切考评均在本年度或本季度自动列为最后一名。

表8.7　服务人员星级评定表

| 评定项目 | | 占比/% | 评定细则 |
|---|---|---|---|
| 学历 | | 10 | 本科100分、大专80分、高中及以下60分 |
| 能力 | 执行力（效率） | 20 | 每日记录30户及以上100分，≥20户、且＜30户80分，20户以下60分 |
| | 沟通能力 | 20 | ① 按年度满意度调查，95%及以上100分，≥90%、且＜95%80分，90%以下60分<br>② 加分项：表扬信1封得1分（以客户发出的实名书面表扬信为准） |
| | 收缴率 | 20 | 收缴率100%得100分，收缴率≥90%、且＜100%的线性得分，≥88%且＜90%的得60分、88%以下的得0分 |
| | 专业知识 | 20 | ① 按季度组织专业知识考试，以全年度的平均考分为此项目的得分。<br>② 加分项：相关资格证（每个2分） |
| 工作经历 | | 10 | 5年及以上100分，≥3年、且＜5年80分，3年以下60分 |
| 创新能力 | | 加分项 | ① 三个维度评估：提升服务效率、改善客户满意度、降低成本<br>② 1个举措得2分（以可被示范推广的创新举措为准） |

## 第六节　服务优化

面对日渐激烈的市场竞争与不断发展变化的客户需求，CCRC不应仅仅复制其他优质项目的功能配置与服务，而应该在最大程度上吸取其他项目精华的基础上，结合本项目和客户定位与客户需求，重新定义自身的服务体系和服务内容，重点发展自有的特色服务，实现服务再升级。

首先，运营服务团队要对实际工作进行反思，检验分析项目运营情况，重点分析项目硬件上的优缺点、经营状况、销售情况、客户情况、客户入住率、客户满意度、客户费用收缴率、运营架构、服务体系、团队建设、服务质量等。

其次，运营服务团队在对运营管理工作反思的基础上，应针对性地提出解决方案。按照项目运营总体指标，以客户服务与客户需求为先，对收入与成本、服务体系、工作内容等方面进行再优化，对服务中的优点要继续保持，不足之处应及时提出整改提升方案。

最后，运营服务团队应确保方案落地，对执行情况进行跟踪与严格监督，可成立专门服务质量小组，保证落到实处，然后进行成果检验。

1. 基础服务质量优化建议

结合项目实际运营情况，建议在养老服务质量政策规范的指导下，提供高于基础要求的服务，同时区别于养老机构和公办养老机构，以确保提供高品质的CCRC服务。基础服务质量指导文件如下。

### (1) 养老机构服务质量大检查

针对养老机构服务质量提升的全国性重要文件有两个：《养老院服务质量大检查指南》、国家标准《养老机构服务质量基本规范》（GB/T 35796—2017）。

### (2) 养老机构等级划分与评定

养老机构等级划分与评定具体可参照国家标准《养老机构等级划分与评定》（GB/T 37276—2018）。需要注意的是，项目必须要满足相应的运营年限和客户入住率才可以参与评定。评定内容主要包括执业资质、硬件要求、管理要求、人员配备比例、服务内容、物业后勤以及社会引领作用等方面共计约180项。评定合格后，政府部门还会给予相应等级的补助。养老机构等级划分与评定样表如表8.8所示。

表8.8 养老机构等级划分与评定样表

| 总类 | 分类 | 分值 |
| --- | --- | --- |
| 执业资质 | — | 10 |
| 公共区域 | — | 25 |
| 管理要求 | 行政管理 | 33 |
| | 经营管理 | 8 |
| | 安全管理 | 29 |
| 人员要求 | — | 40 |
| 业务开展 | 居室要求 | 33 |
| | 医疗康复 | 19 |
| | 心理 | 6 |
| | 娱乐健身 | 18 |
| | 护理服务 | 48 |
| | 院感控制 | 11 |
| 后勤服务 | 餐厅 | 10 |
| | 厨房 | 28 |
| | 洗衣 | 2 |
| 引领示范 | — | 30 |

## 2. 经营状况评估

### (1) 运营收入

CCRC的运营收入主要包括房屋销售或租赁、服务、餐饮、基础医疗护理等基础收入，也包括适老化产品、私人订制活动、旅游、慢病个案管理、老年大学等额外收入。CCRC的运营要求在保证基础收入的同时，努力将服务向市场进行延伸，创造额外收入；鼓励全员营销，设置较为丰厚的奖励。

（2）运营成本

CCRC 的运营成本主要包括人力、能耗、物业管理、文娱活动、后勤服务和行政办公等费用。运营成本的优化重点在于不断优化团队架构、工作内容、服务内容，合理控制人力成本；制定与落实节能减排计划，倡导绿色办公；合理高效使用运营服务费用，将有限的经费花在"刀刃"上。

① 人力成本。对岗位及工作内容进行分析，保证岗位的有效性和工作量的饱和度；明确责任，进行岗位交叉，轮岗或一岗多能，但要通过绩效等方式来激励员工；加强团队建设，降低核心人员流失率，因为团队稳定也是有效降低人力成本的一种方式；加强培训与校企合作，引进和培养新人，降低人力成本；与社会组织对接，可以开展各类公益活动；增加项目智能化、信息化设施的使用，替代部分人力工作。

② 能耗成本。制定项目节能减排计划，建立有效的监督和激励机制，使计划有效落实；争取相关能源的养老优惠政策，重点是用电方面；硬件设施在不影响功能和舒适度的情况下，合理使用节能设备。

③ 物业管理成本。物业经营方式需要综合考量是自营、委托经营还是整体外包；物业管理工作主要是安保、保洁和工程类工作，重点要做好设施、设备的日常维护以及日常服务用品和低值易耗品的有效使用；增加智能化设备的使用，减少人力支出。

④ 文娱活动成本。重点做好会所日常运营服务用品和活动材料的有效使用，会所设备日常维护，活动师资费用管控（加强老年大学、社会组织、优质住户资源的利用与联动，降低支出），重点活动费用管控（自行策划与执行，内部与外部免费资源的有效对接）。

⑤ 后勤服务成本。各部门各类服务用品繁多，必须做好使用预算计划，按计划执行购买，监管日常使用情况，避免浪费和流失。

⑥ 行政办公成本。主要有办公用品、印刷品、服装、网络、通信费、交通费、差旅费、培训费、关系维护费等，加强信息化平台的使用，提倡绿色办公和无纸化办公。公司制度化建设与绩效考核指标的完善，也会促使员工主动节约资源。

3. 满意度评估

管理团队在制定满意度评估时首先要建立完善的满意度评估机制，明确评估周期、评估内容、评估方式、评估对象和奖惩机制。

一般情况下，满意度评估由行政部门负责牵头，建议按季度进行评估。评估的内容根据评估对象进行设定，最终的目标是评估服务的有效性、客户的满意度、员工的满意度，找出服务的不足之处并进行改正。为了评估结果的公平、公正，季度评估由各部门交叉进行，年度评估则由机构外的第三方进行。

### (1) 员工满意度调查

员工满意度调查应重点围绕工作环境、工作需求、薪酬福利、晋升与发展、沟通的有效性、意见和建议等方面开展,并对调查结果进行汇总分析,提出解决方案(表8.9)。

表8.9 员工满意度调查样表

| 问题 | 选项 |
|---|---|
| 你对公司的福利政策(节日/生日礼物、体检、带薪休假、保险、交通/住房补贴等)是否满意? | A.非常满意<br>B.满意<br>C.一般<br>D.不满意 |
| 你对公司的晋升制度是否满意? | |
| 你对公司的整体环境是否感到满意? | |
| 你对公司的各项制度是否满意? | |
| 你感觉你的努力和付出得到公平公正的认可了吗? | A.是<br>B.一般<br>C.否 |
| 你可以自由地与主管沟通而不用担心不良后果吗? | |
| 公司目前的薪酬制度对你有激励作用吗? | |
| 公司是否为你提供了清晰的发展规划? | |
| 你想对哪些部门提些意见? | |
| 你认为公司目前存在哪些问题,有什么好的建议吗? | |

### (2) 住户满意度调查

住户满意度调查主要围绕生活照料服务,餐饮服务,医疗保障服务,文娱活动,后勤服务(安保、保洁、工程等),人员服务质量,意见和建议等方面进行。对调查结果汇总分析,提出解决方案,并及时向客户进行反馈(表8.10)。

表8.10 住户满意度调查样表

| 问题 | 选择 |
|---|---|
| 您对管家服务的内容是否满意? | A.非常满意<br>B.满意<br>C.一般<br>D.不满意 |
| 您对餐厅食品的品质(种类、口味)是否满意? | |
| 您对配套服务是否满意? | |
| 您对老年大学或俱乐部等活动是否满意? | |
| 您对健康管理中心的服务是否满意? | |
| 您对保洁服务是否满意? | |
| 您对工程维修服务是否满意? | |
| 您对安保服务是否满意? | |
| 您的宝贵意见或建议: | |

### (3) 家属满意度调查

家属满意度调查的目的主要是加强运营方与家属之间的联络,及时告知项目运营及长者的生活状况,并取得信任与支持。在家属满意度调查的过程中,建议更多采用面对面交流,重点侧重家属对居住亲属的状态、项目运营情况、日常服务等方面进行的信息传达，之后进行整体测评。同时，通过沟通也可以发掘各类可利用的家属资源，来促进项目的良性运转。

4. 运营管理再优化

在日常运营过程中，除了上面所提到的运营优化内容外，还需要做好以下四个方面的工作。

（1）团队建设

团队建设主要包括企业文化、管理层级优化、核心团队稳定、岗位职责优化、薪酬福利体系优化、工作内容调整以及人才培养等方面。要把合适的人放在适合的岗位上，人尽其用，也要让付出得到相应的回报。但切记不要经常性变动，这样会增加员工的厌烦情绪。

管理模式的逐步优化是指尽量让管理更加直接有效，组织架构不能臃肿，能集中管理或者合并的部门岗位应尽量调整，如果需要增加的也要及时增加。岗位人员职能要多样化，管理梯队要建设好，后备力量要充足。

（2）服务体系

服务体系再优化作为运营过程中非常重要的一项工作，主要包括公司规章制度、各部门标准化体系优化、服务特色等方面，定期进行优化提升，形成成熟的核心管理体系，并结合服务需求再调整，最终让客户满意、员工满意。

CCRC服务体系再优化主要包括岗位职责，楼栋、配套、活动服务规程，健康、厨房、保洁、工程、安保管理规程，客服、行政、人力等多项文件，结合客户需求与项目运营目标，各部门对服务进行优化。其目标是要形成自有的体系标签，提升服务的品牌和口碑。服务操作流程要简化且容易理解，使得操作更加简单，最终提升员工的工作效率。同时要让客户能够清晰地感受到服务变化，实实在在地享受到服务（表8.11）。

表8.11 服务标准化文件汇总表

| 编号 | 项目 | 文件详情 |
| --- | --- | --- |
| 1 | 岗位职责 | 运营服务部门、后勤部门、餐饮部门的岗位职责 |
| 2 | 楼栋文件 | 各类楼栋管家服务类文件 |
| 3 | 配套文件 | 会所各类功能空间配套服务规程 |
| 4 | 管家文件 | 各类管家服务类规程及表单 |
| 5 | 活动文件 | 俱乐部、社区、老年大学、志愿活动规程 |
| 6 | 健康管理 | 各类健康管理记录和操作规程 |
| 7 | 厨房管理 | 厨房工作岗位操作规程 |
| 8 | 保洁管理 | 保洁管理标准、规程、记录 |

续表

| 编号 | 项目 | 文件详情 |
|---|---|---|
| 9 | 工程管理 | 工程操作规范、管理制度、服务规范 |
| 10 | 安保管理 | 安保管理规程/制度、消防安全规程/制度 |
| 11 | 应急预案 | 突发事件应急处理规程、预案 |
| 12 | 客服文件 | 客户服务、舆情监控、客诉处理规程 |
| 13 | 行政文件 | 会议制度、行政管理、办公制度管理 |
| 14 | 人力资源 | 招聘、培训、人事、薪酬管理规程/制度 |

（3）质检体系

在项目运营后，CCRC应倡议成立内部的专门质量检查小组，主要负责标准化体系建设、服务质量监督检查、查找实际存在的问题、跟踪整改情况等工作，从而降低运营成本和运营风险，提升服务品质，提高整体工作效率。

质检表的内容主要包括检查项目、检查标准、检查情况、改正措施和期限、责任人等。其中检查项目主要包括项目所有的硬件设备设施（重点是消防、厨房、工程后勤功能区域、空调设备等），各部门服务流程和记录（重点是紧急救助流程的检查），公司规章制度执行情况，满意度调查等。

（4）风险管控

在实际运营服务中，服务团队应永远把安全放在第一位，时刻关注各类安全风险点，提升预见性，一旦发现安全隐患就要立即整改或关闭，为运营降低风险。结合开园前的风险管控点，成立专业小组，将风险体系建设和具体工作落到实处。

5. 硬件升级

（1）智能化系统

养老设施智能化系统包括养老专用系统和通用智能化系统等，应提供有效的防泄露、防损毁、防篡改等信息安全防控机制，确保老年人的健康信息安全；还应紧跟市场发展，利用更多的智能化手段，提升服务的体验感，提高服务效率，降低服务成本。

① 养老专用系统。养老专用系统主要包括信息管理系统、安全监护系统、报警求助系统、智能家居系统、娱乐培训系统、健康管理系统、养护对讲系统、环境监测系统等。最终目的是要操作更加简洁明了，数据收集简单精准，系统智能化程度高，安全系数更高。

② 通用智能化系统。通用智能化系统主要包括综合布线系统、计算机网络系统、语音网络系统、安全、应急响应系统、一卡通（或无卡化）系统、对讲无线覆盖系统、建筑设备管理系统、信息发布系统、能源计量系统、物业管理系统、背景音乐、广播、会议、电视系统等。最终的目的是要使系统平台信息全面而又稳定，

系统维护简单、低成本，系统更新快捷便利。

③ 智能化家居与适老化结合。智能化家居与适老化结合主要是指智能家居的使用、智能化适老产品改造以及二者相结合的产品。在前期和后期布局的过程中，要注重房屋的使用柔性，在成本可控的情况下，应多考虑未来技术的发展与应用，最终达到改造低成本、操作简单易懂的目的，实现高品质智慧生活，并满足持续照料的需求（图8.1）。

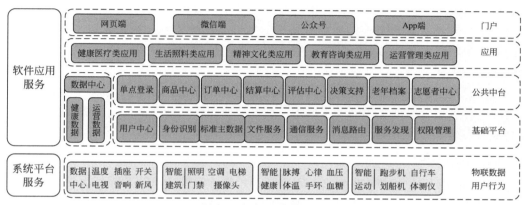

图8.1　智能化系统功能

（2）设备设施维护升级

设备设置的维护升级应由各专业部门制定专业的维护计划，强调维护周期、维护频率、维护费用，加强日常对设施设备的监督检查；同时在维护过程中进行软件与硬件的升级，以达到降低损耗、提升使用寿命、降低维护成本的目的。另外，居室内的设备设施也可以根据长者的身体健康状况而进行相应的适老化改造与升级，以提高长者的居家生活周期和生活品质。

（3）配套场景改造

CCRC的居住客群会随着时间推移而逐步迈向高龄长者阶段，也就意味着他们的各项需求也是在不断变化的，由自理到介助，再由介护到全护理。而居住环境和配套设施也需要逐步匹配他们日益变化的需求。因此，我们更应该适时地调整服务场景，以满足不断发展变化的客户需求。

## 第七节　合作资源再优化

CCRC在开园优化阶段也应对政府单位、企事业单位、医疗机构、社交媒体以及各类社会组织等资源进行再次整合，增加相互合作，优化运营成本，提升服务品质和品牌知名度，增强市场竞争力。

### 1. 政府单位

在与政府单位的合作与沟通中，应加强与民政、卫健、住建、城管、税务、人社、总工会等职能部门的联络，充分利用政策红利，为运营减轻压力，同时也可利用政府平台为项目提供更加权威的宣传。

政策方面：争取民政备案，从而争取更多养老优惠政策，如水电价格、床位补助等；若有医疗服务需求和增加医疗牌照的申请，应与卫健部门做好沟通，获得其同意后按要求进行各类硬件、软件方面的建设，争取早日获取资质，正常运营后还需要早日获得省、市医保定点单位资质；加强与住建委、人社局和总工会的沟通，为职工争取优惠住房政策，解决住房难的问题，降低生活成本，同时成立工会，提升职工的福利。

资源整合：政府部门的优质资源与社区运营相互结合，广泛交流，可以有效地为养老社区运营降低文娱活动类成本；通过政府媒体还能够降低宣传成本，提升社会公信力和社会效应。

### 2. 企事业单位

CCRC应与国有企事业单位、省市老年大学、学校（从幼儿园到大学）等开展资源共享，重点在精神文化生活方面，要充分做到"请进来，走出去"，丰富长者的精神文化生活。例如鼓励他们成为讲师，向年轻一辈讲述经历与经验。同样，利用社会低成本资源，也可以丰富他们的文化娱乐活动，让长者更多地接触社会、参与到社会生活中去，让他们再次发挥更大的余热。

### 3. 医疗机构

CCRC应与医疗机构加强合作，强化三甲医院（特色科室）、中医特色理疗、急救中心等医疗资源。双方可在便捷就医、客户流转、员工培训等方面展开合作并额外创收。同时，居住客户随着年龄增长，身体机能逐步衰退，会从自理阶段逐步进入全护理阶段，CCRC也需要相应地在某个阶段深入到医疗护理工作中。这样就可以利用积累的社会资源，为社区建立起完善的医疗康护体系，保障居住客户生活的可持续性。

### 4. 社交媒体

CCRC品牌宣传也是非常重要的，应积极与当地电视台、报纸等传统媒体合作，另外通过建立网站、微信、内刊等平台，加强与社会媒体（电视台、老年报、网络直播等）的合作，并利用各种途径向项目所在地之外的客户进行宣传，扩大市场影响力。同时，很多入住长者退休前从事媒体等相关工作，拥有很多可利用的优质资源，应努力挖掘长者资源，实现共享，利用媒体平台，打造社区长者明星，提升社区活力，塑造浓厚的社区文化氛围。

### 5. 公益组织

通过与社会公益组织、义工组织、志愿者组织、各类养老协会、各类艺术协会等公益组织合作，利用社会力量来丰富社区文化娱乐活动，如重大节日演出、日常慰问演出、老年大学课程、健康类讲座等，可以降低活动费用支出。同时，可以利用社会力量，来承担一部分社区内工作人员的工作量，如社工个案跟踪、知名人士历史编纂等。

另外，可以成立养老社区内的义工组织，或者建立长者之间的帮扶小组，互帮互助，增进邻里感情；还可以让长者和服务团队一起建立服务小组，在特定时间辅助工作人员去完成相应工作，例如发放重要通知和统计数据等；也可以建立长者公益组织，让长者走向社会，例如公益演出、公益捐赠等。

6. 同行交流

CCRC竞争日益激烈，但因为养老事业不断地蓬勃发展，同行之间的关系已经不仅仅是对手，也变成了朋友，圈子在变小，关系却更加紧密。通过梳理养老、物业、酒店、餐饮等服务业同行资源，以及各类与养老相关的行业资源，以信息互通、技术交流、培训竞赛、交叉学习、人才互动、客户流转等方式，从不同的角度出发，不断接触新事物，激发创新意识，实现服务创新、能力创新，从而提升服务品质和市场竞争力。同时，同行间的交流也是不断地打造和稳定团队的一种方式，让全员看到学习和成长机遇，看到发展平台与市场前景，从而更加坚定地从事养老事业。

7. 供应商资源

在项目运营过程中应逐步加强对供应商和渠道的管理，形成竞争机制，选择更优质的合作伙伴，提升整体效益。重点可以从食材供应商、服务用品供应商、活动材料供应商、老年大学师资资源供应商、适老化辅具供应商、医疗耗材供应商、物业后勤管理以及信息化供应商等方面着手，一要形成竞争机制，定期选择优质供应商，在保证原有高品质服务的基础上，控制费用支出不超标或有所下降；二要利用各类供应商的渠道，不断拓展上下游市场，例如老年旅游市场（含旅居业务），老年金融业务，开办独立可对外的老年大学，居室内适老化改造升级，私人定制（包括生活照料、纪念日活动、私人家宴、医疗护理等），专业养老服务覆盖2~3km的周边社区，中介公司（保姆、护工）等，从而实现以CCRC为中心的服务全覆盖，获得效益最大化。

综上所述，CCRC从项目立项到设计施工再到交付运营，这期间涉及的工作非常繁杂，如何让项目工作顺利推进并达到后期经营目标，都是需要面临和探索的核心问题。从项目运营角度来讲，既要有好的产品功能、好的销售业绩、较高的入住率、较高的满意度和费用收缴率，也要有稳定的团队和完善的服务体系，这就需要养老企业擅于在管理者与被管理者、服务者和被服务者等不同角色间进行切换，不断地创新服务、优化服务、提升服务品质，从而提升项目品牌知名度，增强市场竞争力，促进经济效益的提升。

# 第九章
# 典型案例深度分析

## 第一节 万科随园嘉树

　　万科随园嘉树是万科集团在杭州的首个高端养老标杆项目，定位近郊型CCRC。项目位于杭州良渚文化村腹地，周边生活、商业配套完善，北侧紧邻浙江大学医学院附属第一医院（以下简称"浙一医院"）良渚门诊部（也是项目主要的医疗配套），南邻白鹭郡北，西接山体，规划建筑面积约6.4万平方米。

　　良渚文化村距离杭州市中心16km，位于杭州市西北部良渚组团核心区，依托优美的生态环境资源和良渚遗址等文化旅游资源成为杭州市近郊以文化、生态和休闲旅游为特色的卫星城。而早在万科随园嘉树落址开发之前，良渚文化村已开发近10年，已建成若干个住宅项目、度假式酒店以及良渚文化博物馆等公共设施，使得万科随园嘉树以"大社区＋养老组团"的开发模式，依托整个"大良渚"的优美环境、成熟配套以及丰厚的客群基础，为其打造提供了得天独厚的有利条件。

　　2009年，万科随园嘉树项目正式完成立项，这是万科集团首个养老社区的正式落地，标志着万科集团养老业务探索的第一步。到2012年底，公司养老战略规划正式完成。2013年7月，在良渚文化村玉鸟流苏商业街内，万科随园嘉树样板房（1/2/3/7#）正式开放，同步推出了使用权销售的交易模式，万科随园嘉树长者公寓公开亮相并正式启动预售；同年12月，万科随园嘉树的子品牌嘉木养生公寓开放。2014年1月，项目示范区（金十字会所）对外开放，作为养老生活方式的承载，强化了营销体验；同年6月，嘉木养生公寓实现了100%满租运营，作为万科随园嘉树的服务试验平台，开展了各项活动。与此同时，万科随园嘉树正式推出租金趸交的交易模式。到2014年9月，项目工程竣工交付。2015年1月，项目正式开园并投入运营，至此长者公寓的销售数量约为200套左右，且于交付3年内全部去化完成；同年8月，随园护理院正式对外运营，且迅速实现满床运营（图9.1）。

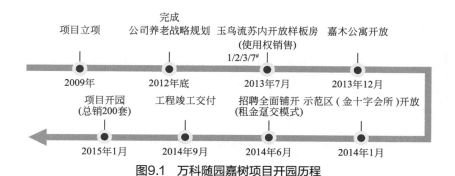

图9.1 万科随园嘉树项目开园历程

## 一、整体规划

万科随园嘉树位于良渚文化村内,在整体规划设计方面除考虑到长者公寓多方面的独特需求,也结合了良渚文化村集生态、观景、人文、休闲、人居为一体的概念。地块西南侧临山,东侧毗邻文化村主干道"风情大道",路面平坦,结合场地地形和外部环境,在规划结构上可以归纳为"一环、两轴、四节点,六组团"。

"一环"即社区外围结合绿化带与部分停车区域形成的外部边界环。

"两轴"即中心管理轴与区域服务轴。从北面社区主入口开始向南延伸,贯穿整个社区中心的南北区域,保证统一管理,并使社区服务体系辐射整个社区。

"四节点"即公共服务区和入口节点,社区东侧和东北侧分设两个出入口。东北侧为主出入口,主要为业主服务,保障社区的老年业主能得到统一管理和安全监护;东侧为次入口,主要为后勤工作人员服务。公共服务区位于社区中心,可视为业主大堂,满足业主会客需要,并能在此得到各项服务和帮助。另外还提供了整个业主集中活动和交流的空间,使入住长者可以参与社区内部的各项活动。

"六组团"是根据产品功能形成的六大居住组团,并在宅间结合地形和环境景观为长者业主提供休息、交流、健身及娱乐活动的空间。

万科随园嘉树整体布局严谨,中心会所配套的服务范围可辐射整个小区的住宅楼栋,充分满足老年人的生活需求。社区内可以做到集中管理、集中服务,同时给老年居住者提供足够的户外生活、活动和交流空间(图9.2)。

整体而言,项目核心的规划亮点可归纳为以下三点。

① 宽间距。超过常规社区15%~30%的楼间距,全南朝向;大进深、双开间的阳台设计,提升了采光和通风标准。

② 金十字。社区中心设置"金十字"老年活动中心,与各建筑通达衔接,便捷满足社区老年人的日常活动所需。

③ 无障碍。配置风雨连廊、无障碍交通动线、无障碍救护动线。

## 二、功能构成

万科随园嘉树定位为近郊型CCRC，在产品打造上以健康长者公寓为主力配置，护理单元为辅助配置，侧重打造完善的可持续照料产品体系，并保证相对活力的社区氛围。同时，以养老会所为长者生活的核心承载，以门诊等医疗配套为基础保障，兼顾长者文娱生活和医疗保健的需求。以客户类型区分，万科随园嘉树在产品组合上主要包括两大模块，即健康长者模块和长期照护模块。

### 1. 健康长者模块

健康长者模块是项目的重要组成部分，也是项目活力氛围营造的主体功能模块。万科随园嘉树项目规划了615套的活力长者公寓（1～16#）和4500$m^2$的随园会（"金十字"老年活动中心），集中面向70～80岁的健康长者客户，以文娱活动为导向，营造丰盛的养老生活氛围。

其中，长者公寓户型设计以控总价为前提，同时考虑老年夫妇不同的生活习惯，提供了多种房型以供选择，以1房为主力配置，2房、3房为次主力配置（表9.1、图9.3～图9.5）。

表9.1　万科随园嘉树长者公寓户型配比

| 房型 | 建筑面积/$m^2$ | 户型配比/% |
| --- | --- | --- |
| 1房2厅 | 75 | 50 |
| 2房2厅 | 100 | 25 |
| 3房2厅 | 110 | 25 |

而在实际的销售运营过程中发现，长者客户对2房户型的需求度更高，其主要原因在于项目整体以健康长者客户为主，夫妻入住比例高，第2个房间用于分房睡、兴趣房或孙辈与子女阶段性入住的需求比较明显。

长者公寓室内精装交付，装修成本约为2200～2500元/$m^2$，采用新中式装修风格，格调高雅，色彩成熟，是中国传统美学的全新阐释，得到了长者的一致认可。公寓室内具备完善的适老住宅性能体系，从入户、餐客厅、卧室到卫生间打造了40余项适老化设计细节，全方位保障长者居住的安全性与舒适性（表9.2）。

表9.2　万科随园嘉树长者公寓适老化设计细节

| 功能空间 | 适老化设计细节 |
| --- | --- |
| 门厅 | 置物搁板（入户）、可视化门牌（入户）、玄关感应灯、插卡取电、刷卡式数码锁、报警按钮 |
| 厨房 | 橱柜高照明灯、直饮水、下拉式储物篮、转角拉篮 |
| 卧室 | 起夜地灯、应急灯、床头报警按钮、分床设计 |
| 餐客厅 | 起夜地灯、客厅报警按钮（沙发两边、走道墙面）、大按键智能电话 |
| 卫生间 | 防滑地砖、直排地漏（无高差）、地面无高差、电暖毛巾架、智能马桶、暖足机、马桶区残障扶手、淋浴区残障扶手、马桶区报警按钮、淋浴区报警按钮、台盆下方可入轮椅 |
| 阳台 | 无高差地面 |
| 其他 | 带标识开关、墙面及家具圆角处理、不活动通知设备、大按键智能电话、一卡通 |

第九章 典型案例深度分析 | 295

图9.2 万科随园嘉树规划总平面图

图9.3 万科随园嘉树长者公寓标准层平面图

75m² 1房

100m² 2房　　　　　　　　110m² 3房

图9.4　万科随园嘉树长者公寓户型图

图9.5 万科随园嘉树长者公寓室内图

"随园会"是项目的"金十字"公共配套区，位于健康长者模块的中心位置，是健康长者养老生活的重要承载，建筑面积约4500m²。其设计引入了"十字庭院"的概念，将对称的入口空间赋予强烈的艺术氛围，形成了东西和南北两条纵深轴线，同时充分利用项目的地形高差，分为地上一层和地下一层。

会所内部呈"回"字形布局，整体规划动线合理，功能布局集约，有助于实现运营人员服务管理的集约化。从功能分布来看，内部动线采用内廊形态，动静分区布置（图9.6）。而且会所设计充分关注采光、通风的需求，创造了多个室外的庭院小空间，也实现了如景观餐厅等一些重要功能空间的室内外景观联动。在提高空间使用效率方面，随园会也充分利用了公区灰空间，如结合走廊局部放大区域设置乒乓球、沙狐球等运动休闲设施。

从具体功能来看，随园会的功能体系比较完善，覆盖面广，且配套体量相对适中。项目集中提供了文娱、学习、商业、生活等养老功能配套，如棋牌室、阅览室、老年大学、景观餐厅、咖啡吧、健身房、健康管理中心等，都是专为健康长者营造的养老配套集群（表9.3、图9.7）。

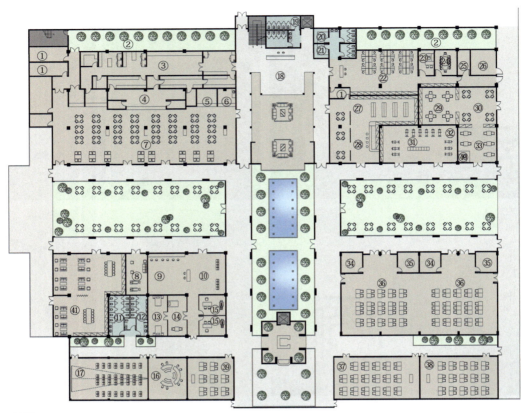

图例：
① 仓库　② 庭院　③ 厨房　④ 备餐　⑤ 明档　⑥ 收银　⑦ 餐厅　⑧ 理发　⑨ 测量区
⑩ 咨询等候区　⑪ 女卫　⑫ 男卫　⑬ 护理室　⑭ 理疗室　⑮ 诊断室　⑯ 儿童娱乐室　⑰ 影音厅　⑱ 大厅
⑲ 洗手间　⑳ 女更衣　㉑ 男更衣　㉒ 敞开办公　㉓ 经理室　㉔ 会议室　㉕ 配电间　㉖ 消控室　㉗ 便利店
㉘ 咖啡厅　㉙ 麻将室　㉚ 象棋室　㉛ 健身房　㉜ 划船机　㉝ 棋牌室　㉞ 储藏　㉟ 音控　㊱ 多功能厅
㊲ 老年大学教室(1)　㊳ 老年大学教室(2)　㊴ 手工教室　㊵ 接待室　㊶ 阅览室

图9.6　万科随园嘉树会所（随园会）平面图

表9.3　万科随园嘉树会所（随园会）配套

| 分区 | 配套功能 |
| --- | --- |
| 餐饮区 | 景观餐厅，包括自助餐厅及包厢 |
| 文娱区 | 多功能厅、影音室、棋牌室、卡拉OK厅、儿童活动中心 |
| 学习区 | 老年大学、图书室、电子阅览室、书画室 |
| 康体区 | 健身房、乒乓球室、台球室、健康管理中心 |
| 生活区 | 理发室、足浴室、咖啡吧、便利店 |
| 办公区 | 办公室、会议室、接待区 |
| 其他 | 公共客厅、茶水间、卫生间等 |

图9.7 万科随园嘉树会所配套

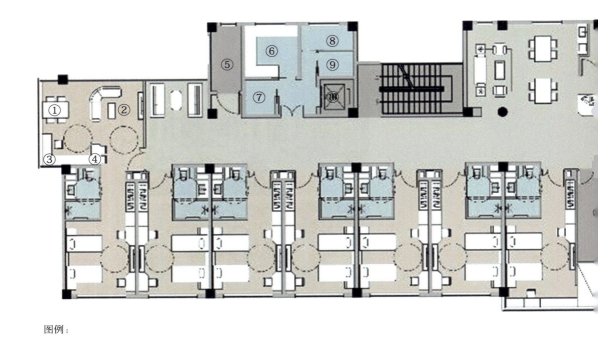

图例：

① 餐厅　　② 客厅　　③ 书桌　　④ 吧台　　⑤ 配电间　　⑥ 清洁室　　⑦ 储藏室　　⑧ 污物处理间

**图9.8　万科随园嘉树护理单元平面图**

### 2. 长期照护模块

长期照护模块即随园护理院，包括门诊配套和护理单元两大功能，是完善项目可持续产品体系的重要功能补充。

门诊配套集中位于护理院一层，大致可以分为医疗功能区、职能科室区、公共配套区、康复活动区及少量护理房间。门诊区参照护理院标准设置，同时放大了康复功能，其中一层康复活动区可对外运营，同时在三层也配置了康复中心专门针对入住的护理长者。公共配套区主要指多功能厅及其配套空间，可作为组织开展各类活动的主要配套空间。

2～5层为护理单元，约120张床位，以每个标准层为单独的病区进行管理，每层（病区）的床位数均在30床以内。具体到标准层的设计也充分考虑到了后期的运营管理。项目为典型的"一"字形布局，护理房间南向布局，公共客厅及辅助功能空间集中布置在北向，护士站居中设置，有助于提升服务半径的均好性，缩短运营人员的操作流线（图9.8）。

护理单元以双人间配置为主，走廊尽端位置有少量套房设计，突出品质感。室内精装交付，硬装标准约为2000元/m²，且软装全配，单床成本为8000～10000元。整体风格去病房化设计，营造了温暖、平和、自然、舒适的空间氛围（图9.9）。

第九章 典型案例深度分析 | 301

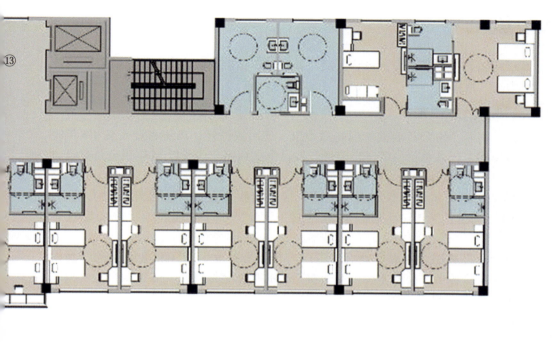

⑨ 洗涤间　　⑩ 污梯　　⑪ 办公室　　⑫ 护士站　　⑬ 候梯厅　　⑭ 设备/储藏室

图9.9　万科随园嘉树护理单元室内图

## 三、交易模式

万科随园嘉树的交易模式设计灵活，兼顾了现金流回收、稳定运营收益和资产融资能力三大目标。

### 1. 长者公寓交易模式

长者公寓基于客户扩容的考虑先后推出了使用权销售、15年租金趸交和5年短租的交易模式，产品总价门槛逐步降低，现已全部销售完成，以15年租金趸交模式为主，客户接受度较高。

项目早期选择了使用权销售的模式，快速回收现金流，覆盖部分投资成本，当时的销售均价约为1.6万元/$m^2$，总价120万元/套起，共销售了约160套长者公寓。

后出于资产完整性和融资能力的考虑，长者公寓改用15年租金趸交的交易模式。这也是项目截至目前最主要以及保留下来的唯一交易模式。15年租金趸交模式下的总价受到不同户型的影响，早期的成交价格大约是65万～100万元/套为主，大概是使用权销售价格的5～6折。2019年5月的数据显示，租金趸交总价可达100万～160万元/套，已经实现了较高的溢价。

在项目销售的后期也曾推出过5年的短租模式，总价约30万元/套起，但对入住客户有年龄限制，即只面向80岁以上的高龄长者。该模式共销售约50套，数量相对较少。

除此之外，入住长者公寓需额外缴纳月服务费，根据不同户型约为2500～3500元/套，以维持项目的可持续运营。

### 2. 护理院交易模式

护理院属于纯运营产品，采用月费模式，包括床位费、护理费、康复费、餐费等。

在实际运营过程中，护理院以康复服务为特色，侧重为80岁以上重度失能和半失能的康复护理长者提供康复及照护服务，提高床位周转率，最大化提升运营效率和单床产出。同时，通过门诊对外经营增加医疗收入。自医保开通后，护理院收入增长明显，目前平均单床产出可达15000元/床。

## 四、客户特征

万科随园嘉树是典型的近郊型CCRC，包括健康长者（长者公寓+养老会所）与长期照护（随园护理院，含门诊）两大模块，打造了可持续的产品照料体系，覆盖了从健康长者到高龄长者、护理长者的全生命周期的长者客户，其中70～80岁的健康长者是项目的主力客户，是长者社区活力氛围的基础。

### 1. 健康长者模块

健康长者模块的入住长者以70～80岁的健康长者为主,首次入住的平均年龄约为75岁。高知、高干、高收入的"三高"特征是入住长者客户的主要共性,而这主要也是受到长者养老观念、支付能力等方面因素的影响。在职业特征上,入住长者普遍为退休教师、医生和公务员群体。

同时,随着项目交易模式的转变以及项目运营成熟度与口碑的持续提升,也带来了一些客户的演变,具体表现在客户来源和客户类型方面。项目前期推出使用权销售模式,依托良渚文化村成熟开发条件下积累的丰厚客群基础,集中吸引了一批地缘型客户。在通过该模式成交的客户中,良渚文化村业主占比达80%以上。同时,由于使用权销售模式可继承、可转让的权益设计,使其具备一定的投资属性及多代养老的可能性,因此除长者客户外也激发了很多子女支付型的客户。2014年6月起,项目改推15年租金趸交模式集中面向真正有养老需求的长者客户,保证单代养老需求;在该模式下,成交客户以70～80岁的健康长者为主,科教文卫体系及政府公务员体系的退休高知人群居多。客户来源从良渚文化村向杭州城西、市区等区域延伸。其中,"老带新"成为当时客户成交的主要渠道之一。在长者公寓销售后期,项目为实现客户扩容,降低了总价门槛,推出了5年短租模式,针对性地吸附了少量80岁以上的高龄长者客户(表9.4)。

表9.4 万科随园嘉树不同交易模式下的客户特征

| 交易模式 | 客户特征 |
| --- | --- |
| 使用权销售模式 | 地缘型客户,良渚文化村业主占比80%以上;子女购买型与老人购买型双主力 |
| 15年租金趸交模式 | 70～80岁为主,杭州退休教师、医生、公务员为主;老带新占比高 |
| 5年短租模式(有年龄限制) | 80岁以上的高龄长者为主 |

此外,万科随园嘉树自2015年开园以来至今已运营满5年,社区内入住长者已达1200余位。而在项目持续运营的过程中,随着项目知名度和口碑的提升,客户来源也愈加广泛,可辐射上海、浙江(除杭州)等地。

### 2. 长期照护模块

长期照护模块的入住长者以80岁以上需要康复护理的长者为主。项目以最大化提升运营效率与单床产出为导向,以高康复护理和高医疗费用为重点,强化了护理院的康复服务功能,重点收治需要康复护理服务的重度失能和半失能长者。

2017年,随园护理院的入住率接近100%;2019年医保开通后,单床产出可达15000元/月。

## 五、服务体系

万科随园嘉树自2009年正式立项,到2016年,其养老业务在杭州已实践了7年,养老服务体系实现了从邻里式养老到"36°8"养老服务体系的演变,养老服务体系保持了一贯的高辨识度,并进入了更加专业化的发展阶段。

具体来看,2012—2013 年是万科养老服务的建设研发期,主要工作是从采购养老服务到建立养老服务体系;2014 年是万科养老完整解决方案的确立期,其养老价值观正式确定为"邻里式养老"。邻里式养老是万科随园嘉树首创的养老模式,其核心内涵在于帮助长者重建社会关系,即中国传统邻里之间相互守望、关照型的社会关系,从而引导长者进入一种全新的生活方式,重新确认自我价值。相比于比较普遍的医养结合型养老模式以迎合长者刚性需求为主,邻里式养老的服务理念更为清晰,强调社会关系的重新构建,具有一定的区隔力,辨识度更高。

基于此,万科随园嘉树构建了 4 大服务模块,涵盖健康管理、舒适生活、尊荣享受和智慧小区,共 86 项服务细节,其中基础服务 60 项、增值服务 26 项,具体如表 9.5 所示。

表9.5 万科随园嘉树服务体系(1.0)

| 类型 | 邻里式养老服务——4大服务模块,86项服务细节 | | | |
|---|---|---|---|---|
| | 健康管理<br>(18项) | 舒适生活<br>(19项) | 尊荣享受<br>(36项) | 智慧小区<br>(13项) |
| 基础服务 | 药物安全建议<br>阳光档案<br>健康计划<br>医疗优先<br>生理量测记录查询<br>周全性评估<br>营养评估<br>药事提醒<br>慢病干预<br>定期专家问诊<br>定期卫教讲座<br>康复评估<br>日常辅导<br>适应辅导 | 家属联络<br>节日活动实施<br>定期检查电器安全<br>入户打扫<br>每日问候<br>情绪安抚<br>服务转介<br>包裹快递服务 | "舞林门"<br>摄影社<br>书画课程<br>交友会<br>票友会<br>理财咨询<br>歌咏汇<br>计算机课程<br>生命教育活动<br>电影院<br>美学课程<br>远程视频<br>随园运动会<br>传统文化社<br>健康促进<br>活力健身<br>艺文展示<br>志愿服务<br>乒乓球<br>棋牌博弈<br>住院探视<br>健康体适能课程<br>手工艺课程<br>个案关怀<br>迷你私人花园 | 无障碍园区<br>无障碍救护<br>无障碍通行<br>人性化电梯<br>智能电话<br>全区信息化<br>离家状态断电切换<br>人体感应传感器<br>智能门禁<br>温差探测器<br>紧急呼叫系统<br>不活动通知<br>紧急救助 |
| 增值服务 | 健康体检<br>康复计划<br>康复活动<br>个案辅导 | 床上用品更换清洗<br>窗帘和纱窗清洗<br>特别膳食服务<br>专属营养师配餐<br>精致餐点<br>点餐送餐<br>私人秘书服务<br>出行陪伴<br>租车服务<br>生活用品代购服务<br>家具、地板、洁具 | 太极社<br>茶艺坊<br>烘焙工坊<br>厨艺课程<br>温馨旅游季<br>欢乐下午茶<br>葡萄酒俱乐部<br>高尔夫兴趣组<br>瑜伽社<br>治疗性团体活动<br>慢病支持团体 | — |

2016年12月9日,由万科杭州公司主办的一场题为"由心见温度"的中国长者服务随园实践发布会在杭州香格里拉大酒店盛大举行。在发布会上,万科随园嘉树基于对长者身心需求的实践探索,以长者与青壮年之间的点滴温差重新定义养老服务标准,提出"36°8"养老服务体系,突出了养老服务标准的价值提炼,梳理了8大类服务模块、165项服务内容,涵盖产品硬件服务、健康管理、护理、康复、医疗、缤纷生活、营养餐饮、特色家政等,构建起长者服务的闭环,使得养老服务更加精细化与专业化。至此完成了万科随园嘉树2.0服务体系的升级,具体内容如表9.6所示。

表9.6 万科随园嘉树服务体系(2.0)

| 类型 | 服务内容 |
| --- | --- |
| 硬件服务 | 入户动线、卧室适老性能、卫生间适老性能、厨房适老性能、室内设施适老性能、家庭智能化、户内采光空间、全区无障碍设计 |
| 健康管理 | 多学科背景的专业人员、365天24小时紧急救助、健康档案动态更新、提前一步的预防、8个维度36项条目的健康评估、21度的接触、添加营养风险标识的餐厅菜单、5种颜色标识的药盒、全程式外出旅游健康保障、基于CDSMP理论的慢病管理 |
| 护理 | ① 清洁卫生(物品清洁管理)、基础护理(严格的护理规范)、用药管理(代配药管理、多样化药盒)<br>② 个性化护理:个性配餐、全面的护理评估、陪护多元化、护理人员职业化<br>③ 温暖服务:护理承接小区报警就诊服务、外出旅游健康保障、微商便捷购物、熟食存放与监控 |
| 康复 | ① 康复评定:徒手平衡功能检查、日常生活能力评定、手功能评定、步态分析检查<br>② 运动疗法:减重支持系统训练、动态关节松动术、运动疗法、步态平衡功能训练、呼吸训练<br>③ 言语治疗:吞咽功能障碍训练、构音障碍训练<br>④ 作业疗法:园艺治疗、集体作业、娱乐作业、医疗体操、社交活动、手工艺作业、活动能力训练<br>⑤ 物理因子疗法:上肢水疗、下肢水疗、红外线治疗、紫外线治疗、单纯直流电治疗<br>⑥ 中医康复:中医针刺、中医灸法、中医推拿、中医外治、中医拔罐 |
| 医疗 | ① 门诊医疗:免费咨询服务、身体指标定期全面监护、体检特色套餐、康复指导、全覆盖老年病内科门诊<br>② 住院诊疗:全天候医疗服务<br>③ 绿色医疗:24小时上门医疗、快速转院及外院专家支持 |
| 缤纷生活 | 公益俱乐部、老年大学课程、丰富的文化建设、多样化社区活动、随园集市、适老旅游 |
| 营养餐饮 | 每周180个菜品不重复、精细化定制、严苛的食材管理、多样化口味、中央厨房配送、菜品成品售出前100%试吃、5项卫生标准把控、节气节日主题活动 |
| 特色家政 | ① 24小时管家服务:住院探视、数码产品使用指导、每月两次旅游咨询、24小时叫车服务、全天候票务预订、每月一次废品回收、停水停电后送水服务、报刊资讯送达标准、全天候呵护、生活用品代购、紧急应医陪护、每周2次空房巡视、360°全方位园区意外保障、5分钟3岗位人员紧急救助、独居及高龄客户拜访、4个环节提醒、2本证书要求、平视半蹲交流姿势、三慢三轻动作标准、全天候不良生活方式管理、每周2次亲情维护<br>② 入户保洁:四轻服务标准、严防再污染、7种颜色的抹布、清洁零死角、清洁剂无刺激、人员固定化、清洁定制化、清洁零损伤、生活习惯零干扰、收缩式清洁、八面式清洁、感冒患者不入户、清洁额外服务<br>③ 护理院病房清洁:八面式清洁、四轻服务标准、清洁零死角、严格的消毒标准<br>④ 公共区域保洁:路遇问好、雨后无积水、雪后畅行、三轻服务标准环境消杀(消杀零毒害)、生活垃圾清运(日清) |

## 六、小结

万科随园嘉树是杭州首个养生养老标杆项目,其成功得益于良渚文化村的成熟开发,也依赖于项目可持续产品线的打造和交易模式的灵活设计等,这些都是万科随园嘉树开发运营至今仍值得借鉴的地方,大致可以归纳为以下几点。

(1)生态宜居近郊地段

万科随园嘉树选址杭州近郊——万科良渚文化村,地处文化村腹地,亲水望山,生态环境优美,大大弱化了项目郊区的地段抗性。同时,万科随园嘉树以良渚文化村成熟社区作为养老生活营造的母体,共享浙医一院良渚门诊部、玉鸟流苏商业街区、良渚食街、玉鸟菜场等齐全的配套体系,具备优质的康养环境基础。

(2)高端长者社区品牌

万科随园嘉树是万科集团旗下的养老服务品牌,通过样板间、示范区展示,以"万科首创长者乐园"的形象,在杭州最早树立起高端长者社区的品牌形象,也让客户达成了对万科养老品牌从产品到服务的高端形象的共识。

因此,万科随园嘉树作为一种高端养老产品及服务,吸引了一大批真正高端的养老客群,并在无形中拓展了非刚性的主动享受型长者客户和子女购买型客户。

(3)持续照料产品体系

万科随园嘉树作为近郊型CCRC,打造了一站式的可持续照料体系。项目以健康长者公寓为主力配置(约615套,占比90%以上),以此保障社区活力氛围的营造。随园护理院作为医疗照护机构辅助配置,是完善项目可持续照料产品体系的重要补充。

(4)养老生活方式营造

随园嘉树以适老化产品体系为基础,以4500$m^2$的"金十字"休闲配套为核心,以专业暖心的服务为关键,营造了令人期待的养老生活状态。

在实际运营过程中,项目以会所配套为承载,开展了各项老年大学课程、俱乐部活动、节庆主题活动、生日会等文娱社交活动,为长者营造了丰盛的退休生活。

(5)多层次的交易模式

万科随园嘉树长者公寓作为回现型产品,先后推出了使用权销售、15年租金趸交和5年短租的交易模式,总价门槛逐步降低,有效实现了客户扩容,加速了长者公寓的去化。

随园护理院则采用月费模式,集中面向康复护理长者。

(6)运营角色分工明确

万科随园嘉树的产品线运营角色分工明确,长者公寓可兼顾现金流回收与稳定运营收益。作为回现型产品,长者公寓通过会员卡销售实现投资回收,且租金趸交模式下的资产持有，可实现资产融资收益。同时，长者公寓的服务运营以月服务费的形式获得稳定的运营收益。

随园护理院属于纯运营导向型产品，采用月费模式，重点强化康复护理服务功能，最大化提升单床产出，实现长期稳定的运营收益。

## 第二节  朗和杭州国际医养中心

"朗和"是由物产中大集团所属的中大金石集团有限公司（前身为中大房地产集团）与中信国安集团所属世纪爱晚投资有限公司联合创建的国内高端医养结合型养老服务品牌。其中，朗和杭州国际医养中心是朗和打造的首个都市高端医养综合体，也是杭州首个高品质的城市型CCRC典范。

项目位于杭州市北部中心区域，下城区东新路中大银泰城商业综合体内（2号楼），属于成熟居住区，紧邻三甲医院（树兰医院），且邻近城市主干道（东新路、石祥路），交通通达性好。从选址角度来看，无论是商业、医疗，还是交通等方面均具备城市医养综合体所需的成熟地段优势。

朗和杭州国际医养中心总建筑面积约2.2万平方米，由原写字楼物业改造，自2016年8月正式启动改造工程，历经1年多的时间，于2017年9月开始对外营业，截至2019年9月项目整体入住率达70%左右，客户长期满意度达95%以上（图9.10）。

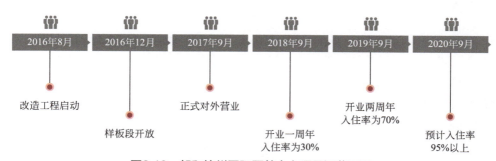

图9.10  朗和杭州国际医养中心项目运营历程

### 一、整体规划

朗和杭州国际医养中心位于中大银泰城2号楼，共17层，195个房间，约363张床位。项目整体定位为城市型高端医养综合体，规划由朗和国际健康管理中心、朗和长者公寓、朗和护理院三大功能模块组成，打造一站式CCRC产品体系，从居住品质、文化娱乐、生活照护、健康管理到专业护理和医疗保障，满足长者的持续养老服务需求。具体规划情况如图9.11所示。

图9.11　朗和杭州国际医养中心楼层规划图

其中，朗和护理院位于5～10层，规划门诊和病区功能，约160张床位，集中面向半失能、失能长者，提供专业的失能照护、长期慢病管理及医疗或康复护理服务。

朗和长者公寓位于11～16层，包括长者公寓和公共配套功能，约104个房间，主要面向自理或介助的高龄长者，以丰富、完善的配套和服务体系提供高品质的生活照护、健康餐饮、文娱社交活动和基础健康管理服务。

朗和国际健康管理中心以健康管理、个性化服务为核心，为有需求的长者及其家庭成员提供针对性的健康管理方案。中心通过国内外优质医疗健康资源的整合，如远程医疗、专家会诊、医疗美容等打造健康服务多元化平台，提供高端定制化健康服务。

## 二、功能构成

朗和杭州国际医养中心集朗和长者公寓、朗和护理院、朗和国际健康管理中心三大产品于一体，能满足自理、半自理、失能、失智长者的一站式持续照料服务需求，是典型的医养结合型CCRC项目。其中朗和长者公寓和朗和护理院是两大核心的养老居住模块。

### 1. 朗和长者公寓模块

朗和长者公寓模块由长者公寓和公区配套功能组成，其中配套集中分布于16层。长者公寓约有104个房间，提供单间、标间、套间户型可供选择，以标间户型为主力配置，但在实际的入住过程中因居家感及功能性的考虑（客厅、小书房），客户对套房的需求度相对较高（表9.7、图9.12、图9.13）。

表9.7　朗和长者公寓户型配比

| 产品户型 | 套内面积/m² | 户型配比/% |
| --- | --- | --- |
| 单间 | 30 | 26 |
| 标间 | 40 | 53 |
| 套间 | 54 | 21 |

第九章 典型案例深度分析 | 309

图9.12 朗和长者公寓室内图

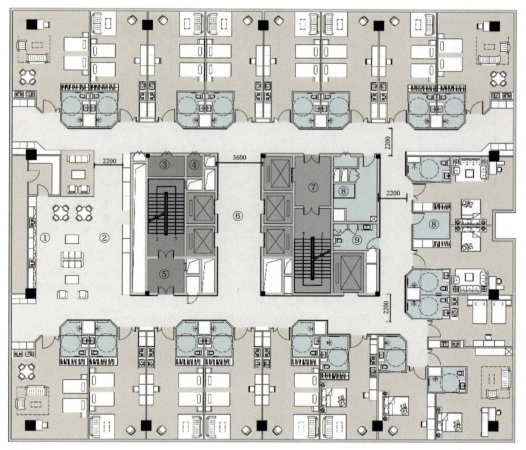

图例：
① 公共厨房 ② 活动区 ③ 强电间 ④ 弱电间 ⑤ 前室 ⑥ 候梯厅 ⑦ 合用前室 ⑧ 消毒间 ⑨ 无障碍卫生间

图9.13 朗和长者公寓标准层平面图

公寓室内精装交付，装修标准约为2500～3000元/m²，家具、家电配置齐全，可拎包入住。公寓室内适老化设计完善，涉及入户、卧室、卫生间等功能空间，如无高差地面、起夜地灯、紧急呼叫、安全扶手、直排地漏等。

公共配套集中分布在16层，约2000m²，体量相对适中。具体包括餐厅、咖啡吧、便利店等生活设施，并设置阅览室、书画室、手工室等文化设施，以及KTV室、影厅、网吧、舞蹈室、棋牌室、台球室等娱乐设施，为长者营造丰盛的养老生活（图9.14）。

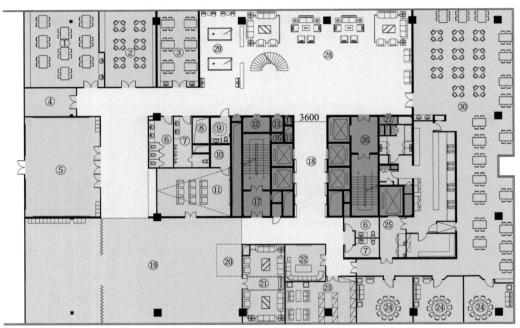

图例：
① 手工室　② 棋牌室　③ 书法室　④ 储藏室　⑤ 舞蹈室　⑥ 女卫　⑦ 男卫　⑧ 新风　⑨ 无障碍卫生间
⑩ 设备间　⑪ 影院　⑫ 强电间　⑬ 弱电间　⑭ 排烟　⑮ 通风　⑯ 正压　⑰ 前室　⑱ 候梯厅
⑲ 多功能活动区　⑳ 移动舞台　㉑ 会客室　㉒ KTV厅　㉓ 阅览室　㉔ 包间　㉕ 电梯厅　㉖ 合用前室
㉗ 水井　㉘ 大堂休闲区　㉙ 台球室　㉚ 餐厅

图9.14　朗和长者公寓16层配套层平面图

### 2. 朗和护理院模块

朗和护理院位于5～10层，主要包括门诊和病区两大功能，主要面向（半）失能和失智长者，护理院目前省、市医保均已开通。

门诊区位于项目5层，配置有临床科室（如内科、中医科、康复科等），医技科室（如DR、药房、检验科、心电室等），职能科室（如病案室、器械科等）以及康复大厅、理疗大厅、健康评估室等功能空间。同时，项目还整合了优质的外部医疗合作资源，如邵逸夫医院等，并与树兰医院、浙一医院、市二医院建立了绿色通道（图9.15）。

图例：
① 理疗室　② 康复设备室　③ 康复大厅 (2)　④ 强电间　⑤ 弱电间　⑥ 前室　⑦ 康复大厅 (1)
⑧ 候梯厅　⑨ 服务台　⑩ 药房　⑪ 心电室　⑫ 合用前室　⑬ DR控制室　⑭ 垃圾存放点
⑮ 清洁间　⑯ 污物间　⑰ 无障碍卫生间　⑱ 女卫　⑲ 男卫　⑳ DR室　㉑ 更衣室
㉒ 检验室　㉓ 采血、收件　㉔ 氧气房　㉕ 库房　㉖ 负压机房　㉗ 内科　㉘ 中医科
㉙ 康复科　㉚ 临终关怀室　㉛ 休息等候区　㉜ 评估室

图9.15　朗和护理院5层门诊区域平面图

朗和护理院病区位于6～10层，共有160张床位，以标准层为单位病区化管理，每个病区设置约30～40张床位，呈"回"字形布局，房间以南、北向主力布局，标间户型为主（图9.16）。

图9.16　朗和长者护理单元室内图

## 三、交易模式

### 1. 朗和长者公寓

在交易模式的设计上，为加快现金流的快速回收，朗和杭州国际医养中心在常规月费模式的基础上，针对长者公寓产品增设了"大额押金+月费"和租金趸交的模式。

具体来看，朗和长者公寓共有三种交易模式即"大额押金+月费"模式、租金趸交模式、月费模式。其中，会籍卡仅代表会员入住资格，费用为9.8万元/张，会籍卡可继承、可转让，但不可退，长者入住必须持有会籍卡。

①"大额押金+月费"模式。押金150万元/套（实际入住满1年全额可退），月费（含服务费、房屋使用费用补缴费用）根据实际入住房型不同约为7500元/（人·月）（标准间、套间第二人入住每月加收3000元）。此外，受到大额押金高总价门槛的影响，在目前入住的客户中仍以富裕子女支付居多。

②租金趸交模式。是目前入住长者比较偏好的交易模式。项目早期曾推出1年期和3年期的租金趸交，趸交费用分别享受总价的9.7折和9折，但客户从入住的不确定性等角度考虑，对3年期租金趸交的接受度不高，目前长者公寓也仅保留了1年期租金趸交模式，并享有趸交住满12个月时，第13个月免费入住的优惠权益（名额有限）。

③月费模式。含床位费、服务费、餐费等，根据不同房型月费约为10000~17000元/（床·月）起（标准间、套间第二人入住每月加收3000元）（表9.8）。

表9.8 朗和长者公寓交易模式（2019年）

| 产品类型 | 交易模式 | 价格门槛 | 房型 | 月费 |
| --- | --- | --- | --- | --- |
| 长者公寓 | 大额押金+月费 | 会籍卡9.8万元<br>押金150万元/套 | 约7500元 | |
| | 租金趸交 | 会籍卡9.8万元<br>租金趸交11.6万元起 | 趸交一年期享总价（含第二人费用）的9.7折优惠，趸交住满12个月时，可享受第13个月免费入住权（名额有限） | |
| | 月费 | 会籍卡9.8万元 | 单间 | 10000元起 |
| | | | 标间 | 12500元起 |
| | | | 套间 | 17000元起 |

注：1. 入住需购买会籍卡，会籍卡可继承、可转让、不可退。
2. 标准间、套间第二人（限直系亲属）入住每月加收3000元服务费。

### 2. 朗和护理院

朗和护理院属于纯运营导向型产品，采用月费模式（含床位费、护理费、餐费）根据不同房型、不同护理等级收取，约为5600~16000元/（床·月）不等。

此外，入住需缴纳应急医疗保证金2万元/人，不入住时可全额退还（表9.9）。

表9.9 朗和护理院交易模式（2019年）

| 产品类型 | 交易模式 | 房型 | 床位费/[元/（床·月）] | 护理费/[元/（床·月）] | 餐费/[元/（床·月）] | 合计/[元/（床·月）] |
|---|---|---|---|---|---|---|
| 护理院 | 月费模式 | 单间 | 9000 | 初级：1000<br>中级：2000<br>高级：4000<br>特级：6000 | 1000 | 5600~16000 |
| | | 标间 | 5400 | | | |
| | | 套间 | 3600 | | | |

注：1. 入住需缴纳押金（应急医疗保证金）2万元/人。
2. 朗和护理院已开通省、市医保，每日医保可抵扣床位费30元。

## 四、客户特征

朗和杭州国际医养中心作为高端城市医养综合体提供朗和长者公寓和朗和护理院两大类养老居住产品，覆盖健康长者、高龄长者和护理长者，相较于近郊型的CCRC，其客户高龄、独居特征更加明显。

首先，年龄特征上长者客户年龄层覆盖74～103岁，其中80岁以上的高龄长者占绝对主力，且入住长者整体平均年龄约为83.2岁（图9.17）。

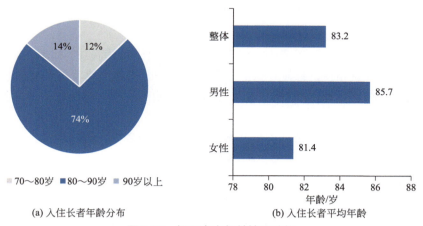

(a) 入住长者年龄分布  (b) 入住长者平均年龄

图9.17 朗和客户年龄情况分析

（数据来源：调研资料）

其次，从性别和夫妻比例来看，女性和独居客户占比相对更高，这在一定程度上也是受到了长者高龄特征的影响。

最后，从长者的学历和退休前的职业来看，高知比例集中，其中以国企、事业单位、高等院校退休人员和公务员为主，大专、本科及以上学历者占比居多（图9.18）。

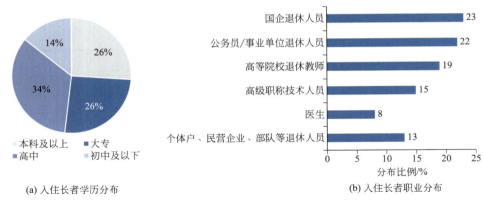

(a) 入住长者学历分布　　　　　　　　(b) 入住长者职业分布

图9.18　朗和客户学历和职业情况分析

（数据来源：调研资料）

## 五、服务体系

在实际运营过程中，朗和杭州国际医养中心依托专业全面的高素质养老运营管理团队，秉承"7心"服务理念，构建了6大服务体系，从生活照护、文娱社交、健康管理、医疗康复、营养膳食、定制服务等方面为长者提供更用心、更全面的养老服务，从而保证客户长期满意度达95%以上。

1. "7心"服务理念

① 仁心：善良为本，这是评价员工一切的出发点，也是朗和服务理念和企业文化的基石。

② 爱心：兼爱无私，用爱心构建机构、员工和长者之间爱的氛围。

③ 诚心：真诚相待，以发自内心的服务精神与长者建立真挚的情感维护。

④ 耐心：持之以恒，在日复一日、年复一年的照护中，始终如一地为长者提供精诚服务。

⑤ 细心：关怀备至，密切捕捉长者的每一个行为变化、每一次情绪微变、每一个眼神转变所传递的信息，并做出积极的应对措施。

⑥ 贴心：悉心守护，主动关注长者需求，给予长者家人般的照料，为长者提供如家般的温暖体验。

⑦ 专心：精益求精，不断提升员工的专业技能和服务态度，培养员工对养老服务的职业尊严和情感归属。

2. 6大服务体系

① 无微不至的亲情管家服务：朗和为入住长者配备了专业管家，他们将为长者提供全方位贴心、周到的服务，24小时响应长者的服务需求，更是长者心灵和情绪的陪护使者。

② 丰富多彩的文娱社交服务：朗和致力于营造一个充满活力、会员参与的社交氛围，为长者提供丰富多彩、健康活泼的各种文娱社交活动，让长者在获得身心愉悦的同时，增进健康，延缓衰老。

③ 持续动态的健康管理服务：朗和为长者提供科学、动态的健康管理服务，从健康评估、健康档案管理、健康指标持续跟踪记录、个性化照护计划管理等方面，全面把控长者的健康状态和变化，持续动态地管理长者健康。

④ 专业精诚的医疗康护服务：朗和配置完善的医疗、护理和康复方面的资源条件和专业团队，为入住长者制定个性化的护理和康复计划，提供日常诊疗、专家坐诊、慢病管理、常规体检、康复理疗等医疗康护服务。

⑤ 健康美味的营养膳食服务：朗和对长者的饮食赋予和健康同等重要的关注度，定期为长者评估营养状况，制定营养提升计划。为长者提供美味和营养并重的套餐，在传统节日供应特色美食。

⑥ 高端专属的个性定制服务：朗和国际健康管理中心专注于健康管理和个性化的服务，为客户提供量身定制的健康管理方案，并整合国内外优质的医疗健康资源，为客户提供远程医疗、专家会诊、医疗美容、海外就医等定制服务。

## 六、小结

整体而言，朗和杭州国际医养中心定位为高端城市型CCRC，其成功的要素可以归纳如下。

### 1. 实力国企品牌

朗和杭州国际医养中心由两大实力国企股东——物产中大集团所属的中大金石集团有限公司与中信国安集团所属的世纪爱晚投资有限公司联合创建。其中，物产中大集团是浙江首个完成混合所有制改革并实现整体上市的国有企业，自2011年起连续入围世界500强；中信国安集团是中国中信集团子公司，其所属的世纪爱晚投资有限公司是集团实施健康养老战略的产业发展平台。项目以国企品牌背书为重要依托，具备了更高的知名度、公信力及影响力，是国企产业转型发展、践行社会责任的典范。

### 2. 区域中心地段

朗和杭州国际医养中心选址城北中心区域，位于中大银泰城商业综合体内，周边居住氛围浓厚，且紧邻三甲医院，配套体系完善。同时，项目邻近城市主干道，交通便利，地段成熟度高。因此，作为城市型CCRC项目，在居住、商业、医疗、交通等各个方面都具备了先天的地段优势。对于高龄自理及护理长者而言，项目地段的认可度和接受度较高。此外，项目位于成熟居住区，1km范围内约有70万平方米的住宅小区，可覆盖与辐射的客群容量大，这将在一定程度上进一步促进长者客户的导入。

### 3. 可持续照料体系

朗和杭州国际医养中心以朗和长者公寓、朗和护理院两大居住产品模块，打造面向自理、半自理、失能、失智长者的一站式持续照料产品体系，有助于解决长者的后顾之忧，也是城市型CCRC项目产品体系的基础要求。

其中，朗和长者公寓相对集中地面向高龄自理长者，提供约104个房间，侧重于生活照料、文娱活动、健康管理功能，营造健康、丰富的老年生活；朗和护理院面向康复护理长者提供约160张床位，突出健康医疗和康复护理功能。

### 4. 医养结合特色

朗和杭州国际医养中心内设医保资质的专业护理院，配置医疗门诊，能满足长者慢病管理、日常医疗及康复护理的需求。项目与紧邻的三甲医院——浙江大学树兰国际医院深度合作，建立绿色通道，同时与浙江省人民医院康复科合作，共享医疗资源，为入住长者提供更加完善的医疗健康保障。

相较于健康长者，高龄自理及护理长者身体机能下降，行动力减弱，对生活照料、医疗护理的依赖度更高，对紧急救助的需求紧迫度也更高，因此医疗配套是其首要关注的配套服务。朗和在医养结合方面，集内设护理院、外部医疗合作资源、国际健康管理中心于一体，提供了较为全面的医疗配套体系，这也是项目核心竞争力的关键要素之一。

### 5. 专业的运营服务

朗和杭州国际医养中心以专业的养老运营团队为重要依托，秉承"7心"养老服务理念，提供亲情管家、文娱社交、健康管理、医疗康护、营养膳食、个性定制6大服务体系，从生活照料、文娱活动、医疗健康等多方面满足长者需求，让长者拥有优雅、健康、愉悦的高品质晚年生活。截至2019年底，项目投入运营约两年有余，整体入住率为70%左右，客户长期满意度达95%以上，这与项目的运营服务息息相关，也是项目可持续运营的重中之重。

### 6. 灵活的交易模式

朗和长者公寓共有三种交易模式即"大额押金+月费"模式、租金趸交模式、月费模式。其中，租金趸交和月费模式总价门槛低，长者偏好比较明显，一般个人的退休收入均可覆盖。同时，项目为加速现金流的回收，以企业信用背书提供大额押金+月费的模式。目前，大额押金基本以富裕子女型客户支付为主。朗和护理院采用月费模式，根据不同房型和不同护理等级收取。整体而言，项目仍属于运营导向型产品，通过月费获得稳定的运营收益，投资回收期较长。

### 7. 高龄长者客户

朗和杭州国际医养中心定位城市型医养综合体（CCRC），集中面向高龄自理及护理长者。项目的选址、产品及配套、交易模式等各方面均与客群定位相匹配，这也成为项目营造养老生活方式，并吸引长者入住的基础。

从目前实际入住长者的年龄来看，80岁以上高龄长者占绝对主力，平均年龄约为83.2岁，他们对成熟地段和医疗资源的要求更高。从长者的退休前职业来看，高知比例集中，其中企、事业单位、高等院校退休人员和公务员居多。因此，客户的养老观念比较开放，且支付意愿与支付能力较强。

## 参考文献

［1］安丽. 基于老年人日常出行特征的住区规划设计研究[D]. 大连：大连理工大学，2013.

［2］黎小靖. 基于多元感官的养老社区景观设计研究[D]. 武汉：武汉理工大学，2018.

［3］屠帆，陈红，葛家玮，等. 推拉理论视角下中国老年人移居老年养生社区的影响因素研究——基于万科随园嘉树的案例分析[J]. 社会保障研究(北京)，2017，25(01):113-125.

［4］Victor Regnier. 老龄化时代的居住环境设计——协助生活设施的创新实践[M]. 秦岭，等，译. 北京：中国建筑工业出版社，2019.

［5］王凯. 基于老年人行为模式的养老社区景观设计研究[D]. 南京：东南大学，2018.

［6］于江. 持续照料型养老社区（CCRC）规划与建筑设计研究[D]. 北京：北京建筑大学，2017.

［7］张健龙. 社会化养老与医养结合发展的思考[J]. 卫生经济研究，2016，(03):33.

［8］周驰，孟凡莉. 美国持续照料退休社区的健康管理模式及启示[J].中国老年学杂志，2017，037(002):518-519.

［9］左思. 基于美国CCRC模式下的我国养老社区设计初探[D]. 天津：天津大学，2017.

［10］18J811—1.《建筑设计防火规范》图示.

**作者简介**

扫码关注和睿

和睿（杭州和睿养老产业发展有限公司），专注于健康养老地产的全程服务，立足本土文化，融入国际领先的咨询理念，构建养老全产业链咨询顾问服务体系，致力于打造"咨询+设计+运营"的一体化服务模式，提供从前期策划、产品定位、方案设计到运营管理的全程顾问服务，以专业的系统性解决方案为客户创造价值。

经过数年的发展，和睿已成为全国性的健康养老产业的专业服务提供商，近年来已为万科集团、华润置地、招商蛇口、绿城集团、万达集团、融创中国、路劲地产、中旅集团、中铁文旅集团、中铁建集团、中信兴业、深业集团等众多知名公司提供专业顾问服务，参与国内众多重要养老项目的开发与发展；在运营业务板块，与中铁文旅合资运营中铁文旅春台悦长者社区，同时也为福建外贸集团的福州海峡健康养老中心项目提供委托运营服务。

同时，和睿积极拓展产业领域，战略整合哈佛大学麻省总医院、澳大利亚倍恩医疗集团、日本神户大学医学部附属医院等国际医疗资源，力争发展成为国内领先的健康医养综合服务运营商。目前已成功运营和睿君安新区门诊，筹备杭州微甲医院以及众多大健康产业项目。

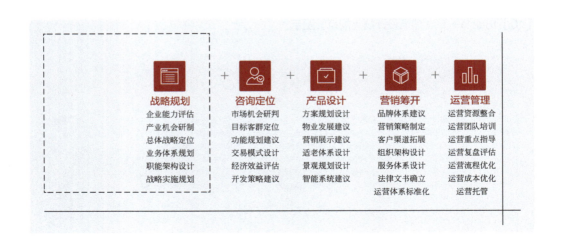